Dichtungen

von

Johann Fischart,

genannt Menzer.

⌇⌇⌇⌇⌇⌇

Herausgegeben

von

Karl Goedeke.

AMS PRESS
NEW YORK

Dichtungen

von

Johann Fischart,

genannt Menzer.

⌇⌇⌇⌇⌇⌇

Herausgegeben

von

Karl Goedeke.

Leipzig:
F. A. Brockhaus.
—
1880.

Reprinted from the edition of 1880: Leipzig

First AMS edition published in 1971

Manufactured in the United States of America

International Standard Book Number: 0-404-02387-8

Library of Congress Catalog Card Number: 78-168026

AMS PRESS INC.
NEW YORK, N.Y. 10003

Einleitung.

$\mathfrak{W}$as wir über das Leben Fischart's, von dem hier eine
Auswahl seiner nicht-polemischen Dichtungen dargeboten wird,
welcher dessen „Geschichtklitterung" folgen soll, bisjetzt wissen,
ist wenig und erst in diesem Jahrhundert erforscht worden, denn
die frühern bekümmerten sich, einige curiose Liebhaber abgerech=
net, überhaupt nicht um ihn. Bei Lebzeiten hatte er ein aus=
gebreitetes Publikum. Auch nach seinem Tode wurden seine
Werke, wenn auch nicht alle in gleicher Weise, beachtet, am
längsten seine „Biblischen Historien", die noch 1693 neu
gedruckt wurden, während „Gargantua" den Dreißigjährigen
Krieg nicht überdauerte. Als die neue Schule von Heidel=
berg ausgieng, wo die Fremdländerei zuerst Platz fand,
suchten die jungen Leute ihn, der mit ihrem Muster Melissus
auf gespanntem Fuß gestanden haben soll, mit einigen sauer=
süßen Wendungen unter das alte Geräth zu werfen. Zincgref
wollte ihm diesen Liebesdienst leisten, etwa wie die Romantiker
es mit Schiller versuchten. Er gedenkt des „Glückhaften
Schiffs" und erkennt zwar den Reichthum „poetischer Geister,
artiger Einfälle, schöner Wort und merkwürdiger Sprüch",
und glaubt es gar wol der griechischen, römischen, italienischen
und französischen Poesie an die Seite, wenn nicht voran=
stellen zu dürfen; aber was er mit der einen vollen Hand
gibt, nimmt er mit der andern zurück, indem er bedauert,

daß Fischart nicht den Fleiß mit der Natur vermählt, son=
dern sich an dem, was ihm einfach aus der Feder geflossen,
habe genügen lassen; dieser Mann habe sonst wol etwas
Stattliches leisten können. Er meint also, Fischart sei nicht
fleißig gewesen, während doch alles, was er geboten hat, eben
nur Frucht seines Fleißes war. Und indem Zincgref ihn
mit der unachtsamen Gewohnheit seiner Zeiten entschuldigt,
schließt er ihn als veraltet von seiner Gesellschaft, wo
Melissus, Lingelsheim, Denaisius, Opitz und Zincgref selbst
am Reigen standen, vom Tanz aus [1] und damit, guten
Glaubens, von der Zukunft. Aber so leicht war ein Mann
von Fischart's Art nicht todtgemacht. Einer der Zeit=
genossen, und kein schlechter, Johann Valentin Andreae
(1586—1654), fand seine Rhythmen bewunderungswürdig
und nannte ihn den Schriftführer der deutschen Nation. [2]
In Straßburg selbst hatten ihm Wolfhart Spangenberg [3] als
Lycosthenes Psellionorus Andropediacus und Georg Friedrich
Messerschmid [4], der unter dem Namen Griphango Fabro=
Miranda „Von des Esels Adel und der Sau Triumph" wie
jener den „Ganskönig" und die „Anbind oder Fangbriefe", sowie
„Der Anmütigen Weisheit Lustgarten" ausspielten, das Räuspern
und Spucken abzugucken versucht. Einzelne Stücke in der letzten
straßburger Ausgabe des „Flöhhatzes" (1610) kann man ihm
nicht so obenhin aberkennen oder abernageln und abkürzen.
Wenn aber auch, so ist er es doch, dem nachgesprungen und
nachgerungen wird. In München schrieb Aegidius Albertini
ihn unverfroren aus. Auch in Norddeutschland ließen seine
Siege den Pfarrer Johann Sommer [5] zu Osterweddingen
bei Magdeburg den Kirchenschlaf nicht genießen, der als
Johannes Olorinus Variscus, oder Huldrich Theander und
Therander, oder als Cornelius Weiberfreund von Frauen=

---

1 Opicii Poemata. Straßburg 1624. 4⁰. S. 161.
2 E. Höpfner, Reformbestrebungen, S. 21; L. Uhland, Schriften, V, 297.
3 Vgl. Goedeke, Grundriß 1, 431 fg.
4 Ebendas. 1, 431 fg.
5 Ebendas. 1, 431 fg.

burg in Preußen (während er doch nicht so weit her war,
nur ein Bruder Zwickauer) mit allerlei schnurrigen Büchern
ausstand. Doch Fischart's Käufer blieben aus. Er führt
aus dem „Pantagruel" und dem „Philosophischen Ehzucht=
büchlin" D. Fischart's einzelne Stellen als beweiskräftige
Documente an und macht neue Reime zu Fischarts alten.[1]
Ja, so gänzlich abgethan war Fischart nach Zincgref's Stab=
brechen doch noch nicht, da 1631 die „Geschichtklitterung" das
In Freuden Gedenkt Mein nochmals in Erinnerung brachte.
Und wenn Andreas Gryphius[2] im „Peter Squenz" diesen von
seinem „affenteurlichen" Spiele sprechen läßt, so gesteht er mit
dem bloßen Worte schon ein, daß sein Schulmeister, oder er
selbst, wenigstens den Titel kennt. Ganz verstaubt war auch
das „Ehzuchtbüchlein" bei Matthias Abele von und zu Lilien=
berg in Steier noch nicht, da er aus diesem Buche Joan=
Fischart's einen mit seinen Seltzamen Gerichtshändeln gleich=
förmigen Casum anführt, daß nemlich zu einem Zauberer
ein armer Tropf und zweifelhafter Gugguck gekommen und
denselben gefragt habe, ob es recht zugehe, daß sein Weib
alle Jahre ein richtiges Kind auf die Welt gebäre.[3] Ja
auch „Gargantua" war 1673 noch unvergessen, da Reinhold
„die Affenteurliche Raupengeheurliche Geschichtklitterung" der
ganzen Länge des Titels nach als ein „Beispiel cäsianischer
(Zesen'scher) Art zu reden" anführt.[4] Das alles kann man
freilich kein eigentliches Fortleben nennen, eher die neue Aus=
gabe der „Biblischen Historien" (Straßburg 1693), die indeß
wol kaum der Fischart'schen Verse, sondern der Bilder wegen
veranstaltet wurde. Erdman Neumeister, zu Anfang des
17. Jahrhunderts, erwähnt derselben und weiß davon nichts
anderes zu sagen, als daß die Verse ohne Kunst seien, was

---

1 Joh. Olorinus Variscus, Ethographia Mundi. 1609. II, 140 u. 180. 1614.
II. 122 u. 153.

2 Andr. Gryphius, Gedichte, 1, 730. Deutsche Dichter des 17. Jahr=
hunderts, 4. Band, S. 178.

3 Abele, Gerichtshändel. Nürnberg 1668. I, 34. Im Ehezuchtbüchlin 1578,
L 8ª; 1597, M 3ª, s. S. XV, Note 2. Vgl. Goedeke, Grundriß 395, 48.

4 H. Reinhold (Sacer), Hans Wurst. Nordhausen 1673. S. 15.

vom Standpunkte der Verskunst am Ende des 16. Jahr=
hunderts nicht einmal wahr ist.   Erst in den Streitigkeiten
der Schweizer und Sachsen in der ersten Hälfte des vorigen
Jahrhunderts wies Bodmer, durch Zincgref's Erwähnung auf=
merksam gemacht, wieder auf Fischart's „Glückhaftes Schiff",
beging aber den Misgriff, in dem was er mittheilte die
Verse in seine Prosa aufzulösen, „damit sich die sächsischen
Ohren an der alten Sprach und Versart nicht ärgern
möchten".[1]   Was er sonst von Fischart zu rühmen weiß[2],
daß sein Name der Liebling der Bachanten (nicht der fahrenden
Schüller, sondern der stürmisch Ausgelassenen), sein Geist zur
Possenreißerei aufgelegt gewesen sei, zeigt nur, daß nicht
allein sächsischen Ohren der „schöne Inhalt" verborgen geblieben
war.   Gottsched's Schule wollte allerdings nichts von Fischart
wissen.   Den „Flöhhatz" wollte sie mit keinem „Froschmeuseler"
vergleichen lassen, woran sie sehr wohl that, weil jeder Ver=
gleich hinkt; da sie es aber deshalb nicht wollte, weil er aus
dem niedrigen Fache des Spaßhaften hergenommen sei, so
verglich sie doch und that dem Gedicht damit Unrecht.   Von
der „Geschichtschrift" wußte sie nur zu berichten, daß die
Uebersetzung ebenso possierlich und unflätig sei wie das
Französische.   Die Berliner Literaturbriefe brachten es auch,
obwol Lessing die Feder führte, nicht über einige Be=
merkungen in Bezug auf Fischart's Versuche in Hexametern
und Pentametern hinaus, das Alleräußerlichste, was sich beim

---

1 Sammlung der Zürcherischen Streitschriften 2, 7, 58—72.
2 „Nach Branden kam ein Kopf von Rabelais' Verwandten, Des Name
Fischart war, der Liebling der Bachanten! Ein Geist, recht aufgelegt zur Possen=
reißerei, Als ob er mit dem Leib von einer Erden sei. Wiewohl, daß wir ihn
nicht an seinem Lobe kränken, Er konnte, wollt' er nur, natürlich=scherzhaft
denken. So hat sein glücklich Schiff zwar einen lästgen Grund, Und giebt doch
die Natur in starken Proben kund. Durchsichten, Wasserfäll, als so verschiedne
Bühnen, Charakter, Neigungen, auch Reden und Maschinen; Dies alles fehlt
hier nicht. Der Rhein und Lindmag schauten Bestürzt und voller Lust die
neuen Argonauten. Allein sein altes Deutsch steht ihm zu sehr im Licht; Ein
sächsisch Auge sieht den schönen Inhalt nicht." Bodmer, Charakter der deutschen
Gedichte, in Gottsched's „Beyträgen zur Critischen Historie der deutschen Sprache",
V. (1738), 629.

flüchtigsten Blättern in „Gargantua" ergeben konnte. [1] Guten
Willen brachte Bretschneider mit, aber er fand keinen; viel=
leicht auch mochte ihm sein Vorsatz, beim Abdruck der „Ge=
schichtklitterung" von 1608 — eine üble Wahl — die veralteten
Wörter, die Beziehungen auf Geschichte und Literatur der
Zeit und alles Dunkle aufzuhellen, beim nähern Eingehen
auf die Sache doch etwas bedenklich erscheinen. Er ließ es
wenigstens bei der Ankündigung und Probe bewenden. [2]
Dann gab der fleißige Sammler Flögel eine reichhaltige
Zusammenstellung von Titeln Fischart'scher Schriften mit
einzelnen Anführungen und Bemerkungen[3], wonach Erduin
Koch in seinem Compendium die Werke einordnete, ohne
Neues hinzuzufügen. Auf diesem Standpunkte blieb die
Kenntniß von Fischart, wie man aus der mühseligen, alles
Frühere umfassenden, aber Eigenes nicht darbietenden Zu=
sammenstellung bei Jördens ersieht. [4] Einzelnes ist in Zeit=
schriften in Bezug auf einzelne Drucke wol noch bekannt ge=
macht, aber nicht von Bedeutung. [5] Erst der übereilte Versuch
eines jungen Mannes, K. Halling's, das in Stuttgart kaum
gesehene Exemplar des „Glückhaften Schiffes" herauszugeben,
zu commentieren und dabei die Gesammtliteratur Fischart's
aufs neue zu behandeln, ohne irgendeinen alten Druck ge=
sehen zu haben, brachte neue Anregung, einmal dadurch, daß
Uhland eine einleitende Abhandlung über die Freischießen
beisteuerte[6], und dann durch die Recension, welche Freiherr

---

1 I, 111 fg. Maltzahn VI, 44 fg.

2 (Heinrich Gottfried von Bretschneider.) Ankündigung und Probe einer
neuen Ausgabe von D. Johann Fischart's Uebersetzung des ersten Buches von
Rabelais' „Gargantua", Nürnberg 1775. 8. Jördens (Lexikon I, 524. 543) meint,
er möge von unberufenen Kritikern abgeschreckt sein; aber gleichzeitig scheiterten
auch die von Weimar aus warm empfohlenen Bemühungen, Hans Sachs neu
zu drucken.

3 Flögel, Geschichte der komischen Literatur. III (1787), 320—378.

4 Jördens, Lexikon deutscher Dichter und Prosaisten. Leipzig 1806. I, 318—44
und VI, 93—97.

5 Z. B. beschrieb J. F. Roth in den Nürnberger literarischen Blättern
VI, 359 fg. eine Ausgabe des Ehezuchtbüchleins von 1614, ohne die frühern
Drucke zu berücksichtigen.

6 Johann Fiischart's, genannt Mentzer, Glückhaftes Schiff von Zürich. In

von Meusebach dieser ungenügenden Veröffentlichung Halling's
widmete. [1]   Diese Kritik ist zwar überschätzt, da sie, außer
einigen Berichtigungen und neckenden Hinweisen auf Fischart'sche
Schriften, die Meusebach besaß oder zu besitzen wünschte,
sowie einer grammatisch-lexikalischen Sammlung über „beider,
beide, beides", die nicht einmal das Glückhafte Schiff er-
schöpft, nichts gibt als die Aufstellung des allerdings richtigen
Satzes, daß man, um über Fischart das Richtige zu schreiben,
nicht blos das eine oder andere seiner Werke gelesen haben
müsse, sondern alle in allen Ausgaben.   Das war nun freilich
schwer, und Meusebach selbst hat trotz des ausdauerndsten
Sammelfleißes nicht alles zusammengebracht, was er kannte,
und nicht alles gekannt, was wirklich noch vorhanden war,
dagegen aber für eine Herausgabe der Werke Fischart's so
umfangreiche Sammlungen der Literatur, die Fischart etwa
gelesen haben konnte, zusammengehäuft, daß eine Gesammt-
ausgabe Fischart's mit Commentar sich ohne die Bibliothek
Meusebach's kaum denken läßt.   Daß dieselbe nicht, als
Meusebach am 22. August 1847 gestorben war, in alle
Winde zerstreut wurde, dazu habe ich indirect beigetragen.
In der kostbaren Sammlung des Antiquars Kuppitsch in
Wien, die viele Werke Fischart's enthielt, war auch ein
Exemplar seines bis dahin unbekannten „Gesangbuches" ent-
halten, das mit den übrigen dem Britischen Museum fehlen-
den Werken der Sammlung dorthin verkauft wurde.   Als ich
dies von Asher, der den Vermittler gemacht hatte, erfuhr,
beklagte ich den Verlust dieses Gesangbuches in einem
Berichte der Weserzeitung (1846, Nr. 707, 15. April) und
zwar in einer auf das kirchliche Gefühl Friedrich Wil-
helm's IV. speciell berechneten Weise.   Wie man mir glaub-

---

einem treuen Abdruck herausgegeben und erläutert durch Karl Halling, mit
einem einleitenden Beitrage zur Geschichte der Freischießen begleitet von Ludwig
Uhland.   Tübingen 1828. LXII und 260 S. 8⁰.   Uhland's Abhandlung steht
nun unverändert in dessen Schriften V, 291—321.
   1 Allgemeine Literatur-Zeitung.   Halle 1829. Nr. 55 und 56.

würdig versichert hat, ist der Aufsatz dem Könige vorgelesen worden und hat die Wirkung gehabt, daß die ungleich wichtigere Sammlung Meusebach's angekauft und der General v. Below beauftragt wurde, für die Herausgabe des „Gesangbuches" zu sorgen, das bekanntlich während des Belagerungszustandes in Berlin 1849, soweit Fischart's Beiträge reichen, in 170 Exem= plaren gedruckt worden ist. Dem Ankauf der Bibliothek Meuse= bach's, worauf der König 40000 Thaler verwandte, folgten dann andere, von Fulda, Nagel und Heyse, sodaß die königliche Bibliothek in Berlin, was die ältere deutsche Literatur und besonders die des 15.—17. Jahrhunderts betrifft, allen andern überlegen ist. Mit ihren Schätzen, die beständig erweitert werden, konnten dann die jüngern Gelehrten die ältern Freunde Fischart's und des 16. Jahrhunderts leicht über= holen, da sie nicht wie Gervinus, Vilmar und ich mühsam zusammensuchen müssen, was uns unerreichbar blieb.

Seit Vilmar in „Ersch und Gruber's Encyklopädie" und, wenn ich mich daneben nennen darf, seit ich in meinem „Grund= riß" die bis dahin bekannte Literatur Fischart's nicht nach den alten unzuverlässigen Katalogen, sondern nach den Büchern selbst verzeichnet haben, ist es leicht, aufstoßende Funde einzu= ordnen und das in den großen Bibliotheken Verstreute und nicht ausdrücklich mit Fischart's Namen Bezeichnete aufzuspüren, wie z. B. in der göttinger Bibliothek, die fast alle Bücher Fischart's, wenn auch nicht alle Ausgaben derselben besitzt. Da ich nun diese Schätze seit Jahren benutzen konnte und noch benutze, auch die Bibliothek Heyse's seit länger als einem Menschenalter durchgearbeitet und auch sonst unablässig gesammelt habe, so darf ich hoffen, auch ohne Meusebach's Papiere zur Verfügung zu haben, vielleicht nicht unvorbereitet an die Herausgabe einiger Gedichte Fischart's und des „Gargantua" heranzutreten.

Dabei will ich zweierlei bemerken, einmal, daß ohne glück= liche Funde des Zufalls, die sich mit allem Fleiße nicht erzwingen lassen, ein Herausgeber Fischart's über dessen schriftstellerische Thätigkeit nicht ins Klare kommen wird, und sodann, daß

Fiſchart's Gedichte, die ſeine eigene Schöpfung ſind, auch
wo er anderes zu Grunde legt, eine ganz andere Weiſe der
Behandlung geſtatten als ſeine ohne viele Ausnahmen ab=
hängigen Werke in Proſa.

Dieſe werden gewöhnlich höher geſtellt als ſeine ge=
reimten. Jakob Grimm ſprach das unummwunden aus. Es
iſt wahr, wo Fiſchart ſich ohne den Zwang des Verſes und
der Reime, der übrigens für ihn nicht drückend war, freier
bewegen kann, gebietet er über einen unvergleichlich größern
Wortſchatz und hat er den ſpielenden Wechſel von Ernſt und
Scherz weit ſicherer in ſeiner Gewalt als im Verſe. Aber
wenn er hier weit ſeltener entlehnt, und der Form im ein=
zelnen nach wol niemals, ſo verdankt er dort, in der Proſa,
faſt alles einem unendlich mühſeligen Zuſammenſuchen der
Einzelheiten, die er Zug um Zug in den geborgten Rahmen
einträgt, ſodaß er, wenn man ſeine Quellen gefunden, nicht
mehr als ein Verſchwender erſcheint, der den unerſchöpflichen
Schatz des Erlebten und Erfahrenen ausſtreut, vielmehr als
ein fleißiger Sammler, der überallher borgt, Zettel und
Einſchlag, Zeichnung und Stift. Freilich des Eindrucks,
auf den es ihm bei dieſer Moſaikarbeit ankommt, bleibt er
immer gewiß, wenn man ſeine „Praktik“, ſeinen „Gargan=
tua“, das „Podagrammiſch Troſtbüchlein“ und das „Philo=
ſophiſch Ehezuchtbüchlein“ ſowie den „Binenkorb“ im ganzen
nimmt. Die Fülle überwältigt; das Ganze wirkt, wie es
ſoll. Aber ob von den Zeitgenoſſen Fiſchart's ihn irgend=
einer in allen Einzelheiten verſtanden habe, das iſt eine
Frage, die ich nicht bejahen möchte, obgleich ſie den Dingen
und ſeinen Quellen näher ſtanden als wir. Und ebenſo
möchte ich es bezweifeln, ob gegenwärtig einer von denen,
die ſich mit Fiſchart beſchäftigt haben oder beſchäftigen, im
Stande iſt, jede Entlehnung nachzuweiſen oder jede An=
ſpielung mit Sicherheit zu deuten. Von mir muß ich ſagen,
daß mir vieles dunkel geblieben und manches, was ich zu

verstehen meine, nur zufällig aufgegangen ist.[1] Anderes ergab sich durch methodisches Nachforschen.[2] Dies versagt seine Hülfe aber in vielen Fällen, da Fischart, mitten im Zuge des besten Ausschreibens einer Vorlage, aus einer weitabliegenden Quelle Einschaltungen macht, auf deren Entdeckung nur der Zufall führen kann[3], wenn man nicht alles gelesen und im Gedächtniß behalten hat, was Fischart gelesen oder in der Erinnerung bewahrte; mitunter in getrübter, sodaß seine Anführungen mit der offenbar benutzten, ja ausdrücklich angezeigten Quelle nicht übereinstimmen, wie ich ein Beispiel, eben nur des Beispiels wegen, anderswo nachgewiesen habe.[4] Hin und wieder ist durch flüchtiges Ansehen seiner Vorlage ein lächerlicher Irrthum entstanden, und solche Fälle sind doch auch in Anschlag zu bringen, wenn man von seiner Art zu arbeiten eine richtige Vorstellung gewinnen will.[5] Vollkommen deutlich machen läßt sich dieselbe

---

1 „Das rufen seiner Berekyntischer Frauen", Garg. 1582, L 8ᵇ; 1590, 195, 5. Daß hier auf berecynthius (Berecynthius Attis. Persius 1, 93. Barecynthia mater. Virg. Aen. 6, 785. Stat. Theb. 4, 782) angespielt wird, ergibt sich leicht, womit freilich nichts erklärt ist. Das fremde Wort ist „als krabatisch in die Ohren lautend" gebraucht, um den Begriff: „Kind gebärend", anzudeuten und zu verschleiern.

2 Wie Speriol 129, 15 aus Pericles entstellt, bagschiren, 90, 28 (was im Grimm'schen Wörterbuch mit Fragezeichen versehen) aus bacchari gebildet ist, ergab sich aus den von Fischart benutzten Quellen. Göttinger Gel. Anz. 1880, S. 344 fg.

3 Garg. 89, 4. 5 wird plötzlich eingeschoben: „trag ab: laßt den Bauren die Gäns gahn"; zwei Entlehnungen aus zwei Büchern: die erste aus Frey's Gartengesellschaft (Schwänke Nr. 111, S. 160), die andere aus Montanus' Gartengesellschaft (Schwänke Nr. 241, S. 288).

4 Göttinger Gel. Anzeigen. 1880, S. 347. Die Beispiele sind zahlreich; im Garg. 354, 25 schiebt er dem Levin Lemnius unter, was dieser nur als Meinung des gemeinen Mannes (plebei nostrates) berichtet.

5 Im Podagr. Trostbüchl. K 8ᵃ läßt er das Fräulein Podagra sagen: „Sintemal ich die freud hinnem, das lachen betheure, den schimpf verrimpfe, die kurzweil verlangweile, die geselligkeit verbittre, alle süßigkeit versaure, die haut, händ, finger — kurzum den ganzen leib verkrümme." Ist es schon wunderlich, daß Podagra die Haut verkrümme, so ist es noch wunderlicher, daß Fischart den Conjunctiv pellam mit dem Accusativ pellem verwechselte, denn seine Vorlage, Laus podagrae von Wilib. Pirkheimer (Opp. 1610, p. 208 und so auch in den frühern Drucken), sagt: „utpote laetitiam auferam, lepores, risus, jocos pellam, manus, digitos ... totum denique corpus incurvem." Verschweigen will ich jedoch nicht, daß bei Dornavius (Amphitheatr. Sapientiae jocoseriae. Hanov. 1619. 2, 206ᵃ) das unrichtige pellem steht.

nur durch eine bis ins kleinste geführte Erläuterung eines
seiner Werke in Prosa, besonders der „Geschichtklitterung",
oder wie man gewöhnlich und kürzer sagt, des „Gargantua".
Doch ist jede andere seiner Prosaschriften dazu geeignet, und
an einer, der „Praktik", habe ich schon im Jahre 1856
(P. Gengenbach, S. 415 fg.) das Verhältniß Fischart's zu
einer seiner Vorlagen, der „Praktik" seines sonstigen Stich=
blattes, Johannes Nasus, nachgewiesen. Für unbefangene
Forscher konnte es keinem Zweifel unterliegen, daß nicht
etwa beide aus einer gemeinschaftlichen Quelle geschöpft,
sondern daß Fischart den versteckten Namen (Jonas Philog=
nisius) nicht errathen hatte und hier von einem sonst leiden=
schaftlich angefeindeten Autor entlehnte, was ihm gefiel, wie
in seinen übrigen Prosaschriften von andern Schriftstellern
und Dichtern. Dennoch hat Wilhelm Wackernagel, um die
Sache nicht „zu Unehren Fischart's" deuten zu müssen,
gemeint, man dürfe „die Redlichkeit des letztern" selbst
dann nicht in Zweifel ziehen, wenn sich „erwahren" sollte,
daß die erste Ausgabe der „Praktik" des Nasus (von 1566)
in gleicher Weise mit der Fischart's (von 1572 und 1574)
zusammentreffen, ja selbst dann sollen beide eine und die=
selbe ältere Quelle benutzt haben.[1] Diese vermeinte ge=
meinsame Vorlage hat sich nun freilich nicht gefunden und
kann sich nicht finden, da sie nicht vorhanden gewesen ist;
dagegen hat die Vergleichung der ersten Ausgabe der „Praktik"
des J. Nasus[2] ergeben, daß nicht nur bei den Monaten,
sondern auch bei den Jahreszeiten, und sonst, an Scherzen,
die Fischart unter seiner Flagge ausgehen ließ, dem Franzis=
kaner die Priorität und das volle Eigenthum zukommt.
Jener Irrthum ist nur begreiflich, wenn man sich der An=

    1 Johann Fischart von Straßburg und Basels Antheil an ihm. Von
W. Wackernagel. Basel 1870. S. 67.
    2 Vgl. auch Max Lossen im Theologischen Literaturblatt von F. H. Reusch.
1875. Nr. 19. Sp. 444 fg., wo die Thatsachen richtig angegeben, aber irrige
Schlüsse daraus gezogen sind und der Gesichtspunkt verschoben wird. Es han=
delt sich nicht um Aehnlichkeiten, sondern um wörtliche Uebereinstim=
mungen, die auch Lossen bestätigt.

ficht erinnert, Fifchart habe in feinen profaifchen Schriften
aus vollem eigenen Befitz gefchöpft und diefen aus reicher
eigener Lebenserfahrung erworben, nicht aus Büchern. Und
doch verdankt er, wie viel er auch felbft gehört und gefehen
haben mag, diefen den größten Theil, ja vielleicht alles, was
uns wie ein unermeßlicher Reichthum erfcheinen kann.

Die Bemühungen, Fifchart in feinen Abhängigkeitsverhält=
niffen kennen zu lernen, find bisher, foviel davon bekannt
geworden, nicht fehr eifrig und eindringlich gewefen. Auch
die Studien Meufebach's fcheinen fich mehr auf die Er=
mittelung Fifchart'fcher Schriften und gelegentliche Erläute=
rung durch Parallelftellen, Worterklärungen u. dgl. erftreckt
zu haben, als auf eine confequent durchgeführte Vergleichung
mit den benutzten Werken, wie fich aus den veröffentlichten
Anmerkungen zu der „Praktik" ergibt, aus denen jedoch hervor=
geht, daß Meufebach feinen geliebten Autor von dem Vor=
wurfe des Abfchreibens nicht freifprechen wollte. [1] Seine
Neigung, unbekannte Schriften Fifchart's zu entdecken, führte
ihn dann mitunter irre, und auf der Suche danach überfah
er auch wol das nahe am Wege Liegende [2], wie das jedem
begegnen kann, der fich nicht in methodifcher Weife, excer=
pirend, regiftrirend und fonft alle Hülfsmittel für das Ge=
dächtniß zu Rathe nehmend, mit Fifchart befchäftigt. Man=
ches mochte diefer fchon in encyklopädifchen Werken, befon=
ders in dem des H. Stephanus, gefammelt vorfinden. Ebenfo
reichliche Sammlungen boten ihm groß angelegte Compilatio=

---

1 Fifchartftudien des Freiherrn Karl Hartwig Gregor von Meufebach, heraus=
gegeben von Dr. Camillus Wendeler. Halle 1879. S. 198 fg. Die Zufätze des
Herausgebers zeigen, wie vielfacher Berichtigungen Meufebach's Anfichten und
Vermuthungen bedurften, wie denn Wendeler eigentlich der erfte ift, der die
Fifchartftudien nicht aus Liebhaberei, fondern mit ernfter Methode betrieben hat.

2 S. 293 fg. bemerkt er, im Ehzuchtbüchlin werde manches angeführt, was
auf unbekannte Werke Fifchart's leiten könne, und bezeichnet als eine diefer An=
führungen die Von treien Kaufmännern, was der Herausgeber ohne Be=
merkung durchläßt, während, wenn Fifchart die Gefchichte verfaßt haben follte,
dies etwa 20 Jahre vor feiner Geburt gefchehen fein müßte, da fie einfach aus
Agricola's Sprichwörtern Nr. 673 abgefchrieben ift, auch in deffen Fünfhundert
Sprichwörtern Nr. 65 fteht. Es ift die bei Abele (f. S. VII, Note 3) erwähnte
Gefchichte.

nen wie die von Hondorff („Promptuarium Exemplorum",
1572, Folio), Sabellicus und Zwinger. Vieles konnte er
aus besondern Fachschriften entnehmen. Immer bleibt seine
Schriftstellerei, was die Fülle des Stoffs betrifft, auf fleißi=
ges Sammeln angewiesen, während die kunterbunte Verwen=
dung des Gesammelten seinen eigentlichen schriftstellerischen
Charakter ausmacht. Um ihn also zu verstehen, muß man
nicht allein das, was er darbietet, verstehen, sondern auch
das Verständniß seiner Quellen erworben haben. Und ist
man annäherungsweise dahin gelangt, so kann man zugeben,
daß in grammatischer und lexikalischer Hinsicht seine Prosa=
schriften über denen in Versen stehen, daß aber, wenn man
die Selbständigkeit des Schaffens zum Werthmesser nimmt,
die prosaischen Werke sich zu den in Versen abgefaßten wie
die alten Centonen zu sonstigen Gedichten verhalten. Den
reinern freiern Genuß bieten die letztern, während der Ge=
nuß der prosaischen Schriften dem Vergnügen an gelösten
Räthseln gleichkommt.

Wie nicht alles, was Fischart in Prosa schrieb, von den
bloßen Uebersetzungen ganz abgesehen, gleichen Werth hat,
so ist auch bei den gereimten zwischen den polemischen und
den übrigen zu unterscheiden. Die polemischen zerfallen wie=
der in kirchliche und politische. Jene, gegen Jac. Rabe,
Joh. Nasus und die Jesuiten gerichtet, haben schon zu ihrer
Zeit geringe Theilnahme gefunden und können jetzt nur noch,
weil sie von Fischart kommen, die Aufmerksamkeit auf sich
ziehen. Seine erste derartige Arbeit: „Nacht Rab oder Nebel=
kräh" (1570), ist nichts als eine persönliche Schmähschrift
gegen Jacob Rabe, den Sohn des Ludwig Rabe zu Mem=
mingen, Straßburg und Ulm. J. Rabe war zum Katholi=
cismus übergetreten und erwies sich als einen eifrigen Vor=
fechter desselben. Im „Nachtraben" werden ihm, nach einigen
schulfüchsigen Schulmeistereien, die schandbarsten Bubenstreiche
nachgesagt, die auf mündlichem Klatsch beruhen mochten, von
ihm selbst aber geleugnet und auch sonst nicht berichtet wer=

den. [1]　Fischart selbst scheint sich auf das Pasquill nicht
wenig zugute gethan zu haben; er citirt es im „Binen=
korb" viermal und einmal als sein Werk [2], wofür man es
in Berücksichtigung des trockenen Stils sonst kaum halten
würde.　Etwas lebendiger ist die gegen Nasus gerichtete,
nicht persönlich gehaltene Satire „Von S. Dominici und
S. Francisci artlichem Leben" (1571), worin sich wenig=
stens schon etwas Erfindungsgabe zeigt und die Mönchs=
geschichten lustig behandelt werden.　Großen Werth hat jedoch
auch diese Satire nicht, weder für jene Zeit noch für die
Gegenwart.　Fischart bezieht sich auf diese „Theomachia,
d. i. der Heiligen Götterkrieg und Aempterzank", mehrfach
im „Binenkorb" und einmal sogar im „Gargantua", in dem
er sonst die confessionellen Dinge möglichst fern hält. [3]　Die
kleinern Gedichte polemischer Art, wie den „Sectenstreit", die
„Thierbilder", „Gorgoneum caput", „Meduse Kopf", „Malcho=
papo", „Geistlose Mül" [4], übergehend, habe ich nur noch des
„Jesuitenhütleins" zu gedenken, dem, wie H. Kurz entdeckte [5],
ein französisches Gedicht zum Grunde liegt.　Man kann daran
recht deutlich erkennen, wie Fischart mit seinen fremden Vor=
lagen, auch in den gereimten Dichtungen, umgieng.　Kurz
sagt: „Er hat aus der französischen Quelle, die im ganzen

---

1 Jacob Rabe, der J. Marpach für den Verfasser hielt, sagt: „Derwegen
er mir dann bisanher nit allain mit groben schand und landlugen, mit blin=
den nachtraben (Nachtrab oder Rebelträh ohn ein titel anno 70 ausgangen),
mit vil falschen erdichten mißhandlungen und ander niemals dergestalt, wie er
fürgibt, geschehenen sachen begegnet." Jac. Rabus in der Vorrede des Christl.
und wolgegründten Gegenberichts wider Joh. Marpach, Superintendenten zu
Straßburg. 1573. 4º. Bij b.

2 „Darvon (von den Jesuiten) der Schribent des Nachtraben sehr lustig
nach der läng zu end der Rebelträh", dazu die Randglosse: „Nachtrab oder
Rebelträh von Reznem wider Geckel Rab geschriben." Binenkorb. 1579 C7ª und
1581 und 1586, 24ª.　1588, 19 b.

3 „Wie ins Menßers S. Dominico steht, so brennen ihn auch die geweih=
ten Kerzen an die Finger", Garg. 1575, bb6ª.　1590, 489, 17.

4 Von C. Wendeler im Archiv für Lit. Gesch., VII, 308 fg. nach dem Holz=
schnitt in Darmstadt veröffentlicht.

5 Archiv für das Studium der neuern Sprachen, 34, 61 fg.: Blason, légende
et description du Bonnet Carré, in Montaiglon's Receuil de poésies fran=
çoises des XVᵉ et XVIᵉ siècles (Par. 1855), I, 265 fg., nur 212 Verse, bei
Fischart 1142.

so farblos ist, daß ihre eigentliche Tendenz kaum zu erken=
nen, ein Meisterwerk der Satire geschaffen, die witzigste und
zugleich treffendste, die je gegen die Jesuiten geschrieben wor=
den ist." Das ist ein wenig übertrieben und nur insoweit
wahr, daß Fischart aus leichten Andeutungen ein ausgeführ=
tes Bild zu machen verstanden hat. Nachdem der Teufel,
als Stütze seines Reichs, die einhörnige Mönchskappe aus
Faulheit, Heuchelei und Trug, dann aus Hoffart und Herrsch=
sucht den zweihörnigen Bischofshut, und drittens das päpst=
liche dreifache Horn aus einer Menge von Lastern und Ver=
brechen geschaffen, arbeitet die ganze Hölle an dem vierhörni=
gen Jesuitenhütlein, das von vierfachen Böswichten getragen
werden soll und mit allerlei Greuel vernäht ist, und in das
die Teufel selbst nisten, sodaß Lucifer sogar davor erschrickt.
Man sieht, es ist eine ziemlich frostige Allegorie, die sich
leicht umkehren ließ und den Jesuiten nicht sehr wehe gethan
haben wird. Die Satire fand jedoch mehr Beifall als die
übrigen, da sie dreimal gedruckt wurde.[1] Daß Fischart auch
hier seinen lieben Frater Nasen einmengte und das Hütlein
auf dem Titel „Etwan des Schneiderknechts F. Nasen ge=
wesenes Meisterstück" nannte, zeigt nur, wie wenig er über
diesen heftigen und wirksamen Gegner der Jesuiten unter=
richtet war.[2]

    Wie anders als in diesen confessionell=polemischen Dich=
tungen zeigt er sich in den patriotisch=politischen, auf die
ich noch zurückkommen werde, und in den harmlosen Reimen
seines „Eulenspiegel", den er selbst da, wo sich Gelegenheit
zur Polemik bot, nicht durch Hereinziehung derselben seines
ursprünglichen Charakters entkleidete. Er gedenkt dieser Ar=
beit oft mit sichtbarem Wohlgefallen.[3] Er war zu der

---

   1 Lausannen, Bei Gangwolf Suchnach. 1580. 1591 und 1593, am Schlusse 1603.
Nach der letzten Ausgabe wiederholt von Chr. Schad (Leipzig, 1845) und nach
der ersten bei Kurz, Fischart's Dichtungen, II, 239 fg.
   2 Vgl. (Jung) „Joh. Nas und die Jesuiten", in J. M. Wagner's Archiv
für die Geschichte deutscher Sprache und Dichtung. Wien 1873. S. 49—66. Jul.
Jung, Zur Geschichte der Gegenreformation in Tirol, Innsbruck, 1874, S. 5—24.
   3 Wie solchs dem Kürsner beweiset der Reimenweis Eulenspiegel, Pratt.

Bearbeitung in Reimen aufgefordert worden, wahrscheinlich von seinem Schwager Bernhart Jobin, der Mitverleger des Buches war; und, sagt er, da er gemerkt, daß früher andere höhere, verständigere Gelehrte solche Materie zu behandeln nicht für ungeschickt gehalten, so sei er, als ein Junger, der noch nicht in gedachter Männer (Scheit und Hans Sachs waren genannt) Alter und Verstand erwachsen, bald geneigt gewesen, die leichte Arbeit zu übernehmen, zumal da der Jugend der Scherz mehr zusage; denn dieser habe, nicht ohne hohe Erfahrung, bei den Griechen von der Jugend den Namen παιδία empfangen. „Dann wo er schon einen sticht, daß er sich vom schlaaff auffricht, und nach besserm sicht, darnach er sicht, was kan jhm solches schaden bringen? Ist es nicht angenemer, ermant werden mit schertzen dann mit schmertzen? Und schimpfflich dann unglimpfflich und stümpfflich? Und mit süße dann mit büßen? Mit Wort als mit Mord? mit rhaten und reden dann mit schaden, rädern und tödten? Da ist kein herbe, da ist kein sterben, Da seind linde Mittel, die brauchen keinen Büttel, Da thut man keinem übel auß zornigen mut, sonder schimpfflich redt man übel dem, der übel thut, Da wirdt niemandt veracht noch verlacht, dann wer sich selbst veracht vermeint, welches kleinmütigen Leuten gemein ist, so allzeit verargwohnen, sie werden zu gering geschetzt, dann wo eim weh ist, da hat er die Handt." Man sieht, er stellte sich auf den lehrhaften Standpunkt, daß auch

1574 Biv[b]. Sonst verschluckten die Drachen selbs einander, wie solches der Reimenweis Eulenspigel bewärt und lert, als er zu Wismar auf dem markt stein säct. Prakt. 1574. F. 7[a]. Doch kan ich nicht mit Falken beizen, So muß ich euch mit Eulen reizen, Wie Eulenreimers Ulenspiegel, den er macht zu Ulissesspiegel. Prakt. 1607. B. 6[a]. reuten ein apfelgraues Roß, wie hochgedachter Eulenspiegel, Prakt. 1607. E 5[b]. O ir getaufte Juden ... der Reimenweis Eulenspigel kan euch schimpfweis im I₁₁ Capitul fein treffen mit den Stulräubern. Garg. 1575. T 7[b] „dann wer wolt nicht glauben, das der Himmel plo sei, was auch der (des Mentzers Gesangsweiß [gestelter 1582. Z 2[b]]) Reimeweis Eulespigel disputirt, grün sei plo. lib. I, Kap. 65". Garg. 1575. Cap. 12 Anfangs. „Es stehet in des gereimten Eulenspigels Vorred, es sei angenemer ermanet werden scherzlich als schmerzlich." Garg. 1575. A 4[b]. 1590, 30 fg. „Und wie der vorredner im gereimten Eulenspiegel an die Schaltsflügler schreibt." Podagr. 1577. B 8[b].

der Scherz moralischen Nutzen bringen solle, und er macht
es wie alle Satiriker jener Zeit, indem er sich verwahrt,
irgendjemand persönlich zu meinen; wer schreie, müsse sich
getroffen fühlen und habe sich selbst die Schuld zu geben,
nicht ihm. Diesen lehrhaften Charakter tragen alle seine nicht=
polemischen Dichtungen, den „Flöhatz“ ausgenommen. Die
reine Freude am Heitern oder am Schönen kannte die Zeit nicht.

Aus der Vorrede zum „Eulenspiegel“ ist der einzige
Anhalt zu entnehmen, um wenigstens annäherungsweise
Fischart's Lebenszeit zu bestimmen. Aeltere Literatoren, wie
Flögel und Jördens, ließen die Zeit seiner Geburt zwar un=
bestimmt; da sie aber die erste Ausgabe des „Gargantua“
in das Jahr 1552 setzten[1], so mußte Fischart eine geraume
Zeit früher geboren sein. Halling schob deshalb Fischart's
Geburt bis in die zwanziger Jahre zurück, was Meusebach
in der Recension zwar als unrichtig bezeichnete, aber dabei
die widerlegenden Gründe zurückhielt. In der Vorrede zum
„Eulenspiegel“, der 1572 zuerst erschien[2], nannte sich Fischart
jung und Kaspar Scheit, den Verfasser des deutschen „Gro=
bianus“, „seinen lieben Herrn Vätter und Preceptor seliger
Gedechtnuß“. Da nun Scheit, nach einer Mittheilung Lonicer's,
in der Vorrede zu Hellbach's „Grobianus“, im Jahre 1565 mit
Frau und Kindern zu Worms an der Pest gestorben war
und Fischart sich sechs bis sieben Jahre nach dessen Tode
jung nennt, kann sein Geburtsjahr kaum vor 1550 fallen.
Und damit stimmt dann auch das übrige, was wir über
sein Leben wissen, ganz gut überein.

---

1 Dieser angebliche Druck von 1552, den Anton in Görlitz besitzen wollte und
im Deutschen Museum, 1778, II, 543 fg. beschrieb, war nichts anderes als die
Ausgabe von 1582, in deren Jahrszahl die 8 für eine 5 gelesen war. Da
Rabelais 1553 starb und in jener angeblichen Ausgabe von 1552 sein Tod schon
bekannt und sein Epitaph von Marot=Fischart schon enthalten war, so mußte
das geringste Nachdenken die Unmöglichkeit eines Druckes von 1552 ergeben.
2 Vgl. unten S. 122, 56. In der Eulenspiegelvorrede erwähnt Fischart,
„daß so manche und viel Landsarten und Nationen in ihren frembden Sprachen
mit unserer Spiegeleulen prangen und sie für andern Büchern verdolmetschen
und fürziehen“. 1571 war eine französische Uebersetzung in Orleans erschienen.

Auch der Ort seiner Geburt wird nicht ausdrücklich ge=
nannt. Es erscheint mir jedoch als eine bloße müßige Zweifel=
sucht, den Andeutungen, die er selbst gibt, nicht folgen und
einen andern Geburtsort als Mainz annehmen zu wollen.
Er nennt sich zwar in frühen Einzeichnungen „von Straß=
burg"[1], aber nicht ohne dabei auf Mainz hinzudeuten; er
umschreibt dies „Menzer" in den Namensspielen, die unten
verzeichnet stehen, und in handschriftlichen Einzeichnungen,
von denen wir (am Schlusse der Einleitung, S. xxxiv) ein
Facsimile geben. Er sagt in allen Ausgaben des „Gar=
gantua": „meiner Menzerischen Landsleute Trauianischer
Magunt".[2] Diesem Zeugnisse gegenüber verliert Straßburg
jeden Anspruch, Fischart's Geburtsort genannt zu werden,
und die Hindeutungen auf die elsäßische Hauptstadt können
nur für den Aufenthaltsort gelten.

Ueber Fischart's früheste Jugend ist nichts bekannt ge=
worden, nicht einmal den Vornamen des Vaters oder den

---

1 „J. Fischært cognominatus Menczer ꝰ Str." J. Fischært cognomine
Mentzer du Strassbourg." A. v. Keller im Serapeum 1847. S. 202 fg.
   2 (Garg. 1575 Bv[a], 1582 B7[a], 1590, S. 50, 23, 1594, B6[b], 1600 Bl. 16[a],
1617 B7[a]. Er bezeichnet sich: J. F. (Eikones); J. F. M. (Eikones und hand=
schriftlich in Wolfenbüttel); J. F. G. M. (Eulenspiegel, Amadis, Ismenius,
Gargantua, Biblische Historien, Gesangbuch, Ehzuchtbüchlin, Tanzlied, Uhrwerk,
Flöhhatz 1577); J. F. M. G. (Sectenstreit); M. G. F. J. (Praktik); D. J. F.
G. M. (Psalme, Catechismus, Antimacchiavell); J. F. G. Mentzer (Lob der
Laute); D. J. F. G. Meintzer (15 B. Feldbau); J. Fischaert G. M. (Effigies);
J. F. Mentzer (Dominicus, Binenkorb); J. Fischart M. (Handschrift); Mentzer
(Garg. 489, Binenkorb 1579 Ʒ 8[b]); Mogonzer (Handschrift); Moigonzer (Hand=
schrift); Mögeinzer (Garg.), Isgem (Garg. 1575 Ƴ[b], 1582 Bb7[b], 1590, S. 414)
nach seinem Tode nennt ihn das Ehzuchtbüchlin: Weyland den Ehrnvesten hoch=
gelahrten Herrn Johann Fischarten genandt Mentzer, der Rechten Doctorn; er
selbst bezeichnet sich in der Unterschrift der Dämonomanie: Johann Fischart G. M.
der Rechten Doctor, und: H. J. Fischart G. Mentzer (Meintzer 1586. 1591) der
Rechten Doctor; J. F. Mentzer genant (Domin.) Joh. Fischartus d. M. (Ono=
mastica); J. Fischartus Menzer D. (Handschrift in Berlin). Die gewöhnliche
Signatur J. F. G. M. umschreibt er: In Freuden Gedenkt Mein (Garg.); Ihrer
Fürstlichen Gnaden Mutwilliger (Garg.); Im Fischen Gilts Mischen (Garg.);
In Forchten Gehts Mittel (Esel, Vorwarnung 1580, Antimacch.); In Forchten
Gahts Mittel (Correctorium); Jove Fovente Gignitur Minerva (Embl.); In=
vento Filio Gaudemus Messia (Dämon. 1586, 1591); Immundi Fimus Gratia
Mundi (Gelehrte Verkehrte). Dann: Jesuwalt Pickhart von Mentz (Jesuiten=
hütl.); J. Frid. Guicciard Moguntinus (Binenkorb 1581. 64[b]); D. Wickartus
de Moguntiaco (Catalogus); J. F. Manützer (Catalogus); J. F. D. M. D. (Minus
Celsus). Die übrigen Namenspiele können hier unberücksichtigt bleiben.

Familiennamen der Mutter kennen wir. Im „Flöhhatz" 3242
gedenkt er scherzend seines Großvaters, der vor Furcht im
Brauch gehabt, zwei Degen umzugürten, und in der gereim=
ten Vorrede zum „Eulenspiegel" nennt er seinen Vater, der
ihm Weltklugheit predigte. [1] Der Name steht nicht ganz fest.
In Einzeichnungen vom Jahre 1567 schreibt sich der Sohn
Fischárt, und diese Form braucht er auch auf dem Titel der
„Pabstbilder" [2], was auf niederländische Abkunft hinzudeuten
scheint, sodaß der Vater früh nach Mainz eingewandert sein
und eine Niederländerin zur Frau gehabt haben könnte. Der
Mutter gedenkt Fischart nirgends; sie mag früh gestorben
sein, und da mit ihrem Tode das verwaiste Haus nicht für
die Pflege der Kinder geeignet erschien, gab der Vater den
Sohn nach Worms zu Kaspar Scheit in die Schule und,
da zwischen diesem und dem Zögling ein näheres Verhältniß
bestand [3], wol auch zur Erziehung in das Haus.

Ueber Scheit sind wir fast noch mangelhafter unterrichtet
als über seinen Schüler. Seine bisher bekannt gewordenen
Dichtungen fallen zwischen 1551 und 1564 [4] und zeigen, bei
entschiedener Hinneigung zur französischen Poesie, auch eine
große Liebe zur heimischen volksmäßigen Literatur. Er
machte durch seine deutsche Bearbeitung des „Grobianus"
von Fr. Dedekind das Büchlein, von dessen Lehren man
allezeit das Widerspiel thun sollte, populär und hatte die
Absicht, den „Eulenspiegel" zu bearbeiten, wurde aber, wie
Fischart berichtet, „von wegen Schulgeschefft und ernstlicherem
studieren darvon abgehalten". Ich gebe es für nichts anders

---

1 „Ich denk noch an das sprichwort werd, Das mich einmal mein Vatter
lehrt, Daß man zu freund hielt einen schalck, Wer besser, als daß man in walck."
2 Accuratae Effigies Pontificum, 1573 fol. Die Holzschnitte sind wieder=
holt in Nigrinus' Bæpistisch Inquisition und Gülden Fluß der Römischen Kirchen.
1582. Fol. Auch Trauschif nennt sich Fischart handschriftlich und in der Orden=
lichen Beschreibung, 1588.
3 Das „Vätter" in Eulenspiegel's Vorrede kann heißen: Gevatter, Tauf=
zeuge (Pfetter, Binenkorb 1588. 107b. „Man erwölet die gefattern nach der
Würde und nach der Hofnung der schenkung." J. Herold, (Ee 119b), oder Ver=
wandter, cognatus.
4 Grundriß, § 158.

als eine bloße Vermuthung, daß Scheit, dessen unter seinem
Namen ausgegangene Schriften seit 1551 meistens bei
Gregorius Hoffman zu Worms erschienen, in frühern Jah=
ren für Hoffman's Vorgänger Seb. Wagner den „Freidank“,
Rebhun's „Susanna“ (1538) und anderes [1] bearbeitete. Jeden=
falls waren seine Liebhabereien von großem Einfluß auf
Fischart, der wie sein Lehrer der französischen wie der deut=
schen volksmäßigen Literatur hold war und mit ihm in der
Versauslegung biblischer Bilder wetteiferte, von ihm auch die
Erbschaft des „Eulenspiegel“ übernahm. [2]

    Wann Fischart Worms verlassen, ist ungewiß. Jung
gieng er auf Reisen. Zur Bestreitung der Kosten gehörten in
jenen Jahren nicht eben große Mittel. Er klagt zwar nicht
geradezu über Armuth, erwähnt aber mehrfach, daß er keine
Reichthümer besessen. [3] Wo er seine eigentlichen Studien ge=
macht hat, sagt er nicht, und andere schweigen gleichfalls dar=
über. Daß er Reisen gemacht, wissen wir nur aus gelegent=
lichen Angaben in seinen Schriften, die ich zusammenstelle,
ohne damit behaupten zu wollen, daß er die Länder und Städte

---

1 Vom Schlauraffen Landt (Prosa), Wormbs, Seb. Wagner (1541). 12 Bll.
4°. Wolfenb., Quodl. 104. 15.

2 Im Flöhhatz nannte er Scheit den besten Reimisten der Zeit, eine Stelle,
die er später tilgte (s. unten 122, 45). In der Prakt. A 5ᵃ erwähnt er einer
von Scheit gereimten Geschichte (ähnlich wie Schwänke Nr. 150), die in den mir
bekannten Werken Scheit's nicht steht. Im Garg. 1500, 35 führt er aus dem
Grobiano des „frommen C. Scheit“ einige Verse an, und in der Trunkenen
Litanei (Garg. 1590, S. 187, 21 fg.) corrumpirt er, ohne Scheit zu nennen,
einige Verse des Grobianus, den er auch sonst streift.

3 (In Francisci Regel steht, daß seine Brüder kein Geld nehmen sollen).
„Ich kann auch halten dis gelübt, Denn es begibt sich manches Jar, Das ich kein
Gelt anrür fürwar, Das ist mir auch ein schwerer Orden, Wiewol ich noch kein
Münch bin worden.“ Dominic. 1571. F 3. „Nun das ich es recht beschließ,
denn so das end gut ist, so ist es alles gut, sagt einmal ein Herr sehr Reich,
mir ungleich, belegt er ein zwilchenen Kittel mit Borten von guldenen stucken.“
Prakt. 1593 Lijᵃ. (Vgl. Olorinus, Ethographia, IV, 353 fg.) „Die sehr Reiche
und mir ungleiche“. Podagr. 1597. Eiijᵃ. „Solcher erinnrung ich nicht darf,
Denn sie ist mir zu Adelscharf, Ich spür genug an meiner Armut, Daß mir das
essen schmackt ohn Wärmut. Es nisten vil mehr zu Poeten Die Spinnen als
pelz von Zibeten. Das. Bᵇ. „Ein geringes Geld für einen der keins hat.“
Garg. 1575. Mᵥᵇ. 1590. S. 230, 18. Die mitunter aus Gargantua angeführte
Stelle (1590. S. 49, 11 fg.) mag Fischart's Gedanken aussprechen, ist aber nur
aus Rabelais übersetzt.

in der Reihenfolge besucht habe, wie ich die Erwähnungen
darüber ordne. Daß man aber neben seinen Angaben auch
seine Quellen berücksichtigen muß, zeigt eine Stelle des
„Binenkorb", nach welcher er in Antwerpen gewesen wäre,
während er nur übersetzt[1]; doch nennt er selbst Flandern,
wo er einen Minoriten habe predigen hören.[2] Auch sonst
zeigt er sich mit den Niederlanden sehr bekant, woraus
jedoch nicht zu folgern ist, daß er selbst gesehen, was er
anführt, oder die Sprache, deren er sich stellenweis bedient,
dort gelernt habe, da er das alles aus Büchern entnehmen
konnte und nachweislich manchmal entnommen hat. Er mag
dort von väterlicher und mütterlicher Seite verwandtschaftliche
Verbindungen gehabt und diese für sich nutzbar gemacht
haben. Auch in England ist er gewesen.[3] Ueber die Dispu-
tationen der grauen und schwarzen Mönche in Paris, die
sich gegenseitig ausscharren und auspochen, als wollten sie
den Judas jagen, spricht er wie aus eigener Anschauung[4],
und ebenso über den Zulauf zu dem kropfheilenden Könige
ausdrücklich als Augenzeuge.[5] Im „Binenkorb"[6] scheint er
auch auf eigene Anschauung hinzudeuten; da aber die Zeit
des Papstes, dessen er gedenkt, zu früh fällt, ist es eben
nur Schein, und die Stelle, obwol durch den Druck als
Einschaltung bezeichnet, ist nur übersetzt. Dagegen habe ich

---

1 „als ich unlangs in der Statt Antorf ein Französisch und Niderteutsch
büchlin feil sahe". Binenkorb 5b, so schon bei Marnix.

2 „Wie ich denn solchs erfaren hab In Flandern, da es sich begab, Das ein
Minbruder, wie mans nent, Stund auf die Kanzel und bekent, Das wol die
Jacobiter Brüder Den Ketzern seien sehr zuwider", Dominici Leben 1571. Ca.

3 „Bemalt, wie der Königin Haus in London." Garg. 1590. S. 547, 27
(schon 1575); „hab for kurzen jaren mit groser Verwunderung an den kunst-
werken der berümtesten Meister, deren ganze Säl voll im Schloß zu London
vorhanden, wargenommen". Biblische Figuren, 1576. 1. Apr.

4 Dominici Leben, 1571. C2a.

5 In einer eingeklammerten und so als sein Zusatz bezeichneten Stelle des
Feldbaus heißt es (schon 1579. S. 223): „Darum laufen ihrer vil aus weiten
Landen, die solchen präften haben, zweimal im Jar und begeren gesund zu
werden, habe sie zwar gesehen etlich mal den König angreifen, aber daß sie
heil sein worden, weiß ich nicht, habs auch von kainem gehört." XV Bücher
vom Feldbau, S. 325.

6 1586 Bl. 221a: „Wie genugsam denjenigen bekant, die zu seiner (Paulus III.)
zeit zu Rom geweßt und gewandelt haben." Paulus III. † 1549.

kein Bedenken, den Eingang des größern „Sectenstreites der
Barfüßer" für glaubwürdig zu halten:

> Da ich in Welschland war vor jaren
> Zu Senis, etwas zu erfaren,
> Da mein studieren zu vollenden,

da habe er gehört, wie stets am 1. August im Herzogthum
Spolet zu Assisi, der Heimat des heiligen Franciscus, ein
großes Fest gehalten werde, und so habe er sich dahin auf=
gemacht u. s. w.   Auf diesen Besuch in Assisi wird sich die
Stelle des „Nachtraben", der früher geschrieben ist, beziehen,
aus der wol gar gefolgert worden, Fischart selbst sei in
jungen Jahren katholisch gewesen. [1]

Auf diesen seinen Reisen mag er seine Sprachkenntnisse
erweitert oder erworben haben.   Er sagt gelegentlich scher=
zend, er könne fünf Sprachen, wobei das Deutsche und Nie=
derländische wol kaum mitgerechnet ist. [2]   Daß er an Welt=
und Menschenkenntniß, an localen Anschauungen und allge=
meinerm Blick gewinnen mußte, ist selbstverständlich, doch,
ich wiederhole es nicht oft genug, daß er alles, oder auch
nur den größten Theil dessen, was er kennt, unmittelbar aus
der persönlichen Erfahrung gewonnen habe, ist ein Irrthum.
Gelegentlich schildert er den großen Viehmarkt zu Linz, auf
dem die Metzger ungarisch Vieh kauften, so drastisch, als ob
er dabei gewesen [3], und doch will ich es hier dahingestellt sein

---

1 „Ich bin im Bapstum auch gewesen, Den Text wolt ich euch können lesen."
Nachtrab Eiij [a], das heißt nur: ich bin auch in Ländern gewesen, wo das Papst=
thum herrscht.

2 „Ich kann auch noch fünf Sprachen ohne Schwätzenschwäbisch, das ist die
sechst, heißt Lügen." Garg. 1590. S. 564, 18. Er verstand Griechisch, Latei=
nisch, Französisch, Spanisch und Italienisch, vielleicht auch etwas Hebräisch (Dä=
monom. 1591. I, 4. S. 28), wie er denn auch sonst wol einzelne fremde Brocken
gibt. Den Homer citirt er nach einer lateinischen Uebersetzung (septum den=
tium. Garg. 465, 19).

3 „wie das ungarisch Vieh daher äntenmäßig wackelt und grattelt". Podagr.
1591. C7 [a]. „da was nichts als alle freud, vil tausent willkomm, vil hundert
guter tag, säck voll grüß, ein solch handgebens, handschlagens, handtruckens, die
händ auf die knie stoßung, als ob alle metziger zu Linz auf den viehmarkt zu=
sammen kommen weren, ungarisch vihe zu kaufen, ein solch umfangens, rucken=
klopfens" u. s. w. Garg. 1590. S. 468, 24 fg.

laſſen, ob er jemals die Donau geſehen. Und wie die Be=
ziehungen zu Baſel von Wackernagel aufgeſucht ſind, ließen
ſich die zu Augsburg, Konſtanz, Frankfurt, Heidelberg, Köln,
Leipzig, Mainz, den Niederlanden, Nördlingen, Nürnberg,
Reutlingen, Rotenburg, Schaffhauſen, Tübingen, Ulm und
Wien, allein aus „Gargantua“, zahlreich zuſammenſtellen,
ohne daß damit etwas gewonnen wäre, um ſeine perſönliche
Bekanntſchaft mit dieſen Orten zu erweiſen. Doch bin ich
weit entfernt, zu behaupten, daß er keine dieſer Städte be=
ſucht habe, von denen wir es nicht ſonſt ſchon wiſſen.

Wo Fiſchart 'gelebt und womit er ſich beſchäftigt habe,
als er ſeine Reiſen vollendet, läßt ſich nur vermuthen. Durch
ſeine Schweſter Anna trat er in folgenreiche Verbindungen.
Dieſe hatte den Buchhändler Bernhart Jobin geheirathet und
demſelben einen Sohn geboren, der am 8. Auguſt 1570 zu
Straßburg getauft und nach ſeinem Taufpathen, dem Maler
Tobias Stimmer, Tobias genannt wurde. [1] Erwägt man nun,
daß die beiden erſten datirten Dichtungen Fiſchart's, „Der
Nachtrab“ und „Dominici Leben“, ohne Angabe des Druckortes
und Verlegers 1570 und 1571 erſchienen, und daß der
„Eulenſpigel“, bei dem freilich kein Jahr des Erſcheinens
angegeben, der aber nach den Meßkatalogen und der An=
gabe des „Flöhhatz“ zur Faſtenmeſſe 1572 in Frankfurt aus
gegeben wurde als gemeinſchaftliches Unternehmen des Hie=
ronymus Feierabend [2] und Bernhart Jobin's: ſo ſcheint dar=
aus hervorzugehen, daß Jobin damals noch kein eigenes Ge=
ſchäft hatte und erſt im Laufe des Jahres 1572 ein ſolches
in Straßburg begründete, da die Sammlung „Schöner Lau=
tenſtücke“ dort unter ſeiner Firma 1572 erſchien. Auf
dem Titel nennt er ſich „Burger zu Straßburg“. Mag
Jobin vorher nun an der Buchhandlung Feierabend's in

---

1 Erich Schmidt in der Allgemeinen deutſchen Biographie, VII, 32.
2 Schon der Vater, Sigmund Feierabend, hatte Verlagsgenoſſen: Georg
Rab und Weygand Hanens Erben, mit denen er 1568 Reißner's Pſalmenbuch
verlegte.

Frankfurt perfönlich oder nur von Straßburg aus theil=
genommen haben, so ist doch wol anzunehmen, daß sein
Schwager Fischart, dessen Schriften fortan fast ohne Aus=
nahme in Jobin's Verlage erschienen, sich ihm angeschlossen
hatte und, da sich einstweilen kein anderer Wirkungskreis
eröffnen wollte, sein literarischer Rathgeber, allenfalls auch
Corrector in seiner Buchdruckerei gewesen. In dieser Stel=
lung war es ihm leicht, sich mit der Literatur der Zeit be=
kannt zu machen und seine Sammlungen aus umfänglichem
Material aller Fächer zu bereichern, sowie seine kleinern oder
größern Werke rasch zu veröffentlichen. Die Verbindung
mit Jobin und Stimmer hatte dann freilich auch die Folge,
daß Fischart sich zu mancherlei literarischen Speculationen,
Uebersetzungen, Gedichten zur Erklärung Stimmer'scher Holz=
schnittblätter und zur literarischen Ausfüllung von Büchern
willig finden lassen mußte, in denen die Bilder die Haupt=
sache ausmachten. So erschienen die Gedichte über das „Straß=
burger Uhrwerk" und die „Thierbilder im Münster", die Verse
zu dem „Ausspruch des Esels in strittigen Sachen der Nach=
tigal an einem, wider den Guckguck andern Theils", die wir
nur in einem nürnberger Nachdruck kennen, und zu andern
Bildern, die entweder theilweise oder ganz verschollen sind.[1]
Wie wenig Fischart als Dichter sich dabei von vortheilhafter
Seite zeigen konnte, ersieht man aus der trockenen Reimerei
über das Uhrwerk und aus der widerlichen „Wunderzeitung
von einer Schwangeren Judin zu Binzwangen", die am 12. De=

---

1 Von den Bildern über die zehn Alter der Frauen und Männer hat
C. Wendeler in Schnorr's Archiv, VII, 370 das dritte Blatt über das Alter
der Männer veröffentlicht, das sich in der Kupferstichsammlung des Königs
Friedrich August von Sachsen befindet. Als ich im Jahre 1847 dort nach diesen
Bildern anfragte, wurde mir am 21. Mai 1847 eine Abschrift des Uhrwerks
mitgetheilt und dabei geschrieben: „Von allen übrigen gewünschten Stücken be=
sitzt Se. Majestät der König weiter nichts." Andere Verse aus den Altern der
Weiber führt Fischart im Ehzuchtbüchlin 1578 M 5ª, 1597 Riijᵇ an, und die
im Ehzuchtbüchlein 1578 Gijª, 1597 G 6ᵇ angeführten Verse gehören dem
zweiten Blatt der Alter der Weiber an, doch sind sie aus dem Gedächtniß ci=
tirt. An der „Audienz des Kaisers" zweifelt auch Wendeler a. a. O., VII,
361 fg. nicht, und an der Existenz des „Masinissa" (Garg. 1590, 344 fg., 356, 12)
daselbst S. 371 fg. ohne überzeugende Gründe.

cember 1574 „zwai leibhafte Schweinlin" geboren haben
sollte. Diese Art speculativer Schriftstellerei veranlaßte dann
Werke wie die „Pabstbilder", die Fischart, der Gegner des
Papstthums, mit Uebersetzungen lobender Gedichte des Onu=
phrius Panvinius begleitete, und die auslegenden Verse zu
Tobias Stimmer's „Biblischen Figuren", unter deren Vorrede
vom 1. April 1576 Fischart sich zum ersten male „der Rech=
ten Doctor" nennt. [1]

Fischart hatte also sein Ziel über seine Schriftstellerei
nicht aus den Augen verloren. Meusebach war schon 1829
durch de Wette die Nachricht ertheilt, daß Fischart im August
1574 zu Basel Doctor der Rechte geworden sei. W. Wacker=
nagel veröffentlichte dann 1870 zuerst die Notiz an der
Spitze seines Buchs über Fischart: „In dem Doctoren=
buche unserer Juridischen Facultät findet sich unter dem
Jahre 1574, als Adam Henric=Petri Decan und Basilius
Amorbach Prodecan war, neben mehrern andern, die a. d.
IIII Id. Aug. civilis et canonici iuris publice facti sunt,
auch verzeichnet JOANNES Fischartus Argentoratensis."
Camillus Wendeler hat seitdem das „Einladungsprogramm
zur Doctorpromotion Fischart's" und einen Auszug der Ma=
trikel der juridischen Facultät zu Basel bekannt gemacht. [2]
Ich will auf den Umstand, daß dieser J. Fischart derselbe zu
sein scheint, der vorher in demselben Jahre als Johannes
Piscator Argentinensis [3] zu Basel immatriculiert wurde, kein
Gewicht legen und die Möglichkeit zugeben, daß der am
9. August promovierte Straßburger unser Fischart sei; aber
die daraus gezogenen romanhaften Folgerungen, wie das

---

1 Grundriß, § 164, 25. Außer der ersten Ausgabe ist in Göttingen (Theol.
bibl. 268ᵇ) eine zu Straßburg 1693 bei „Lazari Zetzneri (Seligen) Erben" in
Octav erschienen, das Letzte, was von Fischart in alter Zeit noch aufgelegt
wurde. Die frühern Drucke, sämmtlich in Berlin, sind: 1576 (Göttingen, Uffen=
bach 457); 1579; 1586; 1590; 1625; 1628.

2 Zeitschrift für deutsches Alterthum, 1878. Bd. XXII, 252 fg.

3 Die Fischer, Piscatores, Piscatorii waren in Straßburg nicht selten; ein
Johannes Piscator, geb. 27. März 1546, ist der Verfasser der von J. Marbach
bevorworteten Fides Jesu et Jesuitarum (1573. Jobins Verlag), die Fischart
mit Unrecht zugelegt ist, worauf schon Wackernagel S. 7 fg. hinwies.

Leben in Basel auf seine Schriften von Einfluß gewesen, wie er seinen „Gargantua" dort zum Theil bearbeitet und den Genossen vorgelesen habe, sind nichts als Einbildungen, mit denen ein leerer Raum ausgefüllt werden soll. Daß Fischart mit Gelehrten zu Basel in Verbindung stand, ist zweifellos, und auch mit solchen, an denen er sich nach Wackernagel's Meinung gerieben haben soll.[1]

Der Doctortitel, mag er nun in Basel oder sonstwo er= worben worden sein, dessen Fischart, wie oben gesagt ist, sich zuerst 1576 bedient, sollte, da die Promotion damals für ein besonderes Examen galt, zunächst zu einer bürgerlichen Stellung führen; aber es fand sich noch keine, und die schriftstellerische Thätigkeit mußte fortgesetzt werden. Zwischen 1575 und 1581 fallen seine Hauptwerke: der „Gargantua" 1575, „Das Glücksschiff" 1576, „Das Podagrammisch Trostbüchlin" 1577, „Das Philosophisch Ehzuchtbüchlin" 1578, „Der Binenkorb" und die „Bücher vom Feldbau" 1579, „Das Je= suitenhütlein" 1580 und die Uebersetzung von Bodin's „Dä= monomanie" 1581. Mit diesem letztern Werke (und der von ihm und Nigrinus gelieferten Uebersetzung des „Anti= macchiavell" sowie der in Frankfurt erschienenen Redaction des „Hexenhammers" 1582) wollte er sich empfehlen. Die Wid= mung an „Egenolff, Herrn zu Rappoltsstain, Hohenack und Geroltzeck am Wassichin" datiert aus Speier vom 24. Aug. 1581 und sie ist offenbar in der Absicht geschrieben, den Gönner zu einer Anstellung zu veranlassen. Die Hoffnung schlug fehl.

Bis 1579 wohnte Fischart in Straßburg, wie aus der ersten Ausgabe des „Binenkorb" hervorgeht[2], wol auch noch

---

1 Wackernagel nimmt Anstoß daran, daß Fischart, Garg. 97, 31, über das Wursteisen und die Wurstichtet Scherze macht, in denen er Spielerei mit dem Namen des Chronisten Christian Wurstisen findet. Wurstisen nennt in der Vor= rede seiner „Baßler Chronik" (1580, a4ᵃ „den Hochgelehrten D. Johann Fischart" und hofft von ihm, er werde eine Chronik von Straßburg „ins Werk richten". Vor 300 Jahren war man in Basel weniger empfindlich, und die guten Be= ziehungen zwischen Wurstisen und Fischart hatten unter der Wurstichtet nicht gelitten.

2 1579 Hᵇ heißt es in einem Zusatze Fischart's: „Ich hab auch bei dem

im Sommer 1580 und Frühjahr 1581, da im „Bienenkorb" von diesem Jahre die Bezeichnung seines Aufenthalts zu Straßburg getilgt ist. Nach einer Angabe des straßburger Bibliopolen Lazarus Zetzner im „Hexenhammer" von 1582 hat Fischart die Redaction besorgt; Zetzner nennt ihn als Advocaten am Reichskammergericht (zu Speir), eine Bezeich= nung, die später weggelassen ist. Daß Fischart im Sommer 1581 in Speier war, geht aus der Widmung der Dämono= manie mit Gewißheit hervor, und seine Bekanntschaft daselbst zeigt sich mehrfach, zugleich daß er, nachdem er Speier selbst gesehen, einiges in seinen Hindeutungen darauf zu berichtigen oder zu vermehren hatte.[1]

Daß Fischart Reichskammergerichtsadvocat in Speier ge= wesen sei, wissen wir nur aus Zetzner's Angabe; im übrigen wird dessen nirgends gedacht.[2] Es scheint, er habe einen solchen Beruf dort antreten wollen, daß sich ihm aber andere Aus=

Kuttenstreitschreiber oder Nasenfischer [d. i. Fischart] zu Grubsarts [rückwärts gelesen: Strasburg] ein alt geschriben Latinisch Mönchsbüchlin gesehen, welchs auß dem Cesario [von Heisterbach], auß dem Bienenbüchlin, genant Apiarium [des Thomas Cantipratenses], auß des Vincentii Speculo [historiale, doctrinale, morale des Vincentius Bellovacensis] und andern Catholischen Scribenten colli= girt ist." Der Bienenkorb 1580, 64ᵇ hat noch Grubsarts, der von 1581 und alle folgenden haben statt zu Grubsarts: Menzer und am Rande den früher fehlenden Namen: von J. Frid. Guicciard Moguntino. (1586 H 8ᵇ, 64ᵇ.)

1 Er erwähnt 1575, 1582 und 1590 im Gargantua des Rotulierens auf der Speirer Roll (1590 S. 81, 28), des bodenlosen Stiefels, den der Teufel mit Thalern füllen sollte (471, 12), der bittern Mandeln von Speir (97, 3). Da= gegen fand er die Stelle 1575 ee4ª „wie die Wart zu Ulm und Spir" nicht zutreffend und änderte 1582 Kf5ª: „wie die Wart zu Ulm und Rotenburg" (1590, 538, 6). 1575 und 1582 heißt es: „siebenmal größer als ein stain for dem Domm zu Spir", dagegen 1590 S. 464, 17: „sibenmal größer als der rund napff vor dem Domm zu Spir, welchen man zu jedes Bischofs einritt mit wein füllt, und gute arme schlucker sich redlich darum rauffen läßt." Schon 1582 konnte er vom Stock in Speir (F7ª, 1590. 161, 8) und von den Speirischen Beckenmägden (Kf3ᵇ, 1590: 535, 11) reden, deren er 1575 nicht gedenkt. Die Doctorlein und Praktikanten zu Speir (Pralt. 1607 H4ª) konnte er kennen, auch ohne in Speier gewesen zu sein; den Gebrauch bei der Kammer, den er in der Dämonomanie (1591. 160ª) erwähnt, hat er selber gesehen, und zuerst im Bienenkorb von 1582 erwähnt er den Speirischen Bienenwald (1588. 268ᵇ).

2 Die Erwähnungen des Johannes Clorinus in seiner „Ethographia mundi" des Advocaten Fischarts, der seine Standesgenossen Schadvocaten nenne, wie er es wirklich gethan, sind kein gültiges Zeugniß. Auf der Stadtbibliothek zu Hannover ist unter den Heiligerschen Collectaneen ein Verzeichniß der beim Kammergericht in Speier beschäftigten Procuratoren und Advocaten des 16. Jahr= hunderts, worin ich den Namen Fischart's nicht gefunden habe.

sichten eröffneten. In Speier hatte die Familie des elsäßer Chronisten Bernhart Herzog, der als Amtmann in Wörth lebte, Verwandte, unter andern den Procurator Johann Detscher, bei dem Fischart als Hülfsarbeiter thätig gewesen sein mag. In Speier lernte er die Tochter Herzog's, Anna Elisabeth (geb. 13. Aug. 1561), kennen, mit der er sich ver= lobte und Martini (11. Nov.) 1583 zu Wörth verheirathete. Das Kirchenbuch nennt ihn nur „Doctor Johann Fischart, genannt Mentzer". [1] Der Einfluß des Schwiegervaters, dem der Eidam sich durch historische Studien empfohlen, aber auch sonst zusagend erwiesen haben mag [2], hat sicher mitge= wirkt, daß Fischart eine Anstellung als Amtmann zu For= bach erhielt. Als solchen nennt er sich unter der aus For= bach vom 1. September 1586 datierten Widmung der zweiten Auflage der Dämonomanie an „Eberhart, Herrn zu Rappolts= stein, Hohenack und Geroltzeck am Wasichin". [3]

Fischart's Ehe war mit zwei Kindern gesegnet, einem Sohne, Hans Bernhart, geboren 29. August 1584, und einer Tochter, Anna Elisabeth, geboren 14. August 1588 alten Stils. [4] Leider erfreute er sich seines häuslichen Glücks nicht lange, da die zur Ostermesse 1591 erschienene Auflage des „Ehezuchtbüchlins" ihn auf dem Titel als weiland und selig bezeichnet. Die Schlußschrift seines „Catalogus Catalogorum" ist vom 17. März 1590 datiert. [5] Gegen dieses Datum kann

---

1 Revue d'Alsace. Nouvelle série, deuxième année. Tome deuxième. Colmar 1873. S. 376 fg.

2 Herzog sammelte Schwänke. Grundriß § 160, 12. Im Quellenverzeichniß seiner Chronik führt Herzog auch auf: Joannes Fischartus.

3 In der Zuschrift gibt er als eine seiner Veranlassungen an: „Bevorab auch um so viel desto mehr, damit ich meine Dankbarkeit um vielfaltige gnaden und gutthaten, so mir, weil ich unter jhrer G. Tutel, des auch Wohlgebornen Herrn Johann von Hohenfels, Herrn zu Reipoltzkirch, Forpach und Rixingen, meines G. Herren, das Ampt Forpach versehen, vielfeltig sind widerfaren, erweise und zugleich damit bei E. G. mich unterthenig commendirte." Eberhart war Vormund des Sohnes des am 4. Sept. 1585 verstorbnen Egenolph; daß aber Fischart erst unter dieser „Tutel" Amtmann geworden, vermag ich aus der Stelle nicht herauszulesen.

4 Herzog, Elsäß. Chron. Straßb. 1592. Fol. Buch X, S. 228, und Revue d'Alsace.

5 „Geben zu Rullenburg, im Nienenreich, in unserer Kammer bücherlichen

die widersprechende Angabe, daß er im Winter 1590 gestor=
ben sei, nicht bestehen. [1] Es hindert nichts, anzunehmen, daß
er bis an seinen Tod seine Amtmannsstelle zu Forbach be=
kleidete.   Ueber das Schicksal seiner Kinder ist nichts be=
kannt.   Seine Witwe verheirathete sich am 24. April 1593
zu Wörth mit Joh. Ludwig Weidman, dem Sohne des Amt=
manns zu Oberbrun. [2]   Auch über ihr ferneres Leben wissen
wir nichts.   Damit ist alles erschöpft, was sich über Fischart's
äußeres Leben noch ermitteln ließ; seine innere Entwickelung
muß einem spätern Bande vorbehalten bleiben, der vorzugs=
weise die Prosaschriften zu berücksichtigen haben wird.   Hier
kam es nur darauf an, ihn durch die Auswahl seiner besten
Dichtungen in die „Dichter des 16. Jahrhunderts" einzuführen.

Den in den gegenwärtigen Band aufgenommenen Stücken
werden wir später vielleicht noch eine zweite Auswahl
nichtconfessionell=polemischer Dichtungen anreihen, wie „Das
Lob der Laute", das Einleitungsgedicht zum „Gesangbuch",
Dichtungen aus dem „Ehzuchtbüchlin", „Des Esels Aus=
spruch" und Fischart's Antheil an den „Gelehrtverkehrten".
Ueber das hier Aufgenommene sind wenige Bemerkungen zu
machen.   Die Gedichte wollen gelesen werden; eine Analyse
derselben würde vielleicht eher davon abhalten, als dazu
reizen.   Denn was ist der Stoff ohne die Anmuth der Aus=
führung!   Der „Flöhhatz" und das „Glückhafte Schiff"
können nur verlieren, wenn man sie der dichterischen Form
entkleidet, und die übrigen Dichtungen haben kaum einen
stofflichen Inhalt, sie wirken nur durch die reiche Aus=
schmückung ihrer einfachen Gedanken.   Auch über das

<hr>

Jugeweidts, und Esse, darin man das Bauren das in expensis Recept schmidt,
den 17. Monats Tag Mertzens, Anno 2c. 1590. FINIS."

    1 Strobel hatte Halling die Mittheilung gemacht, auf dem Vorsatzblatt
eines Fischart'schen Werkes sei zu Fischart's Namen geschrieben: „Mortuus ao.
1589 in hieme."   Niemand weiß, wer dies geschrieben oder wann, und Halling
konnte „sich nicht sonderlich dazu verstehen, Bremae herauszulesen"; das hieme
war also nicht deutlich geschrieben.   Vgl. Meusebach, Fischartstudien.   Halle
1879.   S. 302.
    2 Revue d'Alsace a. a. O., 380, Mittheilungen von Eugen Müntz.

Bibliographische, das anderswo ausführlich behandelt ist, bedarf es hier keiner Rechenschaft. Die zum Grunde ge= legten Drucke sind die Originale; nur der ältere Text des „Flöhhatz" ist nach C. Wendeler's Ausgabe benutzt.[1] Die in dem Schlußgedichte des „Flöhhatz" erwähnten Facetien und Lobsprüche oder Vertheidigungen anstößiger Dinge und Personen sind (bis zur Erwähnung von Cardanus' „Hunde= lob", also noch mit Einschluß von Scaliger's „Hundstadel") alle im „Amphitheater" des Kaspar Dornavius gesammelt[2], nur die Fabeln des Aesop fehlen, die Camerarius bei den Lateinkundigen populär gemacht hatte.[3] Die meisten der bei Fischart genannten ältern Scherze erwähnt auch Paulus Melissus[4] in einem Gedichte an H. Stephanus. Das „Lob des Fiebers" und das des Thersites von Favorinus sind nicht mehr vorhanden; Fischart und Melissus konnten nur aus Gellius[5] Kunde davon haben. Das „Lob der Mucken" (S. 127) halte ich noch für ein Werk Fischart's, obwol ich die mancherlei Flickwörter meistersängerischer Art zur Aus= füllung des Verses nicht übersehe. Der engere Anschluß an den Text des Lukian[6] mag dazu Veranlassung gegeben haben.

Göttingen, 15. April 1880.

K. Goedeke.

1 Der Flöhhatz von Johann Fischart. Abdruck der ersten Ausgabe 1573. Halle 1877. 8°. Ich hatte durch Feifalik schon vor 22 Jahren eine Vergleichung, die leider nicht vollständig und genau war.

2 Amphitheatrum Sapientiae jocoseriae. Hanov. 1619. 2 Bde. Fol.

3 Historia vitae fortunaeque Aesopi cum fabulis illius, studio Joach. Camerarii. Leipzig 1544 und oft.

4 Schediasmata poetica. Frankfurt a. M. 1574. Earina, p. 101.

5 Noctes atticae 17, 12. Die Stelle ist bei Dornavius 2, 176 abgedruckt. Der Vertheidigung des Quartanfiebers von Favorin gedenkt Fischart auch in Podagr. F 4ᵇ.

6 Griechisch und lateinisch bei Dornav. 1, 117 fg.

Fischart's eigenhändige Namensschriften.

(Aus einem in Wolfenbüttel befindlichen Mischbande copirt.)

Inhalt.

———

———————

Berichtigung. Seite 5, Vers 76, statt: beweg, lies: bewegen

———————

Flöh Haz, Weiber Traz

Der Vberwunder vnrichti-ge, vnd spotwichtige Rechtshandel
der Flöh mit den Weibern: Ain Neu geläs,
auff das vberkurtzweiligſt zubelachē, wa anders
die Flöh mit ſtechen aim die kurtzweil
nicht lang machen.

Durch Hultrich Elloposcleron, auff ain
newes abgeſtoſen und behobelt

––––––––––

Wer willkomm kommen will zu haus,
Kauf ſeim weib diß buch zu voraus,
    Dann hierinn ſind ſie weg und mittel,
    Wie ſie die flöh aus belzen ſchüttel.
Und hüt ſich jedermänniglich
Bei der flöh ungnad, biß und ſtich,
    Das er diß werk nit nach wöll machen,
    Weil noch nit ausgführt ſind die ſachen,
Dann der flöh appellation
Mag noch in kurzem nachher gon:
Auch bald der belz defenſion.

Im jar 1594.

––––––––––

Flöh Haz (haz, m.), das Hetzen, die Hetze der Flöhe. — Traz, Trotz. —
geläs, Leſebuch, Lectüre.

Glück zu on schrecken,
Das uns die slöh nicht wecken.

Hultrich Elloposcleros.

Es hat ainmal das hoffen, harren,
Mich nit gemacht zu ainem narren:
    Sonder mich nun ansehlich gmacht
    Das man mich gar für klug jez acht:
Dann da ich erstlich diß buch schmitt,   5
Hofft ich gonst zu erlangen mit,
    Baides bei mannen, so bedauren,
    Das slöh so auf ir weiber lauren:
Und auch bei weibern, die gern wüsten
Wie sie die slöh ausbürsten müsten: 10
    Welches mir dann wol ist geraten,
    Dann ich bei baiden komm zu gnaden,
Weil ich dem mann die frau begnedig
Und auch die frau von slöhen ledig:
    Solch gonst daraus ich merken kan,   15
    Weil jederman diß buch will han:
Und man es nicht genug kan trucken,
So vil pflegt mans hinweg zu zucken:
    Auch weil ich kaum ain haus schier find,
    Da nur drei, vier weibsbilder sind,   20

---

1 ainmal; Fischart setzt ai für mittelhochdeutsches ei, niederdeutsches ê, und für mhd. i und nd. i braucht er i oder ei, doch nicht consequent. — 18 zucken, dem Drucker unter den Händen wegreißen. Der Beifall, den das Büchlein nach dieser Stelle gefunden, läßt darauf schließen, daß die Angaben über Drucke zwischen 1573 und 1577 richtig waren, wenn auch keine Exemplare nachgewiesen sind.

Da nicht diß edel büchlin sei
Und prang bei andern büchern frei:
    Und hat so groß autoritet,
    Das es gleich beim catchismo steht.
25 Ich riet in, das sies lisen binden
Gleich an ire betbüchlin hinden:
    Oder an Albert Magni buch:
    Dann schönes tuch, das ziert ain pruch:
Ich hör auch, es hab ain diß büchlin
30 Gebunden in ain seiden tüchlin
    Und warm auf blosse haut gebunden,
    Da hab sie kain floh meh empfunden.
Die lob ich, dise glaubt uns doch,
Dann wir es ernstlich mainen noch.
35   Auch sag ich dank den andern allen
    Das sie die müh in lassen gefallen,
Dann, o wie manchen giftigen biß
Thaten die flöh, als ich schrib diß;
    Aber sie konten mich nicht wenden,
40   Und solt sie der flöhcanzler schenden,
Dann euer gonst und lib zu haben,
Freut mich meh, dann der schwarzen knaben.
    Wolan kauft auf, ir thut im recht,
    Versucht ob ir meh kaufen möcht
45 Als unser trucker trucken nun,
So werd ir im ain schalkhait thun.

Erneuerte flohklag, wider der weiber plag.

Muck.

Was hör ich aus dem winkel dort
Für ain geschrai, was kleglich wort?
    Es ist fürwar ain raine stimm,
50   Daraus ich leichtlich wol vernimm,

---

25 lisen, st. ließen. Fischart hat orthographische Grillen, die auf locale
Aussprache gegründet sind; zirt, flihen, zihen u. s. w. — 27 Alberti Magni:
der Polyhistor des 13. Jahrhunderts schrieb ein Buch de secretis mulierum,
das früh übersetzt und oft in kleinem Format gedruckt wurde, eine Art Taschen=
buch für Frauen. — 28 pruch, Bruch, Niederkleid, Hose. — 43 thut im,
macht es.

Das es nit sein kan etwas groß:
Deshalb ich mich wol zu im loß.
   Aber boz laus, es ist der floch!
   Wie komts? er springt jez nicht hoch,
Als wann er pflegt die leut zu stupfen,   55
Er kan jezund kaum hinken, hupfen.
   Ich glaub, im sei ain bain entzwai,
   Er führt wol so ain jammergschrai,
Wiewol er sonst schweigt allezeit,
Weil schreien nicht dint zu seim streit,   60
   So gsrirt im iez der schnabel auf:
   Gewiß bedeuts kain guten kauf:
Dann wie die wunderbücher setzen,
Bedeuts nichts guts, wann die thir schwetzen,
   Und (das ich wend groß gleichnus an)   65
   Wann singt der schwan, so stirbt er dran,
Und mancher der lang redlos ligt,
Red doch, wann nun der tod sich fügt,
   Und der krank, so lang nit kont essen,
   Darf zu lez dem tod zu laid fressen: 70
Und die sau, so sonst allzeit grummt,
Schreit anders, wann der metzger kummt:
   Also sorg ich, meim sommergsellen
   Wöll der tod nach der gurgel stellen:
Wolan, ich will im hören zu,   75
Was in dazu beweg thu.

Floh.

Ach, wie kan ich auch lenger schweigen!
Der trotz will mir zu hoch auch steigen,
   Der unbill bricht mir auf den mund,
   Gleich wie ainem geschlagnen hund.   80
Wem soll ich aber mein not klagen?
Den menschen kan ichs nicht wol sagen,
   Wiewol sie von natur erkennen
   Was gut und was recht sei zu nennen,
Dieweil sie mir sind gar gehessig,   85
Und der ghessig spricht unrechtmessig.

---

52 loß, lasse, wie 104 stroß, Straße; sonst losen, lauschen. — 55 stupfen, stoßen, stechen. — 74 stellen, trachten.

Soll ichs dann meines gleichen sagen,
So wird er mir hinwider klagen;
Ist also klag um gegenklag,
90   Welche kainen nichts frommen mag,
Wa nicht ist ainer, der es richt,
Und nach dem rechten drunter spricht.
Derhalben will ich zu dem flihen,
Von dem wir all den anfang zihen,
95   Welcher nach seiner güt und macht
Auch nicht das gringste gschöpf veracht
Und überall ganz nichts verwarlost,
On des will kain tier sein har lost:
Darum, o hoher Jupiter,
100   Mich armes tierlin nun gewer,
Seh an, wie ich geplaget bin,
Das ich wais weder aus noch hin,
Wann du nicht werst, so stünd ich bloß,
Man stelt mir nach auf alle straß;
105   Man verfolget mich also sehr,
Als ob der ergste bub ich wer;
Hab doch kaim nie kain roß gestolen
Und kainen umgebracht verholen;
Het ich löwen und beren weis,
110   Das ich die menschen niderreiß
Oder stil wie der wolf die schaf,
So verdinet ich villeicht straf;
Aber ich bin unschuldig dessen,
Noch muß das leberle ich han gessen
115   Und muß gethan han die gröst schmach
Und bin doch nicht so groß darnach:
Ich muß allain har lassen gar,
Hab doch am ganzen leib kain har:
Seh, wie ich nur bin zugericht!
120   Ei, das nicht drob der himel bricht!
Ich seh kaim ehrlichen floh meh gleich,
Ich bin ain lebend todenleich;

---

94 anfang, Ursprung, zihen, ziehen, nehmen; wol nur des Reimes wegen nach initium ducere. — 108 verholen, heimlich. — 109 weis, Weise. — 114 noch, dennoch wird mir Schuld gegeben. „Der hund, der das Leder fraß" (Murner, NB. 31), Vgl. Schwänke, Nr. 10.

Das macht ain unzarts frauenbild,
  Die wol haißt ain hart rauhes wild;
Wiewols ain linden belz tregt an,   125
Thut sie kain lindes herz doch han.
  Dann ich mich selber nun erbarm,
  Das ich hab kain ganz bain, noch arm:
Hetst mir, o Jupiter, nicht geben
Nach deiner fürsichtigkait eben   130
  Also vil bain, ietz het ich kain,
  Und müst entweder tod nun sein
Oder müst von der schlangen leren,
Auf meim bauch kriechen und mich neren:
  Dann ich wol ain halb dotzend füß   135
  Im lauf ietzund dahinden ließ,
Die sie gewis nun auf wird henken
Zum spigel, irs sigs zu gedenken.
  Das ist weit ain anderer schad,
  Als den das hündlin von Bretten that.   140
Ach, ich kan mich kaum keren, wenden,
Also sind mir zerrürt die lenden,
  Als wer ich an der folter ghangen
  Und het gebeicht alls was vergangen.
Ja foltern komt mir wol in sinn,   145
Dann sie ist wol ain henkerin:
  Aber kaine beichtmutter nit,
  Dann sie gibt kainen ablas mit:
Sie riß hinweg mir pletz und flek,
Es eß es schier kain wolf hinweg: 150
  Man zelt schier alle rippen mir,
  Das eingewaid heraus will schier:
Der kopf ist mir voll beulen, schrunden,
Als het in mir ain kifer gbunden.
  Seh, wie mir ist verwirrt das knick,   155
  Als wer ich gfallen von aim strick;
So nah griff sie mir nach der hauben,
Das ich mich gar kaum aus mocht schrauben

---

140 hündlin von Bretten, vgl. Gargantua, 113, 9. — 142 zerrürt, zerrieben; lenden, Weichen, Nierengegend. — 153 schrunden, Schrammen. — 154 kifer, Küfer. — 155 knick, Genick. — 157 nah, tüchtig, fest; nach der hauben greifen, zusetzen, schlimm behandeln (Gargantua, 156, 1).

Und ietz kaum kan gen himel sehen,
160 So schön kont sie den hals mir trehen.
O du bös unbarmherzig art,
Die von kaim menschen gboren ward,
Sonder vom crocodil komt her,
Der zum mord waint, wan mördet er.
165 Dann als es mir am ergsten ging
Bei dem hatz, welchen sie anfing,
Da lacht sie zu all disen dingen,
Das irn die augen übergingen.
O Jupiter, wie kanst zusehen
170 Solche unbilligkait geschehen?
Dieweil alle unbilligkait
Erweckt gott zur unwilligkait.
Ich thu je diß, dazu mich schufst,
Und ner mich, wie du mich berufst,
175 Etwa mit ainem tröpflin bluts,
Und thus nicht, wie man main, zu trutz,
Sonst müst zu trotz der mensch der erden
Sie so zerackern mit den pferden,
Und müst zu trutz dem schaf es bscheren,
180 Dem baum zu laid die frucht ableren:
Dazu die menschen nain doch sagen:
Welches doch oft nicht zu will tragen,
Wann sie es brauchen überflüssig,
Dann hiezu sind die gschöpf verdrüssig;
185 Was aber man gibt aus urtrutz
Da nimts der nemer ie zu trutz.
Und der meh, dann er bedarf, sammelt,
Da neben im noch mancher mangelt,
Der nimt dem gschöpf ie vil meh ab
190 Dann im gott und die natur gab,
Weil die gschöpf sind zur nötlichkait
Geschaffen, nicht zur neidlichkait.
Ich aber trink nicht überflüssig:
Dann überfluß treibt nur der müssig.
195 Ich aber kan nicht müssig sein,
Weil ich mit müh erlang das mein,
Welchs mir doch von rechts wegen ghört,

---

166 hatz, Hetze. Fischart gebraucht hatz stets männlich. — 174 berufen,
bestimmen, Beruf geben. — 184 urtrutz, Ueberdruß, Verdruß, Widerwille.

Und doch darob stets werd verstört:
    Dann wa kain sicherhait nicht ist,
    Daselbs hin überfluß nicht nist.   200
Und wann ich mich schon übertrenk
So trink ich doch aus kainer trenk,
    Dahin man es vor lengst thet schöpfen,
    Dann ich mit not erst meins muß zepfen,
Darzu man mir nicht laßt der weil,   205
Sonder ich muß thun in der eil.
    Was aber gschicht mit eil und müh,
    Das würd kainen faist machen nie.
Der esel, so das bronnrad tritt,
Würd von dem wasser faister nit,   210
    Welches er muß heraußer spinnen,
    Er trinkts gern, da es selbs thut rinnen.
Und ist auch schier kain wunder zwar,
Das ich so klain muß bleiben gar,
    Dieweil ich ie nicht kan gedeien   215
    Bei solchem schrecken, sorgen, scheuen;
Dann sorg und angst dörrt aus das herz,
Den leib verzert des gmütes schmerz:
    Es wundert mich, das wir arm flöh
    Stets bleiben schwarz, wie es uns geh,   220
Da wir doch grau wol solten sein,
Vor grosser mühlichkait und pein.
    Aber man sicht nicht stets an haren,
    Ob ainer etwas hab erfaren,
Sonder an der stanthaftigkait,   225
Ob ainer tragen mag das laid;
    Dann welcher stirbet gleich vor schrecken
    Den soll man mit kükat bedecken.
Ich möcht wol mein verfolger fragen,
Warum sie mich so jagen, plagen,   230
    So ich doch nicht den leib verzere
    Sonder vom überfluß mich nere.
Vom blut, welches villeicht ist bös,
Und auslauft in der aderleß:
    Sparen also den schrepferlon,   235

---

300 n i st, nistet, kommt. — 228 kükat, Kuhmist. Strafe für Feiglinge, Be=
gräbniß in Koth und Sumpf (Grimm, Rechtsalterthümer, 695).

Das sie nicht in das bad darf gon.
Wie manche hett der tod verzuckt,
Hett ich nicht ir bös blut verschluckt!
   Darum muß ich so schwarz auch sein,
240   Weil bös blut nicht schön farb gißt ein.
Sie fangen doch oft selber auf
Die blutegel mit großem hauf
   Und thun auf ire haut die setzen,
   Das sie das bös blut ausher letzen,
245 Und wöllen solchs von uns nicht haben,
Die wir doch auch han dise gaben:
   Und besser, dieweil wir bei inen
   Gewont sind und gar gern in dinen.
Jene aber sind aus dem mur,
250 Daraus sonst komt alle unfur.
   Wir thun doch nicht, gleich wie die binen,
   Die inen, wie sie sagen, dinen,
Dann, wann sich die an leuten rechen,
Lan sie den angel zu dem stechen:
255   Welches dann ist ain solches weh,
   Desgleichen nicht thun tausent flöh.
Noch halten sie die für des weiser,
Und bauen inen dazu heuser:
   Uns aber, als das hellisch heer,
260   Verfolgt man bis ans eusserst meer,
Da wir doch kainen angel lasen
Sonder bös blut herausser blasen.
   So sind wir auch kain scorpionen,
   Die mit gift wolln ir stich beschonen,
265 Sonder, wenn ainer sich nur juckt,
Ist unser stich alsbald vertruckt:
   Was sag ich stich? es ist kein stich,
   Ein kützlen ist es aigentlich.
So sind wir auch nicht so ungschliffen,
270 Wie filzleus, die in dhaut einschlifen,
   Die man gar tief heraus muß zwacken
   Mit langen negeln, wie mit hacken,
Drob mancher die zen zsammen beißt

---

249 mur, Schlamm, Sumpf. — 250 unfur, Unlust, Unglück. — 257 des, desto. — 270 einschlifen, einschliefen, einschlüpfen.

Wann er das blutig har ausreißt.
Da freß der teufel mit aim kraut!   275
Wann ich dran denk, mir selber graut.
Wir aber hupfen gleich darvon,
Wann wir ain stichlin han gethon,
Und machen nicht vil federlesen,
Man würd uns sonst gar übel messen.   280
So stinken wir wie wantleus nicht,
Dern man sich schemt, wann man sie richt:
Sonder wir sind das sauberst tir,
Dessen kainer sich schemet schir:
Und wiwol wir kain bisam legen,   285
Darf man uns doch auch nicht nachfegen,
Und komt noch kainer, der kan wissen
Wahin wir brünzlen oder pissen:
Wiwol es uns zum schaden raicht:
Dann wann wir stenken auch villeicht,   290
Würd uns das sauber frauenzimmer
Zwischen den fingern reiben nimmer.
Entlich stechen wir auch kain beulen
Wie die schnacken, die darzu heulen,
Sonder es gibt ain rotes flecklin,   295
Welchs oft wol steht an ainem becklin;
Und wann sie solchen wolstand wüsten,
Sie litten oft, das wir sie küßten,
So dörften sich die blaiche backen
Nicht erst mit fingern pfetzen, zwacken,   300
Oder mit nestel leder reiben,
Oder mit glanztaub sie besteuben.
Wie manche han wir durch solch possen
Verkauft, da sie sonst wer verstossen?
Han manchem bulen, so thet liben,   305
Ain weiß ros für ain rot vertriben.
Hissen also ehwerber wol,
Die man in ain statt kaufen sol.
Noch tragen wir kain dank darvon,
Sonder der gutthat lon ist hon;   310
Der welt trinkgelt ist gallentrank,

281 wantlaus, Wentel, Wanze. — 288 brünzeln wie pissen, mingere. — 296 becklin, Wange, Wänglein. — 300 pfetzen, kneipen.

Welcher verbittert allen dank.
Dann sie, die wir so treulich mainen,
Das wir bei in meh sind dann kainen,
315   Die verfolgen uns noch vil erger
Als waidvergifter, landverherger:
Des steh ich zu aim schaupil hie,
Verwunt, das ich kaum atham zieh,
Und kan dir, Jupiter, kaum sagen,
320   Was großer unbil ich muß tragen,
Dieweil mir würd das herz zu schwach,
Wann ich red und ersinn die sach.
Die schmach, wann man ir denket nach,
Krenkt ainen und bewegt zu rach:
325   Es solten alle flöh forthin,
Zu laid disen flöhhenkerin,
Wann sie in schon all süß aukrissen,
Noch kriechen, das sie sie nur bissen,
Und Jovem beten um ain angel,
330   Das sie einbrechten iren mangel,
Ja ainen dreispitzigen spieß,
Den man bis an das heft in stieß:
Ja das der fromme Jupiter
Mit seinem stral schieß in sie her
335   Und leret sie solch mutwill üben
An gschöpfen, die niemand betrüben:
Aber, wie ainer schrib ainmal:
Es sind gar teur bei im die stral,
Weil alt ist worden der Vulkan,
340   Das er nicht wol meh schmiden kan:
Oder die stral sind bei im werd,
Das er nicht um ain jede bschwerd
Sein stral so lieberlich verwaget.
Gleich wie man von Sant Peter saget,
345   Der, als er herr gott war ain tag
Und garn sah stelen aine magt,
Wurf er ir gleich ain stul zum schopf,

---

316 verherger, Verwüster. — 337 ainer, so citirt Fischart oft selbst;
die nachfolgenden Verse scheinen deshalb aus einem frühern Gedichte zu sein;
stral, Pfeil, Blitzstrahl. — 344 saget, die Sage von St. Peter ist unbekannt,
wol aber bekannt die vom Schneider im Himmel; vgl. Schwänke, Nr. 2.

Erwis also sein Peterskopf:
Hets solcher gstalt er lang getriben,
Es wer kain stul im himel bliben: 350
    Also solt Jupiter so oft,
    Als man verdint, das er uns stroft,
Seine stral auf uns schiessen los,
Er het schon lengest kain geschoß:
    Doch soll drum kainer sicher sein,   355
    Ain langsam pein ist lange pein:
Und allzeit unter der langmut
Bindt gott den sichern ain lang rut,
    Welches auch ir flöhmörderin
    Wol füren möcht zu herz und sinn: 360
Dan es würd nicht sein allzeit feirtag,
Sonder es komt ainmal ain feurtag,
    Da der zorn, so lang glüht und feiret,
    Plötzlich anbrent und alls verfeuret:
O könt ich jetz ain hagel kochen,   365
Ich liß es doch nicht ungerochen.
    Dann wie kan ich mir doch abbrechen,
    Das ich mich nicht solt greulich rechen?
Weil sie, als die greulichste seind,
Ermört han mein getreuste freund,   370
    Mein eltern, gschwister, und mein brüder,
    Ja mein gemahl, die liebe müter:
Ach, das mir nicht vor grossem schmerz
In tausent stück zerbricht das herz,
    Wann ich gedenk, das die lieb freund   375
    Darzu noch unbegraben seind!
O wer ich grad, ich wagt die haut,
Dieweil sie doch vor ist zerhaut.
    Ach, warum hast mich also gmacht
    Dem weibsvolk nur zur opferschlacht?   380
Oder warum hast also gschaffen
Die weiber, das sie uns nur strafen?
    Entweder es solten sein kain flöh,
    Oder kain weib solt werden meh,

---

348 Peterskopf, vgl. Murner, NB. 85. — 351 Vgl. Ovid. Trist., 2, 33. —
365 hagel kochen, Hagel sieden bei Murner, NB. 46. Hagel durch Kochen
von Zauberkräutern bereiten (Grimm, Mythologie, 1040 fg.), vgl. unten 2349.

385   Dieweil sich die baid nie vertragen,
Es muß ainmal ains lan den kragen;
    Aber es ist gar ungleich ding,
    Das ain zwerg mit aim rifen ring:
Darum, was zörn ich lang darzu!

390   Mit zorn ich weh mir selber thu:
    Ich wills dir, Jupiter, befehlen,
    Du kanst mein recht zu recht bestellen:
Rech du den mord in unserm namen,
Laß uns dein gschöpf nicht so beschamen:

395   Dann nicht an bösen üben rach,
    Das haißt den frommen anthun schmach:
Und wie man nicht die bösen strafet,
Mainen sie, sie hans wol geschaffet,
    Und werden dann halsstarrig drinnen,

400   Das teglich ergers sie beginnen:
Derhalben solchem fürzukommen,
So hilf, o Jupiter, den frommen,
    Und hilf mir auch von disem schmerzen
    Den ich trag baid am leib und herzen:

405   Dann ach, ich werd vom reden schwach,
Es wil mir schir vergehn die sprach.
    Aber was hör ich rauschen hie,
    Ich glaub, es thut not, das ich flieh:
Aber wa will ich hinaus flihen,

410   Ich kan doch kaum die lenden zihen:
    An mir gilt itz nichts der nam floh,
    Dann warlich ich nicht sehr wol floh;
O wer ich itz ain muck und fligen,
So kent ich darvon itzund fligen:

415   Dann wa ich nur was rauschen hör,
    Förcht ich, es komm ain flohfeind her.

Muck.

Ich kan mich nicht enthalten meh,
Das ich nicht zu meim gsellen geh,
    Und in anred um seine klag,

420   Ob ich in villeicht trösten mag:
Dann warlich, wie ich an im seh,

------

386 kragen, Hals; das Leben lassen.

So ist im bis zur seelen weh.
            O bruder, liebster sommergsell,
            Wa komst in dises ungesell?
Wer hat dich also zugericht,   425
Das man dir bis zur seel schir sicht?
            Ich hab von weitem wol vernomen
            Das du bist unter mörder komen,
Aber ich kont nicht merken eben,
Wie sich doch solches hab begeben.   430
            Derhalben ists dirs nicht vertrüssig,
            Erzel mirs, weil ich doch bin müssig.

Floh.

Ja, bruder, bistu, wie sagst, müssig,
So bin ich, wie sagst, auch vertrüssig:
            Der Jupiter wöll dir nur geben   435
            Lang ain solchs sicher müssig leben,
Und mir verwenden mein verdruß
Zu trost, und meinem feind zur buß.

Muck.

Ach lieber floh, mein sommergsell,
Dich ab mir nicht so fremd nun stell!   440
            Ich red es dir nicht zu verdruß,
            Das ich sag, wie ich nun hab muß.
Aim, der allzeit betrenget ist,
Thut für ain jar wol ain klain frist:
            Und der, so itzund würd betrengt,   445
            Nicht an vergangen gut tag denkt:
Es ist mir etwan übel gangen,
Hab etwan auch gut tag empfangen;
            Es geht dir itzund herb und rauch,
            Es gieng dir etwa besser auch.   450
Hat es sich können nun verbösern,
Es kan sich wider auch verbessern.
            Derhalben sei nicht also schmeh,
            Und denk, das ichs gern besser seh.
Ain freund sicht gern den andern gsund;   455
Sicht er in krank, würd sein herz wund:

---

424 ungesell, Mißgeschick. — 431 vertrüssig, verdrießlich.

Ist dein feind krank, so bin ich gsund,
Ist dein feind gsund, so bin ich wund.
Dann freud und laid ist freunden gmain,
460   Und laid und freut sich kainer allain.
Derhalben wolst zu gut mir tragen,
Das ich dich wie ain freund thu fragen:
Kan ich dir schon kain hilf erwerben,
Kan ich dir doch auch nichts verterben,
465   Wann mir schon sagest dein anligen;
Es krenkt ain, was in aim bleibt ligen;
Und was ainer nicht ausher sagt,
Dasselbig aim das herz abnagt.
Den schaden schweigen, macht in steigen,
470   Und in anzaigen, macht in naigen:
Verschwigen scheden wachsen haimlich
Das man sie nie darnach hailt rainlich;
Das laid würd leidlicher damit
Wann man es meld und ausher schütt;
475   Dann wer seim freund thut sein laid klagen,
Sucht ainen ders im halb hilft tragen.
Hierum, mein lieber sommergfert,
Sag her, wer hat dich so beschwert?

Floh.

O freund, die so gsund und wol leben,
480   Können gut trost den kranken geben:
Aber kain gsunder glaubet nit
Aim kranken, wie im sei damit.
Derhalben wann ichs dir schon klag,
So mach ich mir für ain drei plag:
485   Erstlich bekümmer ich damit
Den, der mir doch kan helfen nit;
Folgends, so muß ich zweifeln schir,
Ob man den schmerzen glaubet mir;
Fürs letzt, und welches ist das gröst,
490   Ich mich damit in kain weg tröst:
Sonder verneu den schmerz zur stund
Und hau in aine frische wund;
Man soll aber nichts schlafend wecken,
Welchs, wann es wacht, nur bringet schrecken.

Muck.

Ach, das sind schlecht entschuldigung   495
Aim kranken, der sucht besserung,
     Fürnemlich bei aim guten freund,
     Ders mit seim freund, wie mit im gmaint
Gut rat und trost steckt nicht allain
Bei denen, die ansehlich sein,   500
     Sonder oft aim, so ist ringschezig,
     Und nicht vil mechtig, prechtig, schwezig,
Dem seine witz ligt in der eschen,
Da der reichen ligt in der teschen:
     Die teschenwitz nicht lenger gilt   505
     On als lang man hat gelt und gült,
Die eschenwitz ruht wie ain schatz,
Und scheint, wann man sie fürher kratzt:
     Solt man oft rats den büttel fragen,
     Solts besser dann der schulthaiß sagen.   510
Der reichen rat zum pracht nur gschicht,
Da es der arm von herzen spricht;
     Bei grossen ist die witz aufgblasen,
     Darauf man sich nicht darf verlasen:
Bei denen, so sind nidertrechtig,   515
Ist sie unscheinbar, doch sehr mechtig:
     Als wenig die sterk ist allain
     Den hohen und grossen gemain,
So wenig hat auch rat und witz
Allain in hohen iren sitz;   520
     Gemainlich würd großmütigkait
     Bei hohen zur hochmütigkait,
Und ir macht würd zu ainem pracht,
Ir rat zur gwaltsamen that tracht:
     Da der gering muß halten ein,   525
     Mit treu und gwissen thun das sein.
Bin ich schon klain, kaim straussen gmeß,
Hab ich gnug witz zu meiner größ;
     Zu meiner größ, bin ich gnug bös,
     Schreck manchen auch mit meim getös: 530

---

501 ringschezig, der gering geschätzt wird. — 515 nidertrechtig,
niedrig, geringen Standes. — 525 einhalten, zurückhalten, daheim bleiben
(Ehzuchtb. 12).

Der strauß ist groß, doch sein witz klain,
Dann er maint, wann er steck allain
　　Den Kopf, das man den nicht kan sehen,
　　So sei der ganze leib versehen.
535　Und thut gleich wie die karge fuchs,
Verwart das gold und gnißt sein nichts:
　　Klain leut bedörfen klaine lucken,
　　Groß leut sind nicht bald zu vertrucken.
Der Reinecke Fuchs kam durch ain loch
540　Darinn der Bruninger steckt noch;
　　Klain leut bedörfen klainen rat,
　　So kommen sie aus grossem schad,
Groß leut auch grosse hilf bedörfen,
Dann in der enge sie sich scherfen,
545　　In summ, das klain komt auch zu statten,
　　Ain klains herlin gibt auch ain schatten.
Und hett ich schon nicht die genod,
Das ich aim andern weißlich rot,
　　So waißt den spruch doch, der umgat
550　　Die lib sucht rat, der dib sucht that.
Die lib zu aim, lert ain oft raten,
Damit er sein freund rett aus schaden:
　　Kan ich dir schon nicht raten weißlich,
　　Wil ich dir doch gern raten treulich.
555　Zum andern, liber spitzgesell,
Ist diß an dir ain großer sel,
　　Das du aim freund darfst trauen zu,
　　Das er dir nicht wol glauben thu:
Dann diß ist aller freundschaft gift,
560　Mistrauen, das der teufel stift.
　　Und wie solt ich nicht ainem glauben,
　　Den ich armselig seh vor augen?
Das aber sorgst, du möchtst erfrischen
Ain schmerzen, so wer zu verdüsten,
565　　So halt ich dich als ainen floch,
　　Von gmüt so standhaftig und hoch,
Das du abbrechen könst deim laid,
Und nicht erligst von traurigkait:
　　Dann weil in eurem flöhgeschlecht

---

564 verdüsten, vertuschen, verbergen. — 567 abbrechen c. Dat., kürzen,
mäßigen.

Es gibt vil ritter und krigsknecht; 570
So steht es zwar nicht rittermessig
Ab jedem kommer sein mutlessig,
    Ain mann soll im laid nicht verzagen
    Und in freud nicht zu hoch sich wagen,
Derhalben traust mir gutes zu 575
So sag, was dir anligen thu!
    Wer soll dem kranken anders raten
    Als der gesund, so ist on schaden?
Und auch zuvor erfaren hat,
Was krankhait ist, und was sie schad? 580
    Wie soll ain krank dem andern dinen,
    So sie vor schmerz zusammen ginen?
Es muß der blind den lamen tragen
Und der lam muß den weg recht sagen,
    So wird ir kainer nicht verkürzt, 585
    Da sonst ain blind den andern stürzt.

Floh.

O freund, dein trost erquickt mich was,
Das ich schir werd was kecker baß,
    Dann ain getrost herz ist halb hailung,
    Und antwortung ain halb kurzweilung. 590
Du bist fürwar ain held mit trösten
Ich hets gesucht nicht bei dem grösten:
    Bist nicht allain ain sommerfreund,
    Sonder winter und kommerfreund:
Baid nutz im sommer und zu freud 595
Und auch im winter und zu laid.
    Dieweil du dann nicht nach wilt lan,
    Bis ich dir zaig mein laiden an,
Und nicht deß minder auch ist wor,
Gleich wie du hast gesaget vor, 600
    Das ainem werd sein laiden leicht
    Wann er es ainem freund nur beicht,
So wil ichs dir gleich nun erzelen,
Was und wer mich thu also quelen,
    Und will ain keck herz an mich nemmen: 605
    Durch standmut alle klainmut temmen:

---

572 kommer, Kummer. — 582 ginen, gähnen, das Maul auffsperren. —
83 fg. Gest. Rom. 71. — 587 fg. was, etwas.

Aber, seh, wie mirs itzund geht,
Da ich anfang, die red mir steht:
  Das herz ist groß, der schmerz noch grösser,
610 Das herz ist gut, der schmerz noch böser.
Dann wie kan denken ich on waineu
Den jämerlichen tod der meinen?
  Ei, das ich nicht auch bliben bin
  Bei inen auf der walstatt drinn.
615 O bruder, du bist wol glückselig,
  Du kanst fligen, wann dir ist gsellig,
   Ich aber, wann ain hatz anfengt
   Das ain flöhklauberin uns trengt,
  Da muß ich nur hoch hupfen, springen,
620 Und kan mich doch nicht dannen bringen,
   Es dörft, das ich vil flügel hett,
   Weil sie durchsuchen die ganz stett:
  Dann seh, ich hab mich wol gebraucht
  Gedanzt, gehupft auch, das ich kaucht,
625   Noch kam ich besser nicht darvon,
   Als wie du mich sichst vor dir ston:
  Dann das recht aug und noch vier bain,
  Die sind dahinden bliben rain,
   On was ich habe für pletz wunden,
630   Und gfallen bin für beulen, schrunden.

Muck.

Ja laider, das seh ich zu wol,
Das wüst bist gfaren durch die roll;
  Aber itzund ich gern vernem,
  Waher dir doch der unfall kem:
635 Und das du mich glückselig schetzst,
  Dieweil ich flig, unweislich schwetzst,
   Dann welchem kind ist nicht bekant,
   Wie es mich fang mit holer hand,
  Und dann entweder mich berupf
640 Auf das ich, gleich wie du, auch hupf,
   Oder mit mir kurzweil und geck
   Und in ain muckenheuslin steck:

---

608 steht, besteht, stockt. — 629 pletz, abgestoßene Haut. — 632 durch
die roll fahren, übel mitgenommen werden; vgl. Kehrab 43. — 641 gecken,
Narrheit treiben, scherzen.

Da mirs bald nach dem sprüchwort goht:
Der katzen schimpf ist der maus tod.
    Oder sie machens türkisch greulich, 645
    Martern mich sonderlich abscheulich,
Stecken mich an ain nadelpfol
Und treiben mich dran umher wol:
    Wann ich zur letz dan pfeis und schrei
    So lachen sie zur musik frei, 650
Mainen, wie der, so schnecken briet
Man sing inen zu tratz ain lied,
    Oder stecken an ain gluff treißig
    Und braten sie beim liechtschein pfeisig,
Oder den kopf sie uns abknicken 655
Und zu den blinden meusen schicken:
    Und solchs thun nicht allain die jungen,
    So singen, wie die alten sungen,
Sonder baid mann und weib sich fleissen
Das sie uns alle schmach beweisen, 660
    Mit leimruten und gbrentenwein,
    Und was dergleichen luder sein:
Sie jagen uns mit muckenwedeln
Wie d'pfaffen das gspenst mit sprengwedeln:
    Auch müssen dran brait schusterpletz, 665
    Damit man vil ains mals verletz:
Hörst nicht von tapfern schneiderknecht,
Der trei in aim straich tödet schlecht?
    Ja auch die vöglin sie anweisen,
    Als muckenstecherle und maisen: 670
Und fürnemlich schad uns die spinn,
Die recht erzmuckengifterin:
    Helfen also uns nichts die flügel,
    Das man uns nicht brecht in die rigel.
Darum schweig von glückseligkait! 675
Aim jeden ist sein spinn berait,
    Und den spinnen ir spinnenstecher,
    Es hat ain jedes seinen recher.

---

649 pfeisen, zischen. — 653 gluff, Nadel. — 654 pfeisig, bis sie
zischen. — 656 blinde maus, Blindekuh, zu den blinden Mäusen schicken,
töbten. — 662 luder, Köder, Lockspeise. — 667 schneiderknecht, vgl.
Schwänke, Nr. 6.

Und sag mir ietzund her darfür,
680   Wie es doch sei ergangen dir!

Floh.

Nun bruder, wir sind ains des streits,
Jeder maint, er hab das gröst kreuz.
    Du hast ain spinn, die dich sehr plagt,
    So main ich, die so mich stets jagt,
685 Die sei die erzspinn aller spinnen,
Dann sie auch listig ist von sinnen:
    Zu dem das sie stets greulich ist
    Wider das volk der flöh gerüst,
Schlegt aber list zur greulichkait,
690 Hilft für den tod kain gscheidigkait.
    Ja das ich dirs mit aim wort sag,
    Die weiber sinds, darab ich klag,
Das sind die rechten erzflöhspinnen,
Welcher netz man kaum kan entrinnen,
695   Dann sie nicht ain web han, wie dein,
    Dieweil sie tausendkünstlerin sein,
Sonder weben all augenblick,
Das sie uns jagen in ir strick,
    Und welches doch gar ist abscheulich,
700   Sie sind nicht für sich allain greulich,
Sonder verführn aus bösem mut
Die kinder, das unschuldig blut,
    Und lern sie für die hailigkait
    Das flöhknicken und greulichkait,
705 O wie werd ir schwer rechenschaft
Geben, wa ir es nicht abschafft.
    Ir müter dörft nun nieman klagen,
    Das so übel die kind ausschlagen,
Als euch nur selbs, die ir sie lerten
710 Wie sie unschuldig gschöpf ermörden,
    Und ir zart neglin gleich beflecken
    Mit blut, und sie darauf auch lecken:
O ir wißt nicht, was blut vermag,
Es kochet in aim sein lebtag,
715   Bis endlich es ainmal ausbrech,
    Und sich an seinem theter rech;

---

703 für die, anstatt der. — 708 ausschlagen, entarten.

Auch schuldig blut nagt aim den mut,
Ich gschweig was das unschuldig thut.
    Wazu man erst die kinder zoch,
    Das geht in all ir lebtag noch: 720
Die statt Sparta, wollt ainen knaben
Von königlichem stamm nicht haben
    Zum könig, da sie han erfaren,
    Das er auch bei kindlichen jaren
Den vöglin stach die augen aus, 725
Dann sie namen sein art daraus,
    Das, so ers alter solt erlangen,
    Würd er wol greulichers anfangen;
Was würden sie gesagt haben
Zu unseren medlin und knaben! 730
    Die nicht die armen flöh nur blenden,
    Sonder sie töten und gar schenden?
Aber was ist sich zu verwundern,
Wann in der hitz die wolken tondern?
    Das ist, wann jugend ist mutwillig, 735
    Welche es inen halt für billich,
So es doch kalte wolken thun;
Das ist, die alten vetteln nun,
    Die doch auf der verschmorten haut
    Nicht solten fülen, wann mans haut, 740
Angsehen, das der schrepfer doch
Neunmal haut, eh er macht ain loch,
    Aber (das aber macht mich alber,
    Wer aber sagt, der hats nur halber)
Was sol ich von den vetteln sagen? 745
Ich muß noch edler gschlecht verklagen,
    Namlich die zarte jungfraubilder,
    Die sich auch nicht erzaigen milter,
Sonder sind unjungfreulich greulich,
Denen doch blut solt sein abscheulich, 750
    Dieweil man mancher doch den rüssel
    Aufbrechen muß mit ainem schlüssel,
Wann sie sich nur sticht mit der nadel,
Da es wol thet ain farrenwadel.
    Dann das ich dir, mein sommergsell, 755

---

739 verschmort, eingeschrumpft, vgl. 2006. — 754 farrenwadel, Ochsen=
ziemer.

Den rechten butzen nun erzel,
So wiß, das aine jungfrau eben
Mir also gschoren hat zum leben;
   Und wiewol das best mein füß thaten,
760   Das ich aus der schlacht bin geraten,
Sind mir dahinden bliben doch
Mein eltern, freund und gsellen noch.

Muck.

Das hab ich itzunt oft gehört,
Wie deine eltern sind ermört,
765   Drum ist mir für dich herzlich laid,
   Und verfluch die unmiltigkait:
Das die rachgir nicht würd gesettigt,
Bis sie alls in grundboden schedigt.
   Aber es will mich schir bedunken,
770   Ir seit entweder gwesen trunken,
Oder habt unfürsichtig gar
Die sach angriffen offenbar:
   So ists euch gangen in dem streiten,
   Wie alln unfürsichtigen leuten,
775 Da nemlich unfürsichtigkait,
Bringt allzeit ain unrichtigkait.

Floh.

Es ist nicht on, wir waren frech,
Da wir anfungen das gestech,
   Und wann ich sol die warhait sagen,
780   So bringt uns mutwill um den kragen,
Desgleichen fürwitz und der schleck:
Wir wolten zu dem erbsen speck,
   Dann disen ganzen sommer lang
   Hatten wir ainen sichern gang,
785 Bei den megden im hünerhaus,
Sie lissen zihen ein und aus
   Und haben kainen nie geschreckt,
   Ich gschweig ainen je erlegt:
Die köchin und kindsmaidlin auch,
790 Waren nicht gegen uns vil rauch,

---

756 butz, Kern der Sache, Wahrheit.— 790 rauch, rauh, grausam.

Dieweil sie zu faul waren baid,
Aufzuheben ir hemd und klaid,
Ain schelmenbain stack in im rucken,
Das sie sich gar kaum mochten bucken;
    Gaben wir ainer schon ain zwick, 795
    So wars zu thun nur um ain rück,
Das sie uns zog das fleisch aus zenen,
Darauf thet sie ain stund sich denen,
    So war es widerum verschmürzt,
    Unter des sprangen wir wie hirz, 800
Und worden bei solch sauberm gsind,
Verwent, faist, frech und unbesint:
    Dann überfluß bringt sicherhait,
    Sicherhait zu gailhait verlaidt.
Und weil gailhait nicht lang wol thut, 805
So war uns auch berait ain rut,
    Und auf das die deß schwerer würd,
    Warden wir tief ins bad gefürt,
Und lang genug zuvor gebaizt,
Das wir nur würden wol verraizt. 810
    Dann sol ich sagen nicht von jammer?
    Der Pluto trug mich in ain kammer,
Die war sehr herlich zugerüst,
Alls ausgewescht und ausgewischt,
    Und glanzt von seidin, sammat, gold, 815
    Als wer es von aim maler gmolt:
Ei, das ich nicht ain bain abful,
Das ich mich da hinein verstul,
    Da ich nicht maint, bei herrlichkait
    Sein also große gferlichkait: 820
Pfui aus! du kammer voller kommer,
Das dich beschein kain sonn noch sommer.

Muck.

Was ist dir floh, das so verfluchst
Das gmach, darin dein speiß doch suchst?

---

793 Vgl. Murner, NB. 25. — 796 rück, rucken, die Kleider bewegen. —
800 hirz, Hirsche. — 812 Pluto, der Hund dieses Namens. — 817 abful,
abfiel, die gewöhnliche Form bei Fischart z. B. 1159; 1226. — 818 verstul, verstahl.

825   Jch maint, das bei köstlichen leuten,
         Auch köstlich speiß wer zu erbeuten.

Floh.

         Ja wol bei köstlichen köstlich beut!
         Ja vil mehr ain gar stolzer neid:
             Niemand ist kerger dann die reichen,
830   Die iren aignen saich auch eichen:
         Und ob aim jeden han verdruß,
         Der sich nert bei irm überfluß.
             Sih zu, es zittern mir mein glider,
             Wann ich denk an die kammer wider.
835   Ei, das mich nicht ertrenket hat
         Mein muter in dem ersten bad,
             So het ich nicht mit meinem pracht
             Jns grab sie und den vater bracht.

Muck.

         Sag an, wie ist dir gangen dann
840   Als du kamst in die kammer an?
             Damit es mir zur warnung din,
             Wann ich mich auch begeb dahin:
         Dann ich auf köstlich ding gern sitz,
         Und mit meim wappen es beschmitz:
845   Wiewol ich deß oft hab kain dank,
             Macht mich doch der vergonst nicht krank.

Floh.

         Jch will dirs sagen, laßt uns sitzen,
             Du sichst, wie ich vor forcht thu schwitzen,
             So bin ich auch so heftig gsprungen,
850   Das mir zerrint schir an der lungen.
         Wiewol mir thut das sitzen weh,
         Schad mir doch ietz das stehn vil meh.
             Als ich kam in selbigen sal,
             Ain schöne jungfrau überal
855   Fand sitzen ich bei einem bett,
         Die ir gwand abgezogen hett,

---

830 eichen, richtig machen, hier wol parfümieren. — 846 vergonst,
Misgunst.

Und wolt sich legen da zur ru.
Ich schauet iren fleissig zu
Und nam beim weisen leib bald ab,
Das sie ain zartes flaisch auch hab;   860
   Es danzten mir die zen gleich drob;
   Ich dacht: „Hie mustu thun ain prob,
Gewis ich hie kain hundsflaisch find,
Noch auch kain kind voll wust und grind:
Pfeu aus! mit alten weibern allen,   865
   Die nur den arsschmersuchern gfallen!
Pfeu aus! ir vihmegd, die ir stinkt,
Das ainer schier in onmacht sinkt,
   Ir rußleus und ir kuchinrez,
   Mein zen ich nicht meh an euch wez.   870
Hie komm ich zu aim frischen brünnlin,
Das ist ain rechts kindbetter hünlin,
   Hie will ich zepfen, hie gut schröpfen,
   Nach allem lust mich hie beköpfen:
Was soll das täglich waidwerk mir?   875
Ich mag auch nun kain rindflaisch schir:
   Diß wildpret und diß federspil,
   Das thet es, das muß sein mein zil:
O was nutzt ain, wann ainer raißt?
Er find stets, das er vor nicht waißt.   880
   Wer ich im küh und hundsstall bliben
   Ich hett nicht diß stuck wilds auftriben!
Es grummt mir schon darnach der bauch.“
Ich schmatzt, das sie es schir hört auch.

Muck.

Verzeih mir, das ich dir red ein,   885
Es mant mich dises wildpret dein
   An jenen wolf, der nüchters munds
   Ain furz ließ, das es gab ain dunst,
Da sprach er: „Das ist ain gut zaichen,
Dann es von fülle her thut raichen;   890

---

874 beköpfen, den kropf füllen, schmausen. — 880 raißt, eine Reise
thut. — 882 grummen, brummen, knurren. — 887 wolf, vgl. Stainhöwel's
Esopus, Extrav. 10. Hans Sachs 4, 3, 104.

Diß bedeut, das ich noch werd heut
Füllen die heut mit guter beut."
Gieng demnach drauf gleich auf die straß,
Da fand er bald ain totenaß
895 Von ainem schaf, darauf uns mucken
Sitzen, und tapfer in uns schlucken:
Da sprach er: „Das ist nicht die beut,
Der furz noch etwas bessers deut;"
Zog fort, da kam er zu aim roß,
900 War krank gelassen von dem troß;
Da sprach er auch: „Diß ist zu kurz,
Es bedeut etwas frisch der furz."
In des sicht er von ferr zwen widder,
Die zsammen laufen auf und nider,
905 Mit hörnern auf der schönsten waid,
Und sprach: „Der furz uns dis bschaid,
Das ist frisch blut, gibt frisch geblüt;"
Gieng drauf zu inen in der güt,
Fragt sie, was diser streit langt an,
910 Ob er in nicht entschaiden kan?
Die widerlin, als sie nun sahen,
Das sie der wolf gern wolte fahen,
Fanden sie flugs ain list berait,
Sagten der streit wer um die waid,
915 Und weil er wer ain alter mann,
Wie seine har dann zaigen an,
Wöllen sie in zum richter setzen,
Und im den, so verlirt, zuschetzen:
Er nam ain an, wolt sie doch baid,
920 Und ließ seim opfer ain klain freud,
Vermaint, sie würden schmacken baß,
Wann übung sie vor wärmet was:
Der wolf setzt sich fein in die mitt:
Die wider saumten sich auch nit,
925 Lifen zusammen auf den richter,
Das er da starb fein also nüchter,
Auch ungebeicht all seiner sünd,
Und on ain testament gschwind:
Secht, solchen ausgang hett der schais

---

922 was, etwas.

Daraus der wolf weissagt sein rais, 930
   Das im der atham ward zu kurz;
   Ließ ob dem furz den letzten furz:
Also sorg ich, werd dein hauchgrummen
Und dein glüst dir auch sein bekummen:
   Dann wann nach honig glust uns fligen, 935
   Dörfen wir wol in bleimrut fligen.

Floh.

Du hast es warlich wol erraten,
Dann mich der glust bracht in groß schaden,
   Und grumt mir noch der bauch darvon,
   Der glust bekam den wust zu lon: 940
Dann als ich sucht allweg und weis
Wie ich erlang die zarte speis,
   Wolt ich am bett hinauf sein ritschen,
   Darob mir doch die füß stets glitschen,
Weil ich nicht wol beschlagen war 945
Und das bett glatt gefürnüßt gar:
   Welchs mir solt sein ain warnung gwesen,
   Das ich diß wildpret hett vergessen.
Zu dem het sie all ir gewand
Hoch bangen dort an ainer wand: 950
   So übel trauet diß schön bild
   Als wers im wald erzogen wild:
Darzu hett man auch ire schu
Hingtragen, als sie kam zu ru:
   Und strich ir marmelstainin füßlin 955
   Ganz nett und rain ab bei aim bißlin.
Da dacht ich: „Hie findst noch kain weg,
Wie ich mit ir znacht essen mög,
   Sie haben hie all weg verloffen.“
   Bin darauf in ain winkel gschloffen, 960
In ainen klainen riß und spalt,
So gnau erspechten sie den wald,
   Dessen ich vor nicht war gewon,
   Da ich in stellen um thet gon.
Behulf derhalben mich die nacht. 965
Morgens gleich frü ich mich aufmacht,

---

943 ritschen, rutschen.

Gedacht, wie ich weg möcht erraten
Zu gniessen des erschmackten braten:
Drauf fül mir ein das sprichwort wol,
970   Das man rat bei den alten hol:
Beschloß derhalben rats zu fragen:
Mein eltern, was die würden sagen:
Als ich nun zu meim vater kam,
Mein muter mich von stundan nam
975   An ir liebliche schwarze arm,
Sprach: „Son, wie ist dir also warm!
Du hast gewiß ain not bestanden,
Dann ich dich lang nicht sah vorhanden.‟
Ich sprach: „O muter, trautes herz,
980   Es ist mir fürwar gar kain scherz,
Dann ich an orten war gerait,
Da sah ich ander schnabelwaid!
Pfui dich, kuchin und hünerhaus!
Hui strosack, für all teufel aus!
985   Ja wol der alten trumpeln nest,
Ich waiß ain, ist glatt wie ain kest,
Sie hat so ainen zarten balg,
Das ain gelust, das er sie walg.
Das blut scheint durch die weiße haut
990   Als rot rosen durch lilgenkraut!‟
Erzelt in folgends alle sach,
Was ich dort sah, darauf bald sprach
Mein vater, der fromm greise man:
„Son, son, schau was du fahest an!
995   Es laßt sich nicht so leichtlich scherzen
Mit edelm gmüt und hohen herzen,
Die jugend facht oftmalen an
Das lang kain alter hett gethan,
Drum soll der jugend ungstüm that
1000   Fein mässigen der alten rat,
Dann der alten külsinnigkait
Stillt der jungen künsinnigkait:
Und der alten lang groß erfarung
Dinet den jungen zur verwarung:

---

968 erschmecken, riechen. — 981 gerait, bereits. — 983 kuchin,
Küche. — 986 kest, Kastanie. — 988 walgen, wälzen, hier für walken,
schlagen.

Dann mir auch noch sehr wol gedenkt,　　　1005
Wie in deim alter ich mich hengt
　　Ainer gnadfrauen in das gwand,
　　Welchs sie nachschlaift durch kat und sand,
Und das ganz haus damit thet fegen;
Da hoft ich sicher mich zu regen.　　　1010
　　Aber die ketschmegd kamen bald,
　　Durchsuchten all hecken im wald,
Schlugen und klopften in den hurst,
Das mir das har stund widerburst,
　　O wie schwerlich bin ich entwischt,　　　1015
　　Und hab der magd ins gbrem genist:
Bin darnach nie so keck gewesen
Mir solches waidwerk zu erlesen:
　　Allain zwaimal, da must ichs wagen,
　　Als dich dein muter noch thet tragen,　　　1020
Und het sehr wunderlich gelüst,
Das ich ir die büßt und vertüst.
　　Darnach als sie in kindbett lag,
　　Mit jungfraublut ich iren pflag,
Dann jungfraublut ist köstlich gut,　　　1025
Gleichwie den juden christenblut.
　　Gleich wol wolt sie es gar nicht han,
　　Wolt sich eh leiden, wie sie kan,
Aber die ehlich lib mich trib,
Das ichs wolt wagen ir zu lib.　　　1030
　　«Dieweil dus dann», sprach sie, «wilt wagen,
　　So seh für dich, es kost dein kragen:
Ich hab wol etwas mehr erfaren
Als du, beim weibervolk, vor jaren,
　　Darum ich dich wol warnen darf,　　　1035
　　Das du sechst auf sie gnau und scharf;
Gleich wie sie scharf auf dich auch schauen,
Trau inen gleich wie sie dir trauen.
　　Dann etlich sind der listen voll
　　Das sie ain fleck von langer woll　　　1040
In busen stecken, setzst dich drein,
Gar bald sie zwar vorhanden sein,

　　1011 ketschmegd, Schleppmägde, Kammermägde. — 1016 gebrem,
Rauchwerk.

Und klauben hurtig dich heraus,
Und richten dich, drab mir schon graußt.

1045 Etlich laßen die busen offen,
Bist du alsdann hinein geschloffen,
Zu sehen was im tal da steck,
So hant sie dich gwis wie ein zweck.

Etlich die hosenband luck binden,
1050 Wilt du dich dann dazwischen finden,
So zihen sie denselben zu,
Und fangen dich mit guter ru.

Sind das nicht wunderliche garn,
Zu fangen uns arm weiberstarn?

1055 Etlich haben stets aine hand,
Unter dem fürtuch und gewand,
So bald ein flöhlin nur dar schmeckt,
Ist es von stundan niderglegt.

Dann sintemal sie merken all,
1060 Das wir gern im understen tal
Uns waiden, dieweil daselbs ist
Zugleich die speis und wasser frisch,
So denken sie auf alle weg
Das man uns da den paß verleg;

1065 Machen eh für den langen ritz
In rock und belz ain langen schlitz,
Damit sie gschwind den krebs ertappen,
Eh er mag nach der hülen schnappen.

Im Niderland der weiber hauf
1070 Macht die röck auf den seiten auf,
Damit sie fein zu baiden seiten
Ain straichwehr han, uns zu bestreiten.

Die krampuppen machen zum schein
Die geltseck ins fürtuch hinein,
1075 Und doch ain loch in jeden sack
Damit sie zu uns greifen strack,
Und thun als ob nach gelt sie fischten,
Da sie doch flöh für gelt erwischten:
Oder machen zwen seck zusamen,
1080 Da der ein hat des geltsacks namen,

─────────

1049 luck, locker, lose. — 1054 starn, Staare, wie sich diese auf die Schafe
setzen, so die Flöhe auf die Weiber.

Und doch ist ain recht mördergrub,
Daburch man aus dem nest uns hub.
    Man solt die seck mit iren secken
    Auch in den secken all erstecken!
Noch ward ich denen feind ob allen,   1085
Welche erdachten die flöhfallen:
    O Phalaris! du soltst heut leben,
    Du thetst dem, so es hat angeben,
Wie dem, der den ochsen erfund,
Darin man die leut braten kunt,   1090
    Das nemlich er die erste prob
    Müst thun seim neuen fund zu lob,
Und in ain große leimtonn schlifen,
Und sein arm leben drin vertrifen.
    Drum seh, mein man: vor allem weich,   1095
    Was sicht dem gold und honig gleich;
Dann jener magd von gold auch treumt,
Und griff in kindstreck ungetreumt.
    Kreuch auch kainer gar in ain or,
    Du werst sonst ain zwifacher tor.   1100
Dann: welcher gferlichkait thut liben,
Der wird darinnen aufgeriben!»
    Solche und andre leren meh
    Gab sie mir in angehender eh.
Darauf macht ich mich schnell darvon,   1105
Und under wegen traf ich an
    Ain guts flöhbürstlin, welche kamen
    Von der statt, welche hat den namen
Von flöhen „Pulicana" gnant,
Glegen in Pantagruels land,   1110
    Thut hinder klain Egipten ligen,
    Draus die frommen zigeiner fligen:
Die sagten, wie gen Pulican
Sie hetten ain walfart getan,
    Da sehr ain herlich stift dann wer   1115
    Zu des sant Franzen ordens ehr;

1087 Phalaris, Thyran von Agrigent, ließ den Perillus zuerst in den von
ihm verfertigten ehernen Ochsen braten. — 1094 vertrifen, verspritzen. —
1107 bürstlin, Bürschlein, Gesellschaft. — 1110 Pantagruels land, in
Utopien, Nirgendheim.

Dann die slöh kain karteuser geben,
Weil karteuser kains slaischs geleben.
        Dann es staht in sant Franz legend,
1120   Das der from man hab allzeit gnent
Die slöh und leus sein ordensbrüder,
Und gbotten, das des ordens ieder
        Sich von seins bruders blut enthalt
        Und drum kain sloh noch laus töd bald.

1125 Er sah auch unter dem krautessen
An negeln, wer sich het vergessen,
        Der musts zu wasser und brot büssen
        Den brudermord, mit blossen füssen.
Auch in das hochstift kaine mögen
1130 Dann alte slöh und unvermögen;
        Derhalben sie nicht namen an
        Ovidium, den glerten man,
Welcher sich zu in wünschet vil,
Auf das er vil mit maidlin spil:
1135 Dieweil er unter dem slöhklaid
        Sucht weg, zu treiben sein gailhait.
Dis ist wol, sprach ich, bedacht worden,
Wer gut, es gscheh in allen orden:
        Dieweil ie unter dem schafsklaid
1140 Vil schein suchen irer wolfswaid.
Auch sagten sie, wer daselbs meh
Ain übungsschul für junge slöh,
        Da man sie leret seltsam sprüng
        Und stechen nach dem jungfrauring,
1145 Zu brauchen solches in der not,
Und zu gwinnen damit ir brot.
        Also wir fort in dem gsprech zugen
        Und unter wegen vil ratschlugen
Wie wir die reis wol legten an
1150 Zu bringen ain gut beut davon:
        Da befand ratsam der ganz hauf,
        Das man ein haupt werf aller auf,
Und damit es abgieng on neid,
Solt das los scheiden allen streit:

1119 legend, nur scherzhaft; in der Legende steht nichts der Art. —
1132 Ovid, de pulice 25 fg., vgl. Garg. 115, 15. — 1152 haupt werf aller
auf, einen Hauptmann über alle mache.

Wiewol es waren ungwont sachen,   1155
   Ein hauptman durch das los zu machen,
Dieweil es noch wol glück bedarf,
Wann man sie auch erwelet scharf:
     Jdoch ful gleich das los auf mich
     Und ward unschuldig hauptman ich: 1160
Welches ich dann nicht widersagt,
Damit man mich nicht schilt verzagt:
     Wiewol mich mein gemal zur hand
     Darum nicht hatte ausgesant.
Derwegen gar nichts zu versaumen,   1165
Ließ ich die ganze nacht mir traumen.
   Und weil ich allweg het gehort,
   Wann man kem an ain frembdes ort,
Solt erstlich man zu kirchen gon,
Da daucht es mich auch wol geton,   1170
     Fürnemlich darum, weil ich wust,
     Das man ganz still daselbs sein must,
Und in der stillmeß man vor andacht
Gleichsam verzuckt ligt in der onmacht.
     Da, dacht ich, würd man uns nicht achten,   1175
     Wann spannenlang wir flecken machten.
Drum morgens, als zum ampt man litt,
Ermant mein krigsleut ich damit,
   Und satzt zu meinem leutenant
   Ainen der war Pruchsidel gnant: 1180
Und saß auf ainen meiner knecht,
Den braucht ich für mein leibhengst recht;
     Dann je ain mensch den andern auch
     Helt für ain gaul und esel rauch:
Als der Türck lert die christen büssen,   1185
Das sie den pflug im ziehen müssen:
     Und der aus Moscau zwingt sein bauren
     Sein gschütz zu ziehen für all mauren.
Als wir die andacht nun befunden,
Geschwind zu stürmen wir begunten   1190
   Den weibern untern belzen her:
   Ich dacht: dieweil ich hauptman wer,

1161 widersagen, widersprechen, ablehnen. — 1162 schilt, schülte, schelte.
— 1178 litt, läutete.

Gebürt es sich, das ich mich thet
An ain hoch ort, und achtung het,
1195 Wie es mein kirchenstürmern gang;
       Drum ich bald auf die canzel sprang,
Fügt mich unter des priors kutten
Welcher sich des nicht thet vermuten,
       Und macht im krisamentsgut tuch,
1200 Er het schir fallen lan das buch,
Und wer in der red bstanden schir,
Als er griff in den latz nach mir,
       Het schir die pest den bauren gflucht:
       Indes ich ainen ausgang sucht
1205 Oben beim kragen, das ich seh,
Wie es meinen spißbrüdern geh;
       Doch ich kain kemmetfeger gab,
       So schreien vom schornstain herab:
Als ich nun also sah herunder,
1210 Da sah ich aus der kutt mein wunder:
       Ja wol andacht! ja wol gebet!
       Kaine auf dpredigt acht meh het,
Nichts sah ich als ain rucken, zucken,
Ain schmucken, bucken und ain trucken,
1215 Ain zwicken, stricken und ain knicken,
       Und vil zerriben gar zu stücken;
Ich gdacht bei mir: gewiß ich glaub,
Die straf komm uns vom kirchenraub,
       Wie den Römern bekam das gold,
1220 Welchs sie zu Tholos hant geholt.
Gleichwol ain guter boß da gschah:
Ain weib saß bei der thüren nah,
       Damit sie luft gehaben künt:
       Dann unterm gwelb den schwangern gschwint;
1225 Und het ain treibainigen stul.
       Ich waiß nicht, wie die andacht ful,

1199 krisamentsgut, verstärktes gut, wie sacramentslos, verflucht
schlecht; gut tuch machen, übel mitspielen. — 1201 bestehen, stecken bleiben.
— 1220 Tholos, Toulouse, der römische Consul Cäpio entführte, nach Strabo,
Buch 4, von dort eine ungeheuere Menge Tempelgold; daher ein Sprichwort:
aurum Tholosanum, Macrob. Saturn. 3, 9. — 1224 geschwinden, ohn-
mächtig werden.

Das sie andechtig drob entschlief:
Ainer aus uns bald zu ir lief,
Und kützelt sie in ainer seit,
Das sie überlaut o we! schreit; 1230
 Und wie sie eilend wolte zucken,
 So falt sie hinder sich an rucken,
Das ir der rock ful übern kopf.
Der prior drob das aug zustopft;
 Also der greuel im anlag, 1235
 Und ward drob haiser wol acht tag:
Jedoch erschrack sie nicht so sehr,
Das sie nicht griffen het zu wehr,
 Erhascht den floh, warf in gen boden
 Und knirscht in mit dem stul on gnoden: 1240
Und diser war mir was verwant,
Hieß Schneikinstal, von gutem stand;
 Als ich nun merket den verlust,
 Macht ich mich aus dem kuttenwust,
Beruft mein volk an ain gwis end, 1245
Nicht auf noch vier flöh regiment,
 Und zaigt in mein vorhaben an,
 Wir wolten nun hin auf den plan
An markt, da möcht uns baß gelingen,
Dieweil die weiber unser dingen 1250
 Vor irem gschwetz nicht würden achten;
 Dann eh sie ain halb stund gelachten
Und scheren schliffen aine stund,
Da in nicht gstehet hand noch mund,
 Eh sie iren gfatrin auslegen, 1255
 Wie vil ir hennen aier legen,
Und wie vil meus ir katz nechst fieng,
Und wie es der nachbeurin gieng
 Nechten, da ir das fleisch brant an,
 Und wie voll gwesen sei ir man: 1260
Was holdseligen kind sie het,
Wie vil wochen sie tragen thet,
 Und wie ir magd die hefen brech,
 Und ir knecht alls verthu, verzech,

1240 knirschen transitiv, zerdrücken, im ersten Druck 324: zerknischt; vielleicht nur Druckfehler für zerknitscht, vgl. 1304. — 1250 bingen, verhandeln.

1265   Wie vil sie garn gesponnen hab,
        Wie irs nur halb der weber gab,
            Wie vil klaider im trog sie hab,
            Was ir der man in dkindbet gab,
        Und wie sie ietzund in hundstagen
1270   Die flöh so leiden übel plagen:
            Eh sie, sagt ich, solchs iren gfattern
            Nach der leng blatern und erschnattern,
        Dieweil können wir an sie setzen;
        Und sie nach allem vortail pfetzen,
1275   Dann vor angstigem hetzengschwetz
            Empfinden sie nicht unser pfetz.
        Darauf wir bald dem markt zulifen
        Und tapfer auf die weiber griffen,
            Hinwider sie auf uns auch tapten
1280   Und etlich fein gsellen erschnapten,
        Als Semfimhemd, den Hindenzu,
        Den Latznatz, und den Nimmerru.
            Ich als ain hauptman hetzt sie an,
            Sie solten nicht so schlecht nachlan:
1285   Da sah man ainen großen streit,
        Und der weiber sehr großen neid,
            Welchen zu unserm gschlecht sie tragen;
            Dann wiewol man pfleget zu sagen,
        Es hindert stets, und sei nicht gut,
1290   Wann man zwo arbeit ainsmals thut,
            Jedoch die weiber, uns zu laid,
            Triben zugleich ir gschwetzigkait
        Und auch ir giftig grimmig griff,
        Man griff sie an hoch oder tief.
1295   Vor zorn sie durch die zen auch redten,
            Wann sie ain zwischen finger hetten,
        Stelten auf andre zornig sich
        Und mainten uns doch aigentlich:
            Wie pferd im notstal stampften sie;
1300   Wann wir in saffen unterm knie;
        Sie stunden eh auf ainem fuß,
        Das uns der ander reiben must.

        1267 trog, Kasten, Lade. — 1272 blatern, plaudern. — 1274 pfetzen,
zwicken, kneifen. — 1275 hetzengschwetz, Geschwätz der Elstern. — 1284 schlecht,
leicht. — 1290 ainsmals, auf einmal, zugleich.

Aine erwischet ainsmals zwen,
Zerknitscht sie auf dem korb ganz hön,
Und sprach dazu aus großem grimm: 1305
Die todten, hör ich, beissen nimm.
    Ain andre hat gekaufet fisch,
    Und drüber goßen wasser frisch,
Als oft dieselb mocht ain erwischen,
Warf sie in ins wasser zun fischen;   1310
    Also im wasser sterben theten,
    Die nie kain wasser betrübt hetten:
Und unter in dein baide vetter,
Der Hochplitz und der Wollenschreter.
    Aine ain neglinstock het kauft,   1315
    Als dieselb der Hundshummel rauft,
Fieng sie in, steckt in in den scherben,
Must da lebend begraben sterben;
    Ain ander stund da in der metzig,
    War wie ein guckgauch grindig, kretzig: 1320
Als ir ain floh kroch übern rucken
Thet sie sich an ain pfosten schmucken
    Und rib sich wie ain ander sau,
    Und da blib des Hundshummels frau.
Aine saß dort, und hatte fail,   1325
Zu deren nischt auch ain gut tail;
    Die losung war ir nicht dermassen
    Hoch anglegen, das sies könt lassen,
Zu greifen zwischen baide bain,
Sonder griff ernstlich flugs hinein   1330
    Und jaget das schwarze wildpret,
    Das sich im forst gesammlet het;
Sie wust kain ort sie zu erschlagen,
Zu letzt richt sie sie auf dem schragen;
    Die hiessen Schlitzscheu, Supfloch, Schratter, 1335
    Und waren drei brüder vom vater.
Es het aine ainen gefangen,
Aber er war ir da entgangen;
    Da wurf sie ir schlaphaub nach im
    Und all ir schlüssel ungestüm.   1340

1304 hön, höhnisch, schändlich. — 1326 nischt, nistete, machte sich an sie. —
1327 losung, Kauf, Handel.

Ain andre dort zu mittag aß,
Und als der Filzfloh ir hart maß,
    Fuhr sie hinein mit schmutzig henden,
    Tapt so lang an den schmutzgen wenden,
1345 Bis sie ertappet iren queler,
Da richtet sie in auf dem teller,
    Bei wein und brot, die man solt ehren
    Und nicht mit blutverguß unehren:
Da dacht ich an den Traculam,
1350 Der sein mal untern todten nam.
    Ain magd zu ainem bronnen kam,
    Derselben eilends ich warnam,
Gedacht: da hastu gute weil;
Dann weil sie schöpfet in der eil,
1355 Kanst du ir blut dieweil auch schöpfen
Und dich nach aller gnüg beköpfen:
    Der aimer war nicht halb heruf,
    Da gab ich ir ain satten puff,
Nah bei der waich, da es was süß;
1360 Den aimer sie bald laufen liß
Und hub sich schnell auf hinden, bis
Man iren sah die kerb gewiß,
    Ich merkt den bossen, sprang hindan,
    Da kam sie ainen andern an,
1365 War seiner mutter ainzig kind
Und hieß mit namen Pfetzfielind,
    Der must das junge leben sein
    Da lassen auf dem kalten stain.
Noch felt mir ein ain schlimmer zott:
1370 Ain alt weib saß dort wie der tod
    Am grümpelmarkt, hat wolfail war,
    Die wol so alt als sie alt war,
Alt lumpen, windeln, birenschnitz,
Gufen und nadeln ohne spitz,
1375 Alt hufeisen, die man mit lachen
    Soll können zu rostig gold machen,
    Stumpf krumme negel, die die buben
Im regen aus den lachen gruben,

1362 iren, ihr, elsäßische Erweiterung, wie deren für der u. s. w. —
1371 grümpelmarkt, Gerümpel, Trödelmarkt.

Zerbrochen glefer, spindelspitzen,
Bauchzapfen, römisch münz aus pfitzen,   1380
Und ander meh felzam gerümpel,
Alles gestümpelt und verhümpelt,
    Daraus sie groß gelt gwinnen wolt
    Zu irem gmainen kupplerfold.
Dieselb hett nach alten gebreuchen,   1385
Die her von Eve belz folln raichen,
    Ain letzen belz um, fah daraus
    Wie ain schildkrott aus irem haus:
Zu difer alt verrostet schellen
Fügten sich etlich meiner gsellen,   1390
    Der Belzkrebs, und der Hindenpick,
    Der Kammergail, und Sommerflick,
Die stübten in dem belz herum,
Als ob es wer ir aigenthum:
    Den trotz wolt sie kurzum nicht laiden   1395
    In iren forstgerechtigkaiten:
Sie zankt mit füffen, ars und henden
Und schwur der teufel folt sie blenden,
    Wa sie in nicht den trotz vertreib,
    Und solts kosten irn jungen leib.   1400
Flugs griff sie zu mit baiden feusten
Und jagt sie tapfer durch die reuschen;
    Der Belzkrebs konnt sich nicht so schmucken,
    So war die alt im auf dem rucken,
Bis sie zuletzt den armen tropf   1405
Erhascht bai aim bain und dem kopf:
    Und weil sie unter sich het gstellt,
    Ain alten hafen für die kelt,
Warf sie in in die glut hinein,
Der nie vergift het pferd noch schwein,   1410
    Und da er zerknellt in der glut,
    Lacht sie und sprach noch wolgemut:
„Dis ist nichts, du haft noch gesellen,
Die müssen mit dir auch zerschellen."
    Ergriff darauf den Sommerflick,   1415
    Den Kammergail und Hundepick,

1380 bauchzapfen, Zapfen zum Bauchen, Bauchfässern. — 1382 ver-
hümpelt, verdorben. — 1387 letz, verkehrt, das Rauhe nach außen. —
1393 stübten, stiebten, stöberten. — 1402 reuschen, Reusen, Netze.

　　　Und warf sie auch hinein ins feur,
　　　Welchs war zu sehen ungeheur:
　　　　　Aber die hailig grechtigkait,
1420　　Die kain unbill ungrochen laidt,
　　　Auch recht ain klains unschultig schaf,
　　　Die schicket iren aine straf:
　　　　　Dann sie in der glut kesten brotet,
　　　　　Und weil sie ain kest nicht het geschrotet,
1425　So ward dieselbig gar aufrörisch
　　　Und macht die ganze glut rumörisch,
　　　　　Sprang und warf um sich kol und eschen
　　　　　Und zündt schir an der alten fleschen,
　　　Ir alt cavern, zusamt dem loch,
1430　Daraus der stinkend atam kroch,
　　　　　Welchs, wie ich glaub, ain deitnus war,
　　　　　Das sie noch solt verbrennen gar:
　　　Auch solt aim weib ain warnung sein,
　　　Die glut zu stelln zwischen die bain;
1435　　Dann sie mag aus dem windloch leicht
　　　　　Blasen zu stark oder zu feucht,
　　　So geht die glut an, oder stinkt,
　　　Welchs inen bald gros unfall bringt:
　　　　　Aber sie thun es uns zu laid
1440　　Und inen zu ainr augenwaid:
　　　Darum ain schelm, der weiber schonet
　　　Und inen nach verdinst nicht lonet.
　　　　　O, wie daurst mich, du Keckimschlaf,
　　　　　Und du Nachtwacker, euer straf,
1445　Das ir nicht euerm nam nachkamen
　　　Und disen hatz bei nacht fürnamen;
　　　　　Weil oft der namen bringt ain amen,
　　　　　Daraus man waiß baid glück und stammen;
　　　Jedoch der tod ist euch kain schmach
1450　Wie den, so lan kain gdechtniß nach;
　　　　　Dann euer feindin, die euch tödt,
　　　　　Auf mittelm markt da legen thet
　　　Ain stain auf euch, stets zu gedenken,
　　　Das euch der unfall liß versenken.
1455　　Also muß der feind unverhofft

Auch seine feind verehren oft.
Vil störzten sie in flüß und brunnen,
Die darnach sind ins mör gerunnen,
    Welches mit in mitlaiden hat
    Und warf sie wider ans gestad,   1460
Sie zu begraben in den sand,
Wie von Pulican ich verstand.
    Ain beurin, wol beklait mit zwilch,
    Saß dort, het ain hafen mit milch,
Und weil nicht gleich ain kaufman kam,   1465
Ain klaines schleflein sie einnam,
    Und als ain wenig sie entnuckt,
    Eilt Schleichinstal, gab ir ain truck
Am ort, da sie es nicht het gern,
Es war nicht weit vom finstern stern: 1470
    Sie auf, und streckt den fuß von sich,
    O wie must ich erlachen mich:
Den milchhafen sie gleich umstieß
Und ainen furz dazu fein ließ,
    Und schwur bei ires bauren ding,   1475
    Darauf flugs in ain winkel gieng,
Saß nider, als ob sie wolt wessern.
Und griff allweil nach iren hessern,
    Letzlich ergriff sie in beim fuß:
    „Komm her, die milch mir zalen must",   1480
Sprach sie, und nam in zwischen dzen,
Zermalt in klain: „Ich hab dirs gen!"
    Sich da, was grosser greulichkait
    Erfur ich da mit herzenlaid.
Ich dacht: hie ist nicht gut zu harren;   1485
Der teufel ist in dweiber gfaren,
    Kain scham ist bei in meh zu finden,
    Greifen am mark vornen und hinden,
Fordert deshalben bald zusamen
Die überblibne, so entkamen,   1490
    Sprach zu inen: „Ir spißgesellen,
    Allhie würd nicht lang sein zu stellen,

1467 entnucken, einnicken, entschlummern. — 1470 finstern stern, finis terrae, hier natürlich in obscöner Bedeutung, wie manches, das nicht erläutert zu werden braucht. — 1482 gen, gegeben.

Der markt hat markts art, nemlich zank,
Vil hadern, balgen und undank:
1495		Wir wollen unters tach uns geben,
		Villeicht han wir ain sicher leben:
Dann ie von wegen sicherhait
Wider der tier ungstümigkait
		Worden erstlich gebaut die heuser,
1500		Da das volk milter ward und weiser:
Wie solten greulichkait die üben,
Die das greulich wild von sich triben?
			Ich denk, ir heuser sind kain hülen:
			Darin löwen und beren wülen:
1505	Es sei dann, wie ich schier muß sorgen,
Das villeicht darin ganz verborgen
		Ain unruh die flöhberin machen,
		Die weiber, die uns stets verwachen.
Doch in seiner hül kain tier wüt,
1510	Also kain mensch in seim gebit:
		Derhalben laßt es uns drauf wagen,
		Verzagte jeger nichts erjagen.‟
Als sich das volk nun zsammen funde,
Fand ich vil bainschröt und verwundte:
1515		Die sandt ich gen sant Pulican
		Ins flöhstift, in zu raten lan;
Da mochten sie in bei den leusen
Aufschlagen lassen neue eisen.
		Und weil ich mein volk fand sehr schwach,
1520		Wolt ich mit vorteil thun zur sach,
Wagt selber mich recht zu erspehen,
Wa man dem feind möcht possen trehen.
		Nam zu mir eilend fünf trabanten:
		Beishart und Zwickfie, sich zwen nanten,
1525	Desgleichen Zanspitz, Schauderkalt,
Bauchtrom, Harwurm und Finsterwald:
		Mit diesen trabt ich zu aim haus,
		Da gieng mir von stund zu ain graus
Oben zu ainen laden aus;
1530	Dann ain weib hielt da ainen strauß

Hinden und vornen nakent bloß
Mit vielen flöhen klein und groß,
Welche der hauptman Stampfhart füret,
Und in ir hemd warn einfuriret,
Die sprengt sie zu dem laden ab,   1535
Da es dann vil krumm schenkel gab,
Und wann sie ainen da ergriff,
Den Benzenauer sie im pfiff,
Und knilt in mit so großer gir,
Küchlin hets gessen nicht dafür.   1540
Noch ließ ich mich nicht schrecken ab,
Sonder ins haus ich mich begab,
Zu sehen die flöhsprengerin,
Was sie noch weiters greulichs künn;
Da sah ich auf und ab sie gehn   1545
Ganz nakend in der kammer schön,
Damit sie die flöh an möcht bringen,
Das sie ir an die schenkel springen,
Und sie darnach ins wasser straifen,
Und in aim zuber gar erseufen.   1550
Da dacht ich: die hat meh verstand,
Als aine, die ich ainmal fand,
Welche da sie sah bei dem liecht,
Wie allenthalb man an sie kricht,
Da sprach sie: „O, ir lausig flöh,   1555
Den possen ich nun auch versteh,
Ich will das liecht itzt leschen eh,
Was gelts, wa ir mich finden meh?"
Aber dise ir süß fail bot,
Auf das sie uns verkauft den tod: 1560
Ja sie trib zu der gscheidigkait
Auch so hönische greulichkait,
Das es mich herzlich hat verdrossen;
Dann wann man sie zu hart wolt stossen,
Sprach sie: „O, du schwarz teuflisch herd,   1565
Du bist nicht raines wassers werd,

<hr>

1534 einfuriren, einlegen, einquartieren, enfourre. „Die Hölle, da
sie der Teufel vor langer Zeit einfuriert hat". (Bienenkorb 1586, Bl. 217 G.) —
1538 Benzenauer, der zu Kufstein enthauptet ward und auf den ein Lied
gedichtet war, das auch als Tanzweise lange im Gebrauch blieb; hier: tödten;
vgl. Garg. 176, 20. — 1540 Kuchen wären ihr nicht so lieb gewesen, vgl. 3378. —
1548 springen, sprüngen, springen sollten.

Ich muß dich in ain seichbad schicken,
Darin du must vor hitz ersticken":
Beutelt demnach, was an thet henken,
1570   In dseichkachel, sie zu ertrenken.
Wann sie dann dis bad auch vollend,
Kam eilend sie zum bett gerent,
Wurf schnell die decken hin und wider
Und fischt nach krebsen auf und nider,
1575   Ersuchet zipfel und all netlin,
Wie arme leut die seckelteblin,
Hieng darnach leilach, belz und hemd
Fürs fenster, welchs mir war gar fremd,
Weil alls war auf die flöh gericht,
1580   Als ob es wer im lerchenstrich:
Dann auch die kammer war besprengt
Und igelsschmalz darein gehenkt,
Desgleich vil junger ehrlinzweig,
Damit man das flöhgsindlin treug:
1585   Sie nam auch des mans hosen her,
Zu sehen, ob auch wild drin wer,
Sucht in dem gses, sucht in den stümpfen,
Sucht um den latz in allen sümpfen;
Da dacht ich: „Hie machstu kain mist,
1590   Wa man so gnau mit suchen ist",
Trabet deshalben an ein ort,
Da ich vil kinder wainen hort.
Da ful mir ain, das wer ain sach:
Dann weil die kind sind blöd und schwach
1595   Und sich nicht können wol erweren,
Mögen wir uns bei in wol neren;
Sandt derwegen aus mein trabanten,
Das sie das volk zusammen manten;
Darauf sie gleich zusammen kamen,
1600   Mit heereskraft das haus einnamen
Den nechsten ainer ainem knaben
Thet unter das gewantlin traben,
Desgleich der ander und der drit.
Das büblin mochts erlaiden nit,

1575 ersuchen, besehen, untersuchen; netlin, Nähte. — 1576 seckel-
teblin, Trödel, Bettelsack. — 1589 mist machen, verweilen; vgl. Garg.
197, 34. — 1601 den nechsten, auf dem nächsten Wege, sofort.

Sonder krümmt sich gleich wie ain wurm 1605
Und schrai, als ob man leutet sturm,
    Ruft die großmutter herzlich an,
    Dieselbig als bald krachen kam:
Sprach: „Liebes kind, wa ist dir we?"
Es sprach: „Mich beissen sehr die flöh!" 1610
    Bald hub sie im das erßlin uf,
    Es mit dem kopf durch dbain ir schluff,
Da sucht im ab die alte schell
Die flöh allsammen wunder schnell,
    Da blib im lauf der Jungfraugramm, 1615
    Der Kalmauß, Markstich, Hauindschramm,
Und was sich sonst da hinden saumt,
Das ward mit dem troß aufgeraumt:
    Dann sie der füchs mehr het geschunden,
    Und ir tag vil hart biß empfunden. 1620
Ain kind lag dort in seinem schlof,
Zu dem flugs in die wiegen schlof
    Der Bettraub mit samt seinen gsellen,
    Und stupften es, das es thet gellen
Als ob es an aim spiß thet stecken, 1625
Wolt auch nicht schweigen meh vor-schrecken,
    Die kindsmagd sang im oder pfiff;
    Bis die magd in aim zorn ergriff
Die wagband, und sie schnell wand auf
Und warf die windlein all zu hauf, 1630
    Zu sehen ob es unrain lig,
    Oder was im sonst felen müg;
Da sah sie etlich schwarze reuter,
Und ruft alsbald: „Nun seh ich leider,
    Was dem armen kind hat gemangelt, 1635
    Seh, wie es die dieb hant geangelt!
Sind das nicht mordtbrenner zu schetzen
Die so unschuldig blut verletzen?
    Ei, das euch schwarze erzschandschelmen
    Der henker müß ainmal noch helmen;" 1640
Jagt demnach die schwarz rott herum,
Bis sie den Bettraub trat gar krum;

1629 wagband, Wiegenbänder. — 1640 helmen, auf den Helm, die
Haube greifen: „Und wünscht, der henker solt sie helmen", im ersten Druck 576.

Ueber den ainen gieng die wag,
Das er vor ir gestrecket lag;
1645   Ir zwen sie mit dem fuß zertrat,
Und bewis kurzum kaim genadt.
     Ir etlich andre kind angriffen,
     Dieselben flugs zur muter lisen
Und konnten übel sich geheben;
1650 Da kamen all belzwürm ums leben.
     Fürnemlich ainer daurt mich sehr,
     Der war der frömst im ganzen hör,
Dem theten sie all süß auszucken
Und darnach in das salzfaß trucken:
1655   Und hies Leistapp, der auch verlur
     Zwen brüder, Schlagin, Pfinnenspur.
Etliche hing man an die füß
Gleich wie die Juden, zu verdrieß:
     Die hiessen Plutdurst, Sporsi, Tornzwang,
1660 Ropfflugs, Schrepfir, Bortif, Zornzang.
Etlichen zog man ein seiden faden
Durch die nas, und hiengs für den laden,
     Etlich wie hering um den ofen,
     Viel im ofenkessel ersoffen,
1665 Daraus warm wasser sie dann namen
Und schöne suppen draus bekamen:
     Etlich sie zu sant Lorenz machten
     Und in den glüend kacheln bachten,
Welche sie alsdann theten rieren
1670 Für fenchel in die gbraten biren.
     Vielen schnitten das maul sie ab,
     Die doch, welchs groß verwundern gab,
Davon sprungen, davon zu kummen,
Und bettelten darnach wie die stummen:
1675   Und zwar, gar nah es mir da stund,
     Wann ich nicht gwesen wer so rund,
Und von dem kind entsprungen wer
Dem maidlein in den busen ler,
     Dem liß aus rachgir ich ain letz,
1680 Und gab im in die seit ain pfetz,

<hr>

1658 Die Juden wurden bei den Füßen erhängt; vgl. Gengenbach 558; Faß=
nachtspiele 1200. — 1676 r u n d, behende, gewandt. — 1679 l e tz, Andenken.

Das es aufhupft und rufet: Och!
Und ließ das kind falln wie ain bloch.
   Die muter lauft zu zornig geh,
   Wolt das kind nicht aufheben eh,
Bis sie das maidlin bei dem kragen   1685
Genommen het und gnug geschlagen.
   In summa da war solche not,
   Das nichts da war, als der gwis tod;
Darum wir uns alsbald verglichen
Und in ain ander gemach schlichen,   1690
   Darin zusammen kommen waren
   Viel gefattern, von vil jaren;
Da übten wir uns, weil sie spinnten,
Und schwatzten von den alten kinden.
   Sie aber als die rechte spinnen   1695
   Spinnten ain netz, uns zu gewinnen.
Dann zwo alt vetteln sich da hielten,
Die kain speichel im mund meh fülten,
   Und hetten drum an rocken ghenkt
   Heslin und horn, voll wasser gschenkt;   1700
Dieselben, was sie da erzwackten,
Flugs in ir wassergschirlin stackten,
   Und leckten sie heraus doch wider,
   Kamen also in magen nider:
Damit auch Hackinsbecklin gieng,   1705
Den die alt an der tochter fieng,
   Auch Blutkropf, Zanhack, Hechelhor,
   Der Buckelsprung und Jungfrauspor.
Ain ander het brüst wie hörtrummen,
Drauf man wer wie auf blasen gschwummen,   1710
   Und thaten so steif dazu ragen,
   Das sie zwo maskann mochten tragen.
Dahinder schanz sich Stechzumkranz
Mit viren, so wagten die schanz.
   Aber die worden sehr getrengt,   1715
   Dann sie die brüst herfürher zwengt
Und truckt den arm zu, da sie huckten,
Und fieng ihr trei, die sie sehr truckten.

1709 hörtrummen, Heertrommeln, Pauken. — 1717 hucken, hocken,
kauern, gekrümmt sitzen.

           Sie ließen etlich lang umschwaifen,
1720   Bis sie die gar wol mochten greifen,
       Als dann netzten die finger sie
       Und fiengen das ainfaltig vieh,
           Welchs sie dann auf dem teller knillten:
           Doch die, so etwas verstands hielten,
1725   Das tischtuch hinder sich vorzogen
       Und knitschtens mit dem elenbogen.
           Manche griff hinauf bis an nabel,
           Manche het am hals ain gezabel:
       Die Greta wolt auch nicht meh spinnen,
1730   Wanns am rucken der flöh ward innen,
           Sie mörd wol iren etlich schlegel,
           Das sie bekam gar rote negel,
       Und war ir richtstatt der nechst stul,
       Doch unverdamt vor dem richtstul.
1735   Die ander sie mit würten knitschten,
           Und stachen sie mit spindelspitzen,
       Da blib, welchs immer ist ain schand,
       Der fremd ritter, Pulsfüler gnant,
           Dazu nur durch ains maidlins finger:
1740   Dann der tod wird geacht geringer,
       Den ainem anthun große leut,
       Als dann wird man zur großen beut:
           Aber es wer im auch nicht glungen,
           Wer er nicht dem Harigel gsprungen
1745   Ins schmutzig lausig strobelhar,
       Darin er gleich verwirret gar.
           Gleich wie auch geschah dem Negelspreiß
           Als er ins flachswerk sprang ganz leis.
       Aine warf ir nehwerk beiseit
1750   Und griff hinab, wais nicht wie weit,
           Und holt in ainer finstern hurst,
           Des leutenants Bruchfidels burst,
       Dieselb zerschnitt sie mit der scher,
       Damit sie nur gnug zornig wer.
1755   Aine het vor dem maul die kant,
           Kratzt doch im gfes mit ainer hand:

1728 gezabel, Gezappel, Umhergreifen. — 1731 schlegel, ein Fischzuber
(vgl. Brants, N.S. 71, 16). — 1735 würten, Würten, Spinnwürtel. — 1751 hurst,
Gebüsch. — 1752 burst, Gesellschaft. — 1755 kant, Kanne.

Meine trabanten sandt ich aus,
Weiter zu sehen um im haus;
    Da kamen sie gleich in die kuchen
    Und theten die köchin besuchen,   1760
Die erhascht bald den Springinsröckel
Und tödt in auf dem hafentekel,
    Den Zopffikeck hieng sie in rauch,
    Steckt in hafen den Mausambauch.
Der Düttengeiger kaum entran,   1765
Das er mir zaigt den jammer an;
    Auch vilen sie die köpf abbrenten
    Und vil an baiden augen blendten.
Aber fürnemlich ich erblick
Etlich fürnem greuliche stück: 1770
    Namlich in ain butzscher sie steckten
    Zwen brüder, die sie drin ersteckten,
In dem giftigen rauch und gstank,
Davon man malzig wird und krank:
    Den edlen hauptman Rauschimbart,   1775
    Der sie lang het geplaget hart,
Mit haissen unschlicht sie betreusten,
Ainen in weinglas sie erseusten:
    Ja, auf das sie nur greulich schaden,
    Ain totzend flöh in wein sie thaten   1780
Und soffen die ainander zu
Zum bund, zu lassen uns kain ru.
    War das nicht ain greulicher bund,
    Der in ains andern blut bestund?
Auch den hauptman Habhindenacht   1785
Haben sie wie ain sau geschlacht,
    Ja, hant im, wie sant Asmus auch,
    Die derm gehaspelt aus dem bauch
An aine nadel, und das herz
Beim liecht gebraten für ain scherz: 1790
    Ain alte, die an krucken gieng,
    Etlich ans creutz der krucken hieng,
Und mit dem spitzigen beschleg
Stach sie nach inen alleweg;

1771 butzscher, Lichtputze. — 1774 malzig, aussätzig. — 1777 unschlicht,
Unschlitt, Talg. — 1780 totzend, Dutzend. — 1784 bestund, bestätigt wurde. —
1787 Asmus, der heilige Erasmus; vgl. Garg. 506, 20.

1795   Zu zeiten, ir rachgir zu stillen,
               Tödt etlich sie auf irer prillen.
       Die hund auch nach uns schnapten heßlich
       Und bissen in ir haut selbs greßlich.
             In summ, sie ain solch mörden hetten,
1800   Das ich mich kaum samt dritt mocht retten.
       Ir sechs, die gar plump einhin plumpten,
       In ain milchhafen sie eindunkten:
             Ain stelt sich so gar greulich fremd,
             Das sie ain stück riß von dem hemd
1805   Und es mit samt dem floh verbrent,
       Auch drob verbrent schier ire hend;
             Etlich vergruben sie in schne,
             Die ich darnach sah nimmermeh,
       Wiewol man sagt, was im schne steckt,
1810   Der sommer widerum aufdeckt:
             Und must ich, und der leutenant,
             Auch der Huiauf und ain trabant
       Aim hündlein, welchs luf aus und ain,
       Tief schliefen in die woll hinain,
1815   Auf das es uns mit gutem fug
             Aus diser mördergruben trug:
       Gleich wie auch der Ulysses that,
       Als in versperrt der Seuklops hat
             In sein stall mit den raisgefärten,
1820   Vorhabens, sie all zu ermörden;
       Da schmuckten sie den schafen sich
       An irn bauch unten listiglich
             Und kamen also aus dem last,
             Weil der knopf die schaf oben tast:
1825   Also thaten wir auch hierinnen
       Bei den seuklopisch flöhessrinnen.
             Nun als ich kommen war hinaus,
             Da kam mich erst an der recht graus,
       Als ich von anfang erst bedacht,
1830   Was für schön volk wer umgebracht;
             Dasselb bekümmert mich vil mehr
             Als das ich war verwundet sehr,
       Wiewol ich da bekam den straich

1818 Seuklops, Cyklop. — 1824 knopf, Dummkopf, Einfältiger.

Mit ainer krucken in die waich,
    Davon ich noch heut hinken muß,   1835
    Und bracht davon ain lamen fuß.
Sidher hab ich das weibergschlecht
Verfluchet wie das schlangengschlecht.
    Und halt die heuser, da sind weiber,
    Für raubheuser voll straßenreuber.   1840
Was mainstu nun, mein lieber son,
Wie dein muter hab ab mir gton,
    Als ich kam also zugericht
    Und hat dazu nichts ausgericht?
Fürwar, ich mußt besorgen mich,   1845
Das sie nicht also krenket sich,
    Das sie vor angst, die sie einnam,
    Ins krankbett aus der kindbett kam.
Derhalben, son, ist dir zu raten,
So stoß dich an deins vaters schaden,   1850
    Ich war auch, wie du, jung gesinnt;
    Aber het man mir dis verkünt,
Wie ich dir ietzund zaiget an,
Kain roß mich gzogen het hinan.
    Wir haben nicht geringe feind;   1855
    Ueber all list die weiber seind,
Nicht anders traumen sie und dichten,
Als wie sie von der welt uns richten:
    Gewis, wann sie in gedanken sitzen,
    Auf uns sie ir gdanken spitzen.   1860
Wann sie am nagel sich vergafften,
Wünschen sie, das wir all dran haften.
    Sie lernens her von jugend bald,
    Und werden darin auch veralt,
Das sie mainen, kain todtschlag sein,   1865
Wann sie schon leben ließen kain.
    Die kind hans von der mutr erschmackt,
    Wann sie den belz klopft fein im tackt,
Und keren flugs ir belzlin um
Und schlagen auch fein auf der trumm.   1870
    Und je meh stattlicher sie seind
    Je minder leiden sie uns feind,

1837 Sidher, seitdem.

Mainen, es soll in nicht geschehen,
Dieweil sie hergehn auf den zehen,
1875   Und können das loch selsam trehen,
Das maul krümmen, als eßens schlehen.
Darum laß dich deins glücks benügen,
Dann höher fliegen thut betriegen.
     Du bist nicht hoher leut genoß,
1880   Zu großen ghört auch etwas groß.
Bleib du bei Kundel, unser magd,
Da kanstu waiden unverjagt:
     Dann sie ist also mechtig faul,
     Ich glaub wann auf sie tret ain gaul,
1885 Sie wendet sich nicht um ain hor,
Wie der, dems wasser troff ins or.
     So ist sie auch fein schmutzig fett,
     Das allzeit ir anklebt das bett,
Dann kan sie schon nicht drinnen sein,
1890 So ginet sie doch stets darein.
     Bei deren kanst ain bissen finden,
     Du wollst davornen oder hinden;
Nechstmals sie bei dem herd entschlief,
Die supp all in die eschen lief,
1895   Das mit dem gses sie darein saß,
     Und schlug die flamm ir gar zur nas:
So brann ir auch die jupp am loch,
Noch wolt sie nicht erwachen doch,
     Bis dkatz den braten nam vom spiß.
1900   Wie mainst, das ich sie damals biß?
Am leib macht ich ir so viel flecken,
Als seß sie in den nesselhecken,
     Die ir darnach die frau im haus
     Mit ofengabeln fain rib aus.
1905 Drum wilt du liber sicher leben,
Als in steten unruen schweben,
     So bleib bei dem bescherten as,
     Und dich nichts fremds verleckern laß:

1881 unser, im Hause. — 1186 s. Grimm, Kinderm., 151; Lat. Gest. Romanor., 91; Pauli, „Schimpf und Ernst", 261; Oesterley. Hier wohl aus Stainhöwel's Esop. Extr., 13. — 1890 ginen, das Maul auffsperren, darnach verlangen.

Bei schlechtem ist man sicher baß,
Weil nieman aim vergonnet das: 1910
   Mutwillig macht die schleckhaft speis,
   Das man mit eseln geht aufs eis."

Muck.

Fürwar, mein bruder Käsimgses,
Der kalte rat war gar nicht bös,
   Den dir dein alter Kachelbrut   1915
   Gab, folgen wer gewesen gut.
Dann hast nicht ghört von der stattmaus,
Wie sie spaziert ins feld hinaus,
   Da sie zu gast die feldmaus lud,
   Zu nemen mit dem feld für gut: 1920
Rüst darauf zu, trug fürher dar,
Was im eusersten winkel war,
   Was sie den winter het gespart,
   Das schier ler die speiskammer ward,
Damit sie nur der zarten zucht   1925
Ain gnügen thet mit schönster frucht.
   Aber was man vorsetzet immer
   Dem statjunker vom frauezimmer,
Darob rimpft er nur stirn und nas,
Sagt, wie nur bauernwerk wer das,   1930
   Er aber hett drin in der statt
   Ain andern lust, desgleich nicht hatt
Der feldmaus könig mit seim hauf,
Bei im sei schleckhaft speis vollauf.
   Sein speis sei gsotten und gebraten,   1935
   Hab flaisch und brot, und käs zum fladen.
Solchs zu erfaren, wie sie meld,
Fürt sie die feldmaus aus dem feld,
   Und komen in der stattmaus haus,
   Da wolten leben sie im saus.   1940
Die stattmaus bei der schwer auftrug,

1910 vergonnen, misgönnen. — 1912 und ein bein bricht. Agricola, Sprichw., 81. — 1917 fg. stattmaus, Camerar. 176; Hans Sachs, 2, 4, 27; Seb. Frank, Sprichw. 1545, 2, 66 fg; Waldis, Esop, 2, 92 und oft. — 1941 bei der schwer auftragen, vorsetzen, so viel man nur tragen kann.

Und fragt all weil: „Haſt noch nicht gnug?"
    In des, weil ſie ſich da vergeſſen,
    Und ainander tapfer zueſſen
1945 So hören ſie den ſchlüſſel trehen
Im ſchloß, und iemans zu in nehen;
    Die ſtattmaus auf und fleucht davon,
    Die feldmaus wolt auch nicht beſton,
Und kont doch ſchwerlich aus der gfar,
1950 Weil ſach und ort ir ungwont war.
    Als nun der hausknecht war hinweg,
    Gieng dſtattmaus wider zu irm ſchleck,
Und ruft der feldmaus auch zu tiſch,
Sie wolten zechen nun aufs friſch:
1955 Aber ſie wolt lang trauen nit,
    Doch wägt ſies endlich auf die bitt.
Als nun die ſtattmaus ſie hieß zechen,
Und wolt trinken, ſich zu erfrechen,
    Fragt ſie die ſtattmaus, ob ſie oft
1960 Solch gfar beſtehn müſt unverhofft.
Sie antwort: „Es wer ir gmain brot,
Man müß nicht achten ain gmain not".
    „Wie?" ſagt die feldmaus, „iſt dirs gmain?
    So achteſt du dein leben klain.
1965 Wer ſich mutwillig ſteckt in not,
Der iſt ſelbs ſchuldig an ſeim tod.
    Mir nit des ſchleckens, welchs pringt ſchrecken!
    Schrecken würd kainen faiſter ſtrecken;
Dein ſpeis mit zucker iſt beſprengt,
1970 Aber mit gfar auch ſehr vermengt;
    Was der honig daran verſüßt,
    Daſſelb die gfar wider verwüſt:
Mir aber will die ſpeis nicht gfallen,
Wa ſchon verhonigt iſt die gallen.
1975 Ich will lieber mit ſicherhait
    Mein ſparſamkait und dörftigkait,
Als deinen überfluß und ſchlecken
Mit ſolcher angſt, ſorg, flucht und ſchrecken."
    Sich, lieber gſell, dis ſollteſt du
1980 Auch han betracht, ſo hetſt nun ru,

1958 erfrechen, ermuthigen.

Soltst sein bei deiner Kundel bliben,
Dich nicht an köstlich leut han griben.

Floh.

Ja, gsell, du hast ietz gut zu raten
Nach dem vergangen ist der schaden,
  Was thut aber die jugend nit?   1985
  Es glust sie, was man ir verbitt;
Sie denkt nicht weiter als sie sicht,
Und was sie sicht, darnach sie richt:
  Gleichwol war ich auch nicht so dumm,
  Ich folgt ain weil dem vater frumm,   1990
Behulf mit faulen weibern mich,
Aber es wolt nicht reimen sich:
  Treg blut in ainen frischen leib,
  Und zu gsunden ain fauler keib.
Ich bekam nur davon die scheiß,   1995
Dann würkung-ist gleich wie die speis.
  Zu dem so solt du dis auch wissen:
  Der Kundel bain warn stets beschissen,
Man het mit ainer hellenpart
Darein gehauen kaine schart,   2000
  So was so schmutzig auch ir leib,
  Das ich wie im leim hangen bleib.
Und wann ich schon abwechslen wolt,
Tauscht ich kaum messin für schlecht gold,
  Nemlich ain achtzigjerig weib,   2005
  Der so einschmort die haut am leib,
Das wann sie den leib zsammen zoh,
Sie gleich damit zerknitscht ain floh.
  Mit ainer axt het kainer nit
  Ir geben können ainen schnitt.   2010
War dazu rostig, rotzig auch,
Hustet als steck sie stets im rauch,
  Speit um sich und warf schnuder aus,
  Das kainer sicher war im haus,
  Wurf auch meim vetern Schwenckundrenck   2015
Mit rotz ain bain entzwai am glenk.
  Derhalben kont ich mir nicht masen,

1994 keib, Leichnam, Schelm. — 2017 masen, mäßigen.

       Ich muſt ainmal ſtellen nach haſen:
       Derwegen laurt ich allezeit
2020 Auf die jungfrau vor angebeit;
       Und als ich hat erfaren wol,
       Das ſie gladen zu gaſt gehn ſoll,
       Da kam ich zu meim vater gſprungen,
       Sprach: „Vater, nun iſt uns gelungen,
2025   Ich hab geſpeht das wildpret aus,
       Nun gang geſchwind, nun dir nit graus,
       Beſeh die edel creatur,
       Desgleichen nicht ſchuf die natur.
       Du ſagſt mir wol von großer gfar,
2030   Welche ſei bei köſtlicher war,
       Aber wie kan ain ſolch milt bild
       Sein alſo ungeſchlacht und wild,
       Das ſie ir zarte raine hend
       Im blut verunrainet und ſchend,
2035 Sie hat ain zartes küchlinmündlin:
       Ich glaub, ſie erzörn nicht ain kindlin:
       Ich wais ſie würd all unſer pfetzen,
       Für eitel kützelſtichlein ſchetzen.
       Dann ſie würd wol gewonet ſein
2040 Irs bulen pfetz in dſeit hinein.
       Wie? ſolt man dann auch finden kaine,
       Die es mit uns barmherzig gmaine?
       Und wa da iſt zu finden aine,
       So iſt es gewis die, ſo ich maine.“

Muck.

2045 Was ſagt hierauf dein vater dann?
       Wolt er es ſo geſchehen lan?

Floh.

       Nain, er war ſchwerlich zu bekeren,
       Wolt von weibsmiltigkait nicht hören,
       Sagt: das under dem milten ſchein
2050 Oft ſteckt ein hauend wildes ſchwein.
       Und legt dabei ain gſchicht mir aus

2020 Vers 854. — 2035 küchlinmündlin, wie ſpäter: Zuckermund. —
2037 pfetzen, zwicken, kneipen. — 2040 in die Seite.

Von ainer alt und jungen maus:
    Die jung, als sie wurd etwas groß,
    Das enge neſtlin sie vertroß,
Und wer lieber ſpaßmauſen gangen.   2055
Die mutter ſorgt, es würd gefangen,
    Und hielt ihr ſönlin ſtets zu haus,
    Noch wolt das ſönlin ſtets hinaus
Und lag der mutter ſo lang an,
Bis ſie ſprach: „Sönlin, nun, wolan,   2060
    Weil es dann kan nicht anders ſein,
    So folg doch ietz der leren mein:
Wann du herfür komſt in das haus,
So lauf nicht flugs den plan hinaus,
    Nicht ſetz dich mitten auf den platz,   2065
    Auf das dich nicht erhaſch die katz;
Nicht lauf ferrn von dem vaterland
Und halt dich hart nah an der wand,
    Damit dem Murnar mögſt entwiſchen,
    Wann er villeicht wolt nach dir fiſchen.“   2070
Das meuslin lif, guckt gleich hinaus,
Da ſaß ain weis katz dort im haus,
    Und mußt ſich mit den pfoten glanz,
    Wie ein jungfreulin zu aim danz.
Das meuslin kont ſie nicht gnug bſehen,   2075
Die katz aber thet auf ſie ſpehen:
    In des floh der haushan herfür
    Mit großem ſchall auf die hausthür,
Drab das meuslin erſchrack alſo,
Das es lif hinderſich alldo   2080
    Und fül der muter in den ſchos.
    Sie ſprach: „Son, wie biſt ſo kraftlos?
Was iſt dir alſo bald geſchehen?“
Er ſprach: „Ich hab ain tier geſehen,
    Das iſt gar grauſam ungeheur;   2085
    Es hat zipfel, ſo rot als feur,

2052 fg. Vgl. Rollenhagen, „Froſchmeuſeler“, I, 2, 2, S. 64 fg., der wie Fiſchart aus Camerarius Aeſop 294 ſchöpfte; ſchon bei Boner 43 und Philelphus 9. — 2055 ſpaßmauſen, ſpazieren; vgl. Schwänke, Nr. 118. — 2069 Murnar, Name der Katze, mit Anſpielung auf Murner, dem Wimpheling dieſen an Narr und Mur, Schlamm, anſpielenden Namen zuerſt gegeben hat. — 2073 mutzen, putzen; glanz, ſchmuck, glatt.

Auf seinem kopf und unten dran,
Und schrai laut: Guckenguckenhan!
    Das tier erschröckt mich, das mir noch
2090   Das herz klopft, wie holzwürm im bloch."
Da sprach die muter: „Sag mir her,
Hastu auch was gesehen mehr?"
    „Ja", sprach es, „ich sah auch dort sitzen
    Ain saubers weiblin, thet sich mützen,
2095   Und hat ain weisses belzlin an,
Ich het wol mögen zu im gan."
    „Ach", sprach die muter, „lieber son,
    Da hetst du wie ain kind geton;
Nit scheu das tier, welchs also schreit,
2100   Dasselb tregt gegen uns kain neid;
    Das weiblin in dem belzlin weiß,
    Das also laurt und tritt so leis,
Dasselb der rechte Murnar ist,
Vor dem hüt dich, er ist voll list!"
2105   Also, sagt er, das ich mich hüte
    Vor scheinender angmaster güte:
Vor stillen wassern, die grund fressen,
Und vor den schön geferbten essen.
    Man hüt sich leicht vor den, die bochen,
2110   Aber nicht den, die lang neid kochen.
Wann sich der bös am frömsten stelt,
Ist er der ergst bub in der welt;
    Darum rat er, ich solt nicht trauen
    Den jungfrauen, die so süß schauen.
2115   Im kram hats vil gemalte laden,
Die doch mit gift oft sind beladen.

Muck.

    Fürwar, das waren gute leren,
    Hetst du dich daran wollen keren,
Aber ich denk, das dir auch war
2120   Wie allen jungen leuten zwar,
    Welche fürwitzig sind und frech
    Und wagens, ob es schon auch brech.

2108 essen, Speisen. — 2115 hats, gibt es.

Floh.

Ja, laider, ich war nur zu frech,
Und gab nichts auf dis gut gesprech,
　　　Sonder thet unaufhörlich beten
　　　Den alten, mit mir anzutreten.　　　　　　2125
Das that er zuletzt, mir zum besten,
Mich mit seim rat allzeit zu trösten.
　　　Als wir an dasselb ort nun kamen,
　　　Da wir die schön jungfrau vernamen,　　　　　　2130
Da sprach er: „Son, du bist kein geck,
Dein augen sind dir nicht mit speck
　　　Eingsetzt, du kennst wol zarte leib!
　　　Das ist ain ausbund von aim weib!
So alt bin ich nicht diser stunden,　　　　　　2135
Mich freuet, solt ich sie verwunden.
　　　Aber die gfar ist vil zu groß,
　　　Das weger ist, man unterloß!"
„Ach, mein vater", sprach ich zur stund,
„Mein herz ist gegen ir gar wund,　　　　　　2140
　　　Wann ich sie ietzund nur anblick,
　　　So geb ich iren gern ain zwick;
Dann sie ist linder, dann ain schmalz,
Ich wag um sie kopf, bart und hals.
　　　Wiltu mir nicht behülflich sein,　　　　　　2145
　　　Will ich mich wagen selbs hinein."
Als er mich reden hört dermassen,
Wolt er mich auch allain nicht lassen,
　　　Sonder es wagen samt der muter,
　　　Wie es auch gieng ob disem luder,　　　　　　2150
Damit sie mir behülflich seien.
Dann es sie immer würd gereuen,
　　　Sprachen sie, wann man mich verlöre,
　　　Dieweil das ainzig kind ich were,
Und aus zwaimal sibenmal siben　　　　　　2155
Allain noch were überbliben.
　　　Hierauf gab der vater den rat,
　　　Das man noch meh freund hiezu lad,

2126 antreten, scheinbares Intrans., mit hinzugedachtem: den Weg, die
Fahrt. — 2138 das weger, daß es besser. — 2150 luder, Lockspeise.

          Den Fechtimbusch und Ruckhinan,
2160   Den Knillenscheu und Wetzdenzan,
              Und andre, die uns vetter hiessen,
              Dann freund was guts allein nicht gniessen.
          Auch sagt er ferner, dieweil dann
          Die jungfrau soll zur hochzeit gahn,
2165   So hab man acht, wann sie kommt wider
              Aus der kirch, und zu tisch sitzt nider,
          Und schmollt und prangt, ganz unverwent,
          Und kaum bewegt augen und hend;
              Da fall man an in vollem lauf,
2170   Aber wann man staht wider auf,
          Da mag ain ieder sich wol packen
          Dann als dann wirds gehn an ain zwacken.
              Wir folgten disem guten rat,
              Jeder tapfer den sturm antrat,
2175   Fürnemlich aber war ich schnell
          Jren zu gerben das zart fell.
              Es mocht kain platz am leib nicht sein,
              Da ich nicht schlug mein haken ein;
          Da bracht ich ein mein langes warten
2180   Und haut ir warlich tapfer scharten;
              Noch war so groß die zucht und scham,
              Das sie sich um kain har annam,
          Als ob ir etwas laids geschech.
          Wann es gab etwan ein gesprech,
2185   Oder das man ir leget für,
              Griff sie darnach mit schöner zier,
          Und rucket dann ain wenig mit,
          Doch das mans konte spüren nit,
              Damit sie mir die speis abbrech.
2190   Ich aber fur fort im gestech,
          Wann sie sich hat zur ru begeben,
          Und hat fürwar ain köstlichs leben.
              Ich ward dabei so gsund und frisch,
              Als in kaim wasser ist kain fisch.
2195   Da man aber vom tisch aufstund,
          Mein vater mich zu warnen bgunt
          (Ach warum folgt ich nicht der frist,

2167 schmollen, lächeln; vgl. 3636. — 2192 hat, ich hatte.

So gahts, wann man ungehorsam ist!)
Er sprach, ich solt ain gnügen halten,
Alls glück ain weil, sprechen die alten;   2200
    Wann man hie mitten ist in freuden,
    So thut sie gmainlich aim erlaiden.
Ich aber wolt nicht von dem ort,
Und gab dem vater höne wort:
    Sprach, es wissens nicht alls die alten,   2205
    Jung leut die junge welt erhalten,
Nun geht die jungfrau erst zum danz,
Da mög geraten auch ein schanz.
    Die eltern folgeten mir jungen,
    Und bliben stecken halb gezwungen,   2210
Dann die lieb ist ain solcher notzwang
Die aim oft thut bis zum tod trang.
    Nun laider hör, was da geschach,
    Als man stund prangen im gemach,
Gab ich ir manchen guten stich   2215
Das sie darab recht rümpfet sich
    Und zu letzt also ward erzürnt,
    Als ob sie gänzlich wer erkürnt;
Stieß flugs die finger in die nas,
Welchs dann der rechte bossen was,   2220
    Und macht ir selbs zu schwaisen die,
    Sprach eilend: „Ach, was geschicht mir hie!
Erlaubet mir, ich muß hingon
Ain wenig, bis mirs blut thut ston,
    Als dann will ich bald widerkeren."   2225
    Man ließ sie gehn mit großen eren.
So bald sie nur kam für die thür,
Luf sie mit wunder schneller gir
    Ir kammer zu, als ob es brant.
    Ich saß noch oben im gewand,   2230
Maint nicht, das sie uns bürsten solt,
Sonder das sie nur brünzlen wolt;
    Darum mein eltern ain klains schliefen,
    Aus miede von dem gehn und schliefen.
So bald sie aber kam zum bett,   2235

2200 Alles glücke. — 2204 hön, höhnisch. — 2218 erkürnt, bis auf den
Kern getroffen (fehlt in Grimm's Wörterbuch). — 2221 schwaisen, schweißen,
bluten. — 2234 schliefen, schlüpfen, kriechen.

          Löst sie sich auf schnell auf der stett,
          Und macht ir weite, umzutasten,
          Und laurt ganz fleissig, wa wir rasten,
          Griff darauf in aim augenblick
2240   (O du betrogen böses glück!)
          Mein vatern mir gleich an der seit.
          Ach jamer, ach der bösen zeit!
          Ich kan nicht wissen, wie mir war,
          Ich war verirt vor angsten gar,
2245   Insonderhait da ich must sehen,
          Meim vater seinen hals umtrehen.
          Hei, warum bin ich nicht auch bliben
          Auf der walstatt bei meinen lieben!
          Noch het ich gern gerufen sehr
2250   Der muter, das sie sorgsam wer,
          Aber eh ich den mund aufthat,
          Die los flöhmauserin sie hat,
          Rib sie und warf sie an die wand,
          Zertrat sie mit dem fuß zur hand.
2255   O liebe eltern, die aus lieb
          Zu mir, umkamen und mein kieb,
          Ach, solt so schlechtlich ir umkommen,
          Die so aus mancher schlacht sind kommen!
          Ach, wie kan ich genug mich klagen,
2260   Ich muß nun wie ain wais verzagen.
          Ei, das die los flöhstürmerin
          Ir lebtag kainen bulen gwinn!
          Aber was nutzet mich das klagen?
          Ich muß von meinem fall dir sagen:
2265   Nach dem mein eltern also gieng,
          War ich verstörzt gar ob dem ding
          Und wust schir um mich selber nit,
          Stund stock still und gieng nit ain tritt;
          In dem so greift di flöhunru
2270   Nach mir mit baiden händen zu,
          Walgert und blotzt mich heßlich ding,
          Das auch der wust wuest von mir gieng,
          Und richt mich also schandlich zu,

_____

2256 kieb, Streit, Trotz. — 2265 Als es .. ergieng, vgl. 2288. — 2266 ver-
störzt, bestürzt. — 2271 walgern, wälzen; blotzen, reiben, stoßen.

Gleich wie mich hie magst sehen du;
Doch weil sie allzu girig war   2275
Auf meiner vetter andre schar,
   Wolt sie die hend flugs wechseln ab;
   In des bekam ich luft darab
Und walgert allgemach zu tal,
Das zwischen die bain ich ir fall.   2280
   Da bin ich krochen auf all vieren,
   Bis ich mich mocht daraus verlieren.
Wie aber mein freunden sei gangen,
Hab ich erst zeitung heut empfangen:
   Das, als sie an die wand hinsprungen,   2285
   Sie etlich hab zu tod getrungen,
Und fürnemlich ain greulich stück
Begangen an dem Hupfundschlück.
   Gleich wie du vor auch sagtest mir,
   Das klaine kinder auch thun dir,   2290
Nemlich in an ain nadel gsteckt
Und darnach zu aim liecht gelegt:
   Ist das nicht ain schandliche that
   Vom menschen, der vernunft doch hat?
Ja, von aim weib, welchs milt solt sein   2295
Und scheuen ab blut und der pein.
   Aber ich halt dich auf zu lang,
   Mein bruder, und thu dir erst trang,
Dieweil ir mucken nicht lang bleiben
An aim ort, wie wirs auch fast treiben: 2300
   Jedoch, weil du es hast begert,
   Hab ich es dir auch nun erklärt:
Sintemal ainem sein not klagen,
Haißt halber sich der not entschlagen.
   Noch wiewol ich meh hett zu klagen   2305
   Ueber der weiber plagen, jagen,
Und fürnemlich mein eltern frumm,
Und doch, wann ich dran denk, werd stumm,
   So will ich es itzund einstellen
   Und es dem Jupiter befelen.   2310

Muck.

Zwar, bruder, ich hab wol vernomen,
In was für leiden du bist komen,

Und ist mir herzlich für dich laid
Wie auch für deine eltern baid;
2315   Aber das ich dich nicht beklag,
Wie alte weiber hant ain sag,
    Wann ainer bricht ain bain entzwai
    Sei glück das er nicht gar tod sei:
So sag ich, das dein unfall zwar
2320 Wol ist zu klagen und dein gfar.
    Dann wie mögen die menschen doch
    Sein so vergönstig, neidig noch,
Das sie auch solle dis vertriessen,
Wann man irs uberfluß will gniessen?
2325   Wie stünd es um das menschlich leben,
    Wanns mör von im kain wasser gebe?
Was nimts, wann menschen euch lan schöpfen
Das blut, welchs sie heraus sonst schrepfen?
    Jedoch weil dis nicht trösten haißt,
2330   Wann man den unfall erst hoch spreißt,
So must du denken, das dus auch
Villeicht hast ubermacht zu rauch,
    Und billich die straf hast bekomen,
    Damit du nicht möchst gar umkomen,
2335 Dann ain verbrent kind scheucht das feur,
Komt also feur im auch zu steur.
    Dann also ist uns auch gegangen,
    Da wir mucken hant angefangen,
Den leuten auf die nas zu sitzen,
2340 Da haben sie, die nas zu schützen,
    Die muckenwedel gfüret ain:
    Ich wolt, es müst ohn wadel sein
Ain jeder muckenwedelmacher,
Dann es sind rechte hagelbacher.
2345   Also glaub ich, das ir auch wolten,
    Das sie flöhfallmacher sein solten.
Aber bös wünschen macht kain schrund,
Aber bös thun, das macht ain wund.
    Drum sind dein eltern schon gestorben,

2322 vergönstig, misgünstig. — 2332 übermacht, übertrieben; rauch,
heftig, grausam. — 2336 zu steuer kommen, zu Hülfe, zu gute kommen. —
2342 wadel, penis. — 2344 hagelbacher, Hagelbäcker; vgl. 365.

Ist ir geschlecht doch nicht vertorben, 2350
Sintemal es in dir aufgaht,
Und baust was in inen abgoht:
 Wer aber hinter im verlot
 Ain recher, der ist nicht gar tod.
Haben die Römer schon geschlagen 2355
Hanibals vater in sein tagen,
 Ist doch der Hanibal fürkrochen,
 Der hat den vater wider grochen.
Allweil ain floh noch krichen kan,
Und ain weibsbild zart flaisch wird han, 2360
 So lang wird bleiben auch ain streit
 Zwischen baid tailen nur aus neid.
So bist auch nicht derselb allain,
Der von den menschen leidet pein,
 Es sind doch schier kain creaturen 2365
 Die iren mutwill nicht erfuren;
Beseh man nur des hasen klag,
Und was die nuß beim Naso sag:
 Drum seufzen sie auch stets auf erden,
 Das sie möchten erledigt werden. 2370
Es würd sich ainmal endern müssen,
Oder man würd nicht gehn auf füssen,
 Es würd ainmal sich alls verkeren,
 Wann das wüst kochen würd aufhören,
Und all leut unter sich ains werden, 2375
Ain münz und glaub würd sein auf erden.
 Alsdann werden die frauenbilder
 Auch werden gegen flöhen milter.
Ich glaub, der frid wer auch gmacht eh,
Wann weiber trügen kain belz meh, 2380
 Dann ir flöh mainen, euch gebür,
 Das in den belzen stecken ir,
Dieweil der erst floh, wie man meldt,
Ward drein geboren auf die welt.
 Hinwider die belzpuppen mainen, 2385
 Sie dörfen in dem belz gar kainen,

2367 Hasenklage: ein Gedicht von Hans Sachs, I, 503, vermuthlich zuerst
als Bilderbogen. — 2368 Naso, Ovid, dem eine Elegie de nuce zugeschrieben
ist, in der die Schicksale der Nuß erzählt werden.

5 *

Der iren belz mit in hab gmain:
Kommen also nie überain:
   Daraus dann würd ain belzenstreit,
2390   Der so vil flöhblut kostet heut.
Wolan, dem sei nun wie man wöll,
Kain urtail ich darüber fell,
   Sonder bevehls dem Jupiter,
    Wie dann auch selbs ist dein beger:
2395 Der würd wol deine unschuld rechen
Und der flöhkatzen unbill brechen.

Floh.

Ja Jupiter, du rech und brech,
Und strafe die flöhpeinigerin frech,
   Störz um das fegfeur aller flöh,
2400   Leid kaine belzklopferin meh,
Töd die flöhstörck und die flöhzazen,
Die uns ohn unterlaß stets fatzen,
   Da wir doch, wie heuschrecken, nicht
    Verderben auf dem land die frücht,
2405 Noch in die weingart fallen ein
Wie staren, so schaden dem wein:
   On das wir unsern durst was leschen,
    Es sei aus teschen oder fleschen:
Mit disem muß ich sein ernert
2410 Weil ich kain ander handwerk lert:
   Noch verdrüß die flöhstiberin,
    Wann ich nur an aim herlin spinn.
Wie seid ir weiber auch so zart,
Das unser kützeln euch dunkt hart?
2415   Wir sind doch bschlagen esel nit;
    Und hant wie schaf kain harten trit.
Ir solten schemen euch, zu sagen,
Das ain solch klain tier euch soll plagen,
   Ja euch dazu in harnisch bringen,
2420   Als ob ir wolten teufel zwingen.
Wie komts, das ir den nutz verdecken,
Wann wir die schlafend megd aufwecken,

2401 z a z e n, Hündinnen, Jagdhunde. — 2402 f a t z e n, necken, beunruhigen.
— 2407 w a s, etwas, ein wenig.

Beſſer als in dem haus kain han?
Aber der neid kan nichts verſtan.
O Jupiter, groß iſt dein ſinn,   2425
Das diſe flöhverfolgerin
   Nicht zu krigsleuten haſt gemacht,
   Sie ziehen ſonſt mit aller macht
Ins feld wider die armen flöh
Und theten in mit ſchießen weh;   2430
   Man könt in nicht gnug büchſen machen,
   Noch pfeil und flitſchen zu den ſachen.
Und da ſolchs inen ſelen thut,
Sind ſie ſogar von tollem mut,
   Das ſie oft gott anrüfen dörfen   2435
   Um ain flöhlin, welchs ſie thut ſcherfen:
Wie der, da im ain floh entran,
Ruft den ſtarken Herculem an,
   Das, weil er all ſcheuſal und wunder
   Mit ſeinem kolben ſchlüg herunder,   2440
Er im auch ſoll hie beiſtand thun
In ains floh uberwindung nun.
   So gar hat ſie der neid beſchiſſen,
   Das ſie zu beten nicht recht wiſſen:
Sie werden bald um hilf auch bitten   2445
Die riſen, ſo den himmel bſtritten.
   Aber, du grechter Jupiter,
   Der das gering achtſt wie das ſchwer,
Du wirſt urtailn nach grechtigkait,
Und ſtrafen nach deinr mächtigkait.   2450
   Das thu ich nun, ſamt allen flöhen
   In aller andacht dich ſehr flehen.

Muck.

Alſo, mein bruder, thuſt im recht,
Das du es Jovi befilhſt ſchlecht,
   Der würd dein bitt gwis nicht verſchmehen,   2455
   Weil er kain unrecht laßt geſchehen:
Dem will ich auch befelen mich,
Was mir geſchicht unbilliglich:

2422 flitſchen, Pfeile; vgl. Garg. 195, 35. — 2438 aus Camerar. 1544
S. 121 fg.; Aesop, Korai 61.

Aber wir habens lang gemacht,
2460   Es fellt itzunder ain die nacht;
Derhalben, wilt du bei mir bleiben,
Will ich dir hie ain herberg bschreiben.

Floh.

Ja, wann mir wüßst ain sicher gmach,
Du aber wonst gern unterm tach,
2465   Darunder mir alls übel gschah,
Darum ich nicht gern zuhin nah.
Het ich die nacht nur herberg hie,
So wolt ich morgen auf sein früh,
Und raisen auf sant Pulican,
2470   Mein wunden da zu raten lan.

Muck.

Ich will dir ain gut herberg sagen,
Da du dich sicher magst betragen,
Drinnen im haus ain hündlin ist,
Das schlaft itzund zu diser frist,
2475   Dem sitz zwischen das halsband hnein,
Da würstu gwis gar sicher sein:
Dann es bis morgen nicht erwacht,
Da hat man deinen gar kain acht.

Floh.

Ich dank dir für dein guten rat,
2480   Dem will ich folgen mit der that.
Hiemit wünsch ich dir ain gut zeit,
Das dir nicht schad der spinnen neid.

Muck.

Hinwider wünsch ich gsundhait dir,
Das dich das weibergschlecht nicht rür,
2485   Und das all die flöhpalgerin
Bekommen ainen andern sinn,

2466 zuhin nah, hinzu nähern.

Und nicht nachschlagen meiner spinnen,
Das man nicht sag villeicht von inen,
    Sie seien giftig wie die spinnen,
      Welchs zwar brecht ain groß nachtail inen.   2490
Hiemit, mein bruder, ain gut nacht,
Das dich der hund heut wol verwacht.

Notwendige verantwor=

tung der weiber auf die unbendi=
ge klag des flöhbürstlins, samt desselbigen
ausfürlichen und rechtgebürlichem vertrag und
urtail, gestellet aus volgegebner macht des Ju=
piters, durch den flöhcanzler und obersten
flöharzt, und zu trost der frauen=
weis, und zu troz dem
flöhgeschmaiß.

Boz laus, ir flöh, flicht all von hinnen,
An weibern werd ir nichts gewinnen,
    Ir secht am haz hie, den sie treiben,   2495
    Das sie noch eure erzfeind bleiben,
Derhalben könt ir hupfen, springen,
So möcht ir euch von dannen schwingen.
    Das wil ich euch, ir schwarze knaben,
    Mit großem ernst geraten haben,   2500
Maint ir, die weiber lan sich reuten
Von euch, die es vom man kaum leiden?
    Wiewol ich erst hab diese tag
    Vernommen euer grosse klag,
Die ir zu Jupiter dann thaten   2505
Vom weibervolk, so euch sehr schaden.
    Aber ir falsche flöh kommt her!
    Ich will euch sein der Jupiter

2492 verwachen, bewachen, beschützen. — flöhcanzler, nach Murner's
Geuchkanzler gebildet. — 2493 flicht, fliehet.

Und das recht von seintwegen sprechen,
2510   Auch über euch den stab nun brechen.
        Dann ich bin der flöhcanzler worden,
        Der euch sol bringen in ain orden;
    Der weiber arzt, notarius,
    Ir fürsprech, secretarius.
2515   Mit tonnerwurz und rinderschmalz
            Hab ich mich schon gespickt, gesalzt,
    Das ir mir doch nicht schaden mögen,
    Wann ir euch all wider mich legen:
            Wann ir schon schöne fechtsprüng thut,
2520   Bringt euch das springen doch kain blut:
    Hupft her, ir werdt mich nimmer temmen,
    Wann ir die leus zu hilf auch nemmen:
            Dann mein hemd ist bestrichen leis,
            Mit safran auf die schottisch weis.
2525   Und wiewol ich befüget wer
        Aus voller macht vom Jupiter,
            Das ich euch gleich sprech den sentenz,
            Doch das ich dis gricht recht ergenz
    Und sehen möcht, wie unbetrogen
2530   Wir euer sachen hant erwogen:
            Mit samt der weiber beschwerden,
            Die wir von inen teglich hörten;
    So will ich überweisen euch,
    Eh ich euch schröck mit urtail gleich.
2535   Wolher, so will ich disputiren,
            Euch in die schul ain wenig füren.
    Was ist dann euer große klag?
    Ist das nicht euer aigen sag?
            Das euch dahin der mutwill bring,
2540   Das man euch also töd und tring?
    In dem ir nicht benügt an gringem,
    Wolt allzeit nach vil höherm ringen?
            Tracht aus dem staub gleich auf den hund,
            Vom hund gleich auf das weib zur stund,

2521 temmen, dämmen, einschränken, bezwingen. — 2525 befüget, be=
fugt, beauftragt. — 2531 Im ersten Drucke 929: „Darneben auch der weiber
beschwerden", was Fischart, um den Vers zu regeln, änderte, ohne zu beachten,
daß er denselben doch verderbte. Das blieb dann bei spätern Drucken un=
verbessert.

Wolt von der vihmagd auf die frau?   2545
Die euch dann suchet gleich genau,
　　Weil sie mehr weil hat, dann die magd,
　　Das sie euch aus den klaidern jagt?
Verfürt euch also stolz und schleck,
Das man euch also blöck und stöck: 2550
　　Wann ir bei euern hunden bliben,
　　Würden ir nicht so umgetriben!
Doch die schoßhündlin man nicht maint,
Dann sie den weibern sind gefreund,
　　Also das sie die flöhen müsen;   2555
　　Dann wann sie euch flöh daran lisen,
Würden sie euch bald von in erben,
Inen zu aigenem verterben,
　　Dieweil ir so gar erblich seid
　　Gleich wie die pestilenzisch zeit,   2560
Und stoßt euch willig dar für erben,
Da man doch nach euch nicht thut werben.
　　Ir wolt nur allzeit hoch ans bret,
　　Gleich von der erden auf das bett,
Und ist euch gleich wie jener spinnen,   2565
Die auch zu hof wolt groß beginnen,
　　Spannt im pallast ir netzlin aus,
　　Da kam ain ketschjungfrau heraus,
Die zerstört irn das künstlich gspunst
Mit ainem besam gar on kunst: 2570
　　Also wolt ir bei weibern stecken
　　In belzen, hembdern und in röcken,
Daraus sie euch doch mannlich schrecken.
Gleich wie die hasen aus den hecken.
　　Dann sie seind euch zu hoch und wert,   2575
　　Das ir sie nur zu rürn begert:
Es ist kain gleichnus zwischen euch,
Ir sind gar schwarz, und sie sind blaich.
　　Ir seht wie hellisch teufelskluppen,

2550 blöcken und stöcken, in den Bock, Fußholz, spannen, in den Stock,
Gefängniß, stecken; martern. — 2562 werben, Botschaft senden, verlangen. —
2565 spinne, in der Fabel vom Zipperlein und der Spinne (Hans Sachs,
I, 455). — 2568 ketschjungfrau, Kammerzofe. — 2570 besam, ahd. pesamo,
Besen. — 2577 gleichnus, Vergleich. — 2579 kluppe, Bündel, Gesellschaft;
vgl. Garg. 285, 24.

2580 Und sie sehen wie himmlisch puppen,
Noch steckt ir bei in frü und spat,
So sie doch euer hant kain gnad.
 Sie hant euch lang krig angesagt,
 Auch euer vorfarn all geplagt,
2585 Noch werd ir nicht aus schaden weis,
Sonder bleibt in zu trotz mit fleiß,
 So thun sie euch nicht unrecht zwar,
 Das sie euch so verfolgen gar,
Und machen itz stutz wider trotz,
2590 Das euch der bauch vor stolz nicht strotz:
 Ir wolt, sie sollen euch beschirmen,
 Aber ir wolt die schirmer stürmen.
Was? wolt ir haben die zu freund,
Die ir stets stecht und pfetzt wie feind?
2595 Das wild, welches die herren hegen,
 Setzt sich seim herren nicht entgegen:
Ir aber wolt, man soll euch hegen,
Und setzt den hegern euch entgegen.
 Sie haben euer kaine ehr,
2600 Drum wollen sie euch nimmermehr,
Sie müssen sich je euer schemen,
Wa sie zu rechten leuten kemen,
 Das sie lifen wie hünd vol flöh,
 Man aus und ain euch steigen seh.
2605 Jener keiser vil golds aim gab,
Der im ain laus het gnomen ab,
 Dann daraus, sagt er, kenn er frei,
 Das er ain mensch wie andre sei:
Aber da auch ain andrer wolt
2610 Mit flöhen gewinnen so vil gold,
 Und im ain floh abgnomen het,
 Da stellt er in gar hart zu red,
Ob er in für ain hund anseh,
Das er lauf wie ain hund voll flöh?
2615 So dis ain mannsperson nicht leid,

2589 stutz, Aufbäumen, wie die Widder, wenn sie stoßen wollen. — 2605 kei-
ser, wol der König Ludwig XI. von Frankreich, von dem Gast (sermon. con-
viv. 1, 170) diese Geschichte erzählt, die dann im Flöhhatz 1610 Fiij. gereimt
steht; vgl. Elf Bücher deutscher Dichtung, 1, 177.

Der doch nicht acht der zierlichkait:
Wie vil minder ist es zu leiden
Den weibern, so rain sind wie kreiden.
　　Darum so müssen sie sich weren,
　　Das ir sie nicht in hund verkeren. 2620
Ja, sagt ir schwarz staubbürtig risen,
Ain weibsbild soll nicht blut vergiessen,
　　Dann es ist wider ire art,
　　Die gmainlich ist barmherzig zart.
Ei ja, man solt euch dazu lonen 2625
Und euer weißen haut dran schonen?
　　Man solt die hand in busem stecken,
　　Wann ir durch mordstich aine schrecken?
Was? soll man nicht ain mörder richten,
Und ieden frevler mit recht züchten, 2630
　　Und den, der auch ain wenig schad,
　　Aber doch gern meh schadens that,
Auch strafen für sein wenig schaden,
Damit schaden nicht wachs aus gnaden?
　　Wüßt ihr nicht was Esopus schreibt 2635
　　Von ainer, die ain floh zerreibt,
Und er bat, das sie in erlös,
Dieweil er nicht könn thun vil bös:
　　Da sie sprach: „Drum must sterben du,
　　Das sich nicht zimt, das man bös thu 2640
Ainem ohn ursach vil noch wenig,
Dann böse sind allzeit argwönig.“
　　Und wer wolt euch was guts zutrauen,
　　So aim ab euerm gsicht solt grauen?
Das gsicht zaiget nichts redlichs an, 2645
Sonder mörder, wie ir seid dann.
　　Derhalben wird euch nichts beschönen,
　　Das euch die weiber ie versönen,
Allweil ir sie verletzen wolt
Und doch sagen, ir seid in hold. 3650
　　Wie glaubt ich aim, der mich wolt hailen
　　Und mich verwund zu allen tailen?
Was soll man dem wolf lan das schaf

2630 züchten, züchtigen. — 2635 Esopus, Camerar. (Fabl. aesop.) 205. —
2642 argwönig, verdächtig.

Und folt empfangen drum kain ftraf?
2655   Was wer auf erden für ain leben?
          Wa würd die grechtigkait da fchweben?
Wann iedes frevel und arg lift
Gedult würd, und nicht bald vertüft:
          Wann mutwill, raub und freche macht
2660   Würd für ain billichkait geacht?
Da würd diß lied billich gefungen:
Die billichkait hats fchaf verfchlungen;
          Aber, du fchnöde creatur,
          Du würft nicht beffern die natur,
2665   Welche uns hat von kind auf glert,
Das man fich wider unbill wert.
          Was theten wir fonft mit den henden,
          Wann wir zu leibfchutz fie nicht wenden?
Was thet die hurnauß mit dem angel,
2670   Wann er ir fchirmshalb wer ain mangel?
          Es ift kain würmlein nicht fo klain,
          Es krümt fich, wirfft man drauf ain ftain;
Der hund erleid nicht euer ftich,
Er fchnappet nach euch beißiglich,
2675   Und weiber, die zart flaifches fein,
          Solten erleiden euer pein.
Und durch fo fchlimm verechtlich tier
Gehönt und gftupft fein für und für:
          O nain, nur auf die hauben griffen,
2680   Biß ir euch aus dem land verfchlifen:
Weiber find drum kain mörderin,
Wann fie fchon richten mörder hin.
          Sonft müft auch der Bapft Julius
          (Danns klain groß gleichnuß gröfen muß)
2685   Ain hur fein, weil er huren pfend;
Was wer das für ain argument?
          Der würd nicht blutdürftig gefprochen,
          Der unfchuldig blut hat gerochen?
Dann man foll das bös undertrucken,
2690   Damit das gut mög fürher rucken
          Das bös man von der erden thu,

<hr>

2657 iedes, eines jeden, jedermanns. — 2658 vertüft, vertufcht, unter=
drückt. — 2683 Julius II.; vgl. Bienenkorb 1586, Bl. 15, u. 226.

Auf das in ru, das gut nem zu:
Solt man die heuser darum haisen
Wolfshölen, weil sie euch draus weisen,
   So hiesen die stett mördersgruben,   2695
   Weil sie austreiben mördersbuben:
Aber ir müßt es umher keren,
Wann sie litten euch kammerberen,
   Euch weiberwölf, so hieß das haus
   Ein raubhaus, weil ir drinnen maust: 2700
Und wann die stett bös buben dulden,
Können sie solchen nam verschulden.
   Darum ist nichts alls euer schenden,
   Die schand muß sich auf euch doch enden.
Was? solten wir, aller gschöpf zier,   2705
Nicht meh macht haben weder ir?
   Und ir blutzepfer nemt die macht,
   Das ir bis auf das blut uns schlacht?
Wir aber solten solchs nicht dörfen,
Da uns gott alls thet unterwerfen?   2710
   O du schandtier, solst dich vergleichen
   Zun weibern, das sie dir solln weichen?
In dem, das unverschamt sagst her,
Es wer gut das kain weib nicht wer
   Von wegen euer flöhgeschlecht,   2715
   Die sie strafen mit allem recht.
Und waißt nicht, das wann sie nicht weren,
Würdst dich nicht halb so wol erneren:
   Dann wa woltst finden so zart blut?
   Welchs dir für Malvasier wol thut?   2720
Nun, laßt sein, das sie gar nicht weren.
Gleich wie dich alsdann köntst erneren,
   Also ner dich nun, da sie seind,
   Weil den mangel dir bringt dein feind,
Dieweil gleich laut, etwas nicht wissen,   2725
Und das man waiß, nicht können gnissen.
   Auch wann die weiber schon nicht weren,
   Kemen andre, die euch baß scheren,

2694 weisen, im Druck steht: schaissen, was vielleicht eine Assimilation
von chasser sein soll. — 2698 kammerberen (fehlt bei Grimm), Bären, wilde
Thiere, in den Kammern, die sich gegen die Weiber wie Wölfe benehmen.

Dann wann die frösch das bloch verlachen,

2730   Kommet ain stork, der kans in machen.
Was meßt ir euch zu den gwalt
Der euch gar nicht ist zugestalt?
Dann ir solt bhelfen euch im staub,
Gleich wie die raupen in dem laub,

2735   Dieweil ir aus dem staub entspringen.
Aber wann ir wolt weiter ringen
Wie raupen, die nicht allain pfetzen
Am laub, sonder auch frucht verletzen,
So thut man wie den raupen euch,

2740   Und töd euch allen reubern gleich:
Heuschrecken sind unnütze gest,
Noch bleiben sie in irem nest
Bei irem tau, daraus sie kommen,
Und haben in nie fürgenommen,

2745   Das sie uns überlestig weren
Am leib, und unser blut begeren.
Geht zun weisen aumaisen hin,
Die auch, wie ir, sind klain und dinn,
Seht, wie sie tragen, ketschen, lupfen,

2750   Und nicht, wie ir, stets hupfen, stupfen.
Und wann schon die heuschrecken auch
Was schedlich sind nach irem brauch,
So wert es doch nur durch den summer:
Ir aber thut auch an vil kummer

2755   Den weibern in dem winter kalt,
Und hengt euch bei in an mit gwalt,
Versteckt euch bei in allenthalben,
Doch nicht der meinung, wie die schwalben,
Die still ins mur im winter ligen,

2760   Das sie aufn sommer wider fligen.
Oder gleich wie das murmeltier,
So schlaft den winter für und für,
Sonder das ir sie plagen, nagen,
Und sie oft in den harnisch jagen.

2765   Solt man nicht dem unruhig gschöpf

2730 stork, Storch (Camerarius 182. Froschmeuseler 2, 4—5.) — 2744 in,
ihnen, sich. — 2749 ketschen, schleppen; lupfen, heben. — 2759 mur,
Schlamm.

Zerknitschen alle derm und köpf,
   Euch an den hals ain mühlstain henken
   Und in dem tiefsten Rein ertrenken?
Ja man solt euch vier töd anton,
  Weil ir schaden bei sonn und mon,   2770
   Und nicht allain bei tag angreifen,
   Sonder wie dieb bei nacht umschwaifen;
Bei nacht schedigen sehr die ratzen,
Bei tag der frucht vil mehr die spatzen,
   Aber ir kains braucht tag und nacht   2775
   Gleich wie ir solches ubermacht.
Habt ir schon nie kain frucht zerbissen,
Beißt ir doch die, so der frucht gnissen.
   Habt ir schon nie kain roß gestolen,
   Habt ir doch blut geraubt verholen.   2780
Stechen auch schon die binen hie,
Thun sies, wann man erzörnet sie:
   Ir aber ungeraizt auch stecht,
   Und haut, wie in den baum der specht:
Wann ir schon nicht wie wendleus stinkt,   2785
Doch schwarzen teufelskat ir bringt,
   Kan man schon euer saich nicht finden,
   Glaub ich doch genzlich, es sei binten,
Dann ir seit wol so teuflisch schwarz,
Das ich glaub, ir scheist bech für harz.   2790
   Wann ir wie scorpion nicht giften,
   Doch ir mancherlei krankhait stiften,
Mit dem, das ir so blötzlich schrecken
Die leut mit euern blutgen flecken.
   Ich waiß wol, was ir für werdt keren,   2795
   Das nemlich ir euch so müßt neren,
Und das das blut sei euer speis;
Aber solchs hat sein maß und weis.
   Dann Jupiter hat euch zugeben,
   Das ir vom tierblut sollen leben,   2800
Von meusen, ratzen, hunden, katzen,
Die euch sein können wider kratzen,
   Oder vom todtenaß und flaisch
   Davon dtier leben allermaist,

2776 übermachen, übertreiben.

2805 Und nicht vom menschen, der bei leben
Ist kainem tier zur speis nicht geben.
Dann so der Jupiter nicht wolt,
Das ir die pferd angreifen solt,
Dieweil sie uns sind dinstlich nutz,
2810 Wie vil mehr hat er uns in schutz,
Und will nicht das ir uns vil stechen,
Weil wir uns toppel können rechen,
Und euch geschmaiß so gröblich strelen,
Das euer mit der weil vil felen.
2815 Und gewiß, wann nicht euer gschlecht
Gar überschwenglich samen brecht,
So wer schon euer stam zerknitscht,
Also hant weiber euch gepritscht.
Aber wann sie hie neun erlegen,
2820 So wachsen zehen dort dagegen,
Wie Herculis tot wasserschlangen,
Aus denen andre gleich entsprangen:
Welchs anzaigt euer narrhait zwar,
Das ir euch gebt in offne gfar,
2825 Und wolt euch neren under feinden,
Da man sich heut kaum nert bei freunden.
Jedoch ists, wie ir selber sagt,
Das ir euch schlecks halb also wagt,
Und wolt kurzum nur wildpret schlecken,
2830 Das süß frisch blut muß besser schmecken,
Gleich wie dem esel: dem am rand
Das wasser nicht meh schmackt zu land,
Sonder trat in ain schiff darauf,
Damit aus mittelm Rein er sauf:
2835 Aber was gschach? loß gieng das sail,
Ersauft den schiffman esel gail.
Also gahts auch euch bettgailn gsellen,
Wann menschenblut ir schlucken wöllen,
Das euch das schlecken wird zum schrecken,
2840 Und die rotflecken zum tod strecken.
Dann wann die katz will hefen lecken,
So büßt man ir den lust mit stecken.

————————————

2813 strelen, kämmen, striegeln. — 2831 dem esel, vgl. Schwänke 201:
Des Esels Schiffahrt; Garg. 347, 19.

Waher es aber komt, möchst fragen,
Das flöh sich zu den weibern schlagen,
Das will ich ainem kürzlich sagen.   2845
Es hat sich also zugetragen:
      Da Eva nun vil kinder het
      Und aber darzu gar kain bett,
Wund sies in ir belzwerk bewert,
Und legt sie warm zum feur bein herd.   2850
      Da nun die kinder auf die erd
      Ir pläslein oft hand ausgelert,
Und darauf schien die sonn sehr haiß,
Da ward daraus das flöhgeschmaiß,
      Welchs bald unrüwig ward und sprang,   2855
      Weil Eva iren kindern sang,
Mainten, das man zu danz in sing,
Weil kain heuschreck ungsungen spring.
      Schloffen demnach zur werme gleich
      In belz, dieweil sie waren feucht,   2860
Da wuchsen sie mit großem haufen
Weil nieman sie that überlaufen.
      Dann weil sie nieman nit beschwerten
      Und sich im wust von belzen nerten,
So ward in nieman darum gram,   2865
Bis das zu lezt ain hundsfloh kam,
      Den Eve hund hett fürgezogen
      Mit stoßung seiner elenbogen,
Der war gewont der greulichkait
Und biß dem kind rot flecken brait,   2870
      Dann im schmackt das jung kindsblut sehr,
      Hackt drein, als ob es hundsfell wer,
Und lert die andern flöh desgleichen,
Die willig im nach theten streichen,
      Weil sie in, größ halb, in irm reich   2875
      Für ainen könig schetzten gleich,
Verhofften auch so groß zu werden,
Stachen die kind, die sich nit werten,
      Welchs dann die kinder schreien macht,
      Das Eva nicht viel schlief bei nacht,   2880
Bis morgen sie besah die kind,

2847 E v a , selbst erfundene Geschichte.

An dem sie gleich rot flecken sind,
    Da wust sie nicht daraus zu schliessen
    Maint, purpeln wurden draus entspriessen.
2885 In dem ersicht sie zwen schwarz mörder,
    Die mit dem stich anhalten herter:
    „Sih, seid ir hie, ir klain schwarz teufel?
    Ir kommet von der schlang ohn zweifel,
    Das ir die kind stecht und vergift
2890 In irem schlaf solch unruh stift.‟
    Und zornig gleich reißt sie die windel,
    Sticht nach dem hundsfloh mit der spindel,
    Er aber entsprang bei den herd,
    Sie auf der spur eilt nach unbschwert,
2895 Und jagt ins feur den kinderpfetzer,
    Das er verbrant, gleich wie ain ketzer,
    Und als er lies ain grossen knall,
    Maint sie, er spott ir in dem fall.
    Bis sie den andern auch auftrib,
2900 Und in lang zwischen fingern rib
    Und legt in darnach auf ain brett,
    Zu sehen ob er zen auch hett,
    Und maint nit anders, er wer tod.
    In dem sie ain weil bei im stoßt
2905 Da wischt er auf und floh darvon.
    „Ach‟, sprach sie, „das ist wol ain hon,
    Vom fliehen, will ich floh dich nennen,
    Dich allenthalb berennen, trennen;
    Dann wer da fleucht, den soll man jagen.
2910 Und wer verzeucht, den soll man schlagen.‟
    Fieng darauf an, durchsucht die kinder,
    Aber die flöh warn vil geschwinder,
    Sie sprangen von aim belz in andern
    Und theten all zu Eva wandern.
2915 Da hat die gut frau wol zu weren,
    Dann weil sich die flöh mechtig meren
    Must sies ir lebtag krigen, mörden,
    Dieweil sie täglich erger werden.
    Daher komts, das ir weiberstieber
2920 Noch teglich seid bei weibern lieber,

2884 purpeln, Masern, Friesseln.

Weils erstlich wolten euch verjagen,
Und noch die belz fast an in tragen.
    Habt noch vom ersten Evastreit
    Zun weibern ainen alten neid.
Was dörft ir schwarz belzstieber dann   2925
Die weiber unbills klagen an?
    Was habt ir ire belz zu stürmen?
    Wa man will stürmen, muß man schirmen.
Sie haben euch gekauft kain belz,
Ir kain kain macht im fremden ghölz: 2930
    Wie manchs gut weiblin het sehr lang
    Ain belzlin, thet nicht euer trang.
Aber da sie stets drein muß klopfen,
Und hin und wider ropfen, zopfen,
    So muß sie wol den belz verterben   2935
    Und sich um andere bald bewerben;
Bringet sie also um das gelt,
Das sie zur not oft nichts behelt.
    Wie manche het an aim genug,
    Wann sie nicht müst euch zu betrug   2940
Ainen stets henken für den laden,
Herab zu sprengen euch belzmaden,
    Und ain andern frisch ziehen an
    Vor euerm flöhschwarm ru zu han,
Was? seid ir nicht ain neidig gschöpf,   2945
Und schwarz unruhig teufels köpf,
    Das ir inen wolt bis erlaiden
    Welchs inen gott thet selbs beschaiden?
Dann hat nicht gott im ersten garten
Der Eva ain gaisbelz beraten?   2950
    Und ir wolt sie dazu bewegen
    Durch plagen vil in hinzulegen?
Ich wais, wann sie die belz hinlegten
Das ir euch in die haut einlegten,
    So gar seid trotzig ir belzreuter,   2955
    Und der weiber recht erzmordneider.
Ir habt es erstlich angefangen,
Und seid des noch nicht müsig gangen,
    Billich wer greulichkait thut üben,
    An dem würd greulichkait getriben.   2960
Frösch müssen ainen storken haben,

Reubiſch nachtraben die galgnraben,
   Dieſelben, welche blut vergieſſen,
   Nimmer ains guten ends genieſſen;
2965 Darum muß die blutmuck zerſpringen,
   Wann ſie wil blut vom menſchen zwingen,
     Und under euer ſchwarzer rott
     Nimt kainer nicht ain rechten tod.
   Gleich wie man von tirannen ſpricht,
2970 Das on blut zur höll kainer zicht,
     Und wie ain weiſer ſagen thet,
     Ungwonters er nie gſehen het
   Als ain altbetagten tiran,
   Und zu mör ain alten ſchiffman,
2975   Alſo mit warhait ſag ich do,
     Das ich ſah nie kain alten floh,
   Dann all, die ich ſah und ſeh do,
   Sind ſchwarz und nimmer blo noch gro,
     Darum ſo werd ir nimmer graten,
2980   Weil ir kain alt habt, die euch raten:
   So gdunk euch nun nicht wunderbar,
   Das ir nicht grau werd von geſar
     Sintemal diſe grauen nimmer,
     Die weder ehr noch ſchand bekümmert.
2985 Und welche nicht grau wollen werden,
   Gleich wie ir morddib, die ſtets mörden,
     Die muß im ſchwarzen har man henken
     Das iren graue leut gedenken.
   Fürnemlich die den grauen leuten
2990 Nicht wollen iren ehr erbieten;
     Gleich wie ir habt ain alten ſit,
     Das ir des alten ſchonen nit,
   Der alten weiber und matronen,
   Deren man ſolt vor andern ſchonen:
2995   Ja, ir ſchont auch nicht anzuhauen,
     Die ſchwerleibige ſchwanger frauen,
   Die doch on das ſind bald zu ſchrecken
   Das ſie all vier bald von ſich ſtrecken,
     Und mag ſich leicht etwas verkeren
3000   Das ſie ain entechriſt geberen,
   Drum ſagt man, das aim ſchwangerm leib
   Man aus dem weg ain heuwag treib,

Und wer ain schwangern leib verletzt,
    Wird für ain toppel mörder gschetzt;
Ir aber solche recht veracht,   3005
Drum kumt ir billich in die acht,
    Das man euch erlaubt allen daumen,
    Die gsottne aier können raumen,
Weil ir seid zwai, drei, virfach mörder,
Und wie man euch mag nennen herter.   3010
    Dann wie manch misgeburt habt ir
    Verursacht, und manchs schrecklich tier?
Und das menschlich geschlecht geschendt,
Das man es nicht vor tieren kent?
    Wie manche haben ir hautschinder   3015
    Gebracht um ire frucht und kinder?
Wann ir so plötzlich platzt hinein
Als schüt kalt wasser man auf ain.
    Was dörft ir dann verwundern euch,
    Das weiber, so sind milt und waich,   3020
Eueren hochmut trucken under?
Sie habn mehr ursach, daß sie wunder,
    Wie in solchen staubklainen secken
    Könn so grosse greulichkait stecken.
Sind frauen dann, wie ir sagt, zart,   3025
Warum beißt ir sie dann so hart?
    Und sind euer waidwerk allain?
    Aber diß wird die ursach sein,
Dieweil ir wißt, das euer spieß
Sie meh dann ain bauren verdrieß,   3030
    Und das euch freut, die meh zu plagen,
    Die es am minsten können tragen.
Da spürt man die halsstarrigkait,
Die den weibern thut als zu laid,
    Und sich nur alles deß befleißt,   3035
    Was das edelst geschöpf verdreußt.
Und so ich recht die warhait rürt,
Wie sich aim flöhcanzler gebürt,
    So muß ich schier erschrecken heut

3007 erlaubt allen daumen, zum Knicken preisgibt, daß man jedem
Daumen erlaubt, euch zu tödten. Die in die Acht Gethanen waren vogelfrei;
vgl. 3643. — 3015 haben, habt.

3040   Ueber euer unsinnigkait,
            Das ir euch wagen dörft so frisch
            Hinder ain volk, das listig ist:
                Ja das listigst, wann ichs dörft sagen,
                Und es weiber möchten vertragen.
3045   Wie ir solchs selbs gebt zu verstehn,
            Und wolt ir doch nicht müssig gehn:
                Billich aber brauchen sie list
                Gegen aim feind, der teuflisch ist,
            Und inen gar ist überlegen
3050   Mit der meng, die kain macht mag legen:
            Und wann man euch mit list nicht temmt,
                Ir trügen. sie hin mit dem hemd,
            Gleich wie die beren in Nordweden
            Etwa den königstöchtern theten,
3055   Und wie die wölf aus menschen gwandelt
                In Litthau haben lengst gehandelt,
            Und wie die gail gaißmennlin pflagen,
            Die schön weibsbilder hinweg tragen,
                Und wie der Jovisch ochs that dort,
3060   Der Jwo die jungfrau trug fort,
            Und wie der Jovisch adler thete
            Mit dem himelsschenk Ganimede;
                Wiewol es die aus liebthat thaten,
                Ir aber theten es zu schaden,
3065   Nicht, das ir euch mit in ergetzt
            Sonder aufs eusserst sie verletzt,
                Gleich wie die Juden darum stelen
                Die christenkinder, sie zu quelen
            Und ir blut mit nadeln und pfrimen
3070   Heraus zu stechen und zu grimmen.
                Solt man nicht brauchen list und strenge
                Wider ain solch blutdürstig menge?
            Und denen brechen ab mit list
            Deren man sonst nicht mechtig ist?

3046 ir, ihrer, der Weiber. — 3046 müssig gehn, entbehren, von ihnen
ablassen. — 3052 trügen, trüget. — 3053 aus Olaus Magnus 18, 22; Nord=
weden, Norwegen; vgl. Kehrab 637. — 3055 Werwölfe. Die Verse 3045—3124,
die im ersten Druck fehlten, sind mühsam hinzugesucht, aus Olaus Magnus
18, 10 und andern genannten Autoren. — 3057 gaißmennlin, Satyre und
Faunen. — 3060 Jwo, Jo?; aber gemeint ist die Europa.

Ja warlich thut es sehr vonnöten 3075
Dem weibervolke, euch zu töten;
Jr machen sie sonst gar leibaigen,
Das ir sie wie ain pferd besteigen,
    Wie Tamerlam den Bajazet,
    Welchen er in aim käfig het, 3080
Und im, wann er zu pferd wolt steigen,
Must zu aim fußbank sich darnaigen:
    Ja wann sie nicht auch sind gar listig,
    Spotten ir iren darzu lustig,
Gleich wie ir spott der frommen magd, 3085
Welche, als ir sie bei liecht plagt,
    Das liecht löscht, euch dardurch zu blenden,
    Das ir sie nicht im finstern fenden.
Aber was gelt es, wa heut aine
Solchs thun würd, dann ich kenn gwis kaine. 3090
    Sie werden liechter eh anzünden,
    Das sie euch kammerfechter finden,
Und bei dem liecht euch braten fein
Und nemmen euch den sonnenschein:
    Sie erdenken eh heut flöhfallen, 3095
    Damit sie euch nur wol bezalen.
Und wiewol ir sehr flucht im sinn
Der flöhfallen erfinderin,
    Geht katzengbet doch nicht gen himmel,
    Vil minder euer flöhgebrümmel. 3100
Dannoch wird die, so sie erfand.
Stets werden gerümt euch zur schand,
    Und mit der weil zum ehrgemerk
    Gsetzt zun erfindern guter werk,
Wie deren vil setzt Plinius 3105
Und Polidor Vergilius:
    Weil der fund meh zu rümen ist
    Als der die kachel fand zum tisch,
Und der den latz fand an das gfäß,
Auch allerlei schleck und gefräß: 3110

3085 magd, vgl. oben 1557. — 3105 Plin. Hist. nat. lib. VII. — 3106 Polydor Vergilius, ein italischer Gelehrter, gest. 1555 zu Urbino, schrieb ein Buch de inventoribus rerum.

Auch der da schmidt das kuderwelsch,
Und die geschrift mit zifern gfelscht:
Auch bretspiel würfel, hölzern spiß,
Und der erstlich krebsfangen wies
3115   Sintemal der flöhfallen fund
Meh nötig ist zu aller stund,
Von wegen schützung menschlichs leibs,
Und fürnemlich des edlen weibs.
Darum, wann ir der weiber list
3120   Wolt absein, so temmt euer glüst,
Dan wer ainen in harnisch bringt
Derselb auch ain zu schlagen zwingt.
Sie haben euch gelegt viel luder
Noch bleibt ir stets des Achtsnit bruder,
3125   Denkt ir nicht an die guldin ketten
Daran sie euch geschmidet hetten?
Oder an eisen schwere blöck,
Da sie euch schlugen in die stöck?
Oder ans halsband und gebiß?
3130   Wie etwan sie anlegten diß
Ainem euerer rottgesellen,
Den sie zum schauspiel theten stellen,
Und fürten in herum im land,
Gleich wie die moren den helfand,
3135   Oder wie gaukler heut hantieren
Die adler, löwen umher füren:
Man fürt in aber in aim belz
Und nam man von im auf viel gelts,
Dann ieder sehen wolt den affen,
3140   Der weibern gibt so viel zu schaffen,
Und freuten sich seins unglücks all,
Das man diß wild tier brecht in stall.
Ach diser hon solt euch abschrecken,
Das ir nicht meh die weiber wecken,
3145   Wa ir nicht gar halssterrig weren,
Und mutwillig den tod begeren:
Noch rümet ir stets euren list

3111 kuderwelsch, Theophil. Folengo, schrieb unter dem Namen des
Merlinus Coccaius: „Macoronica" (Venedig 1517); vgl. Grundriß §. 167. Hilde-
brand nach der Lesart kinderwelsch in der Ausgabe von 1594: „Geheim-
sprache der Kinder." — 3112 Chifferschrift.

Der doch nichts gegen weibern ist:
Sie sind euch vil zu listig vil,
Sie wissen auf euch tausent zil: 3150
    Aus was für ursach mainet ir
    Das sie belz tragen für und für?
Warlich nur drum, das ir drein schliefen
Und sie euch darnach drinn ergriffen.
    Dann belz und brusttuch sind der wald,   3155
    Darin sich das schwarz wilbret halt.
Daher hat jene edelfrau,
Damit sie euch nur wol verbau,
    Zwen belz getragen unbeschwert,
    Und das rauchst fein zusammen kehrt,   3160
Auf das ir euch dazwischen ein
Verschlagt, und sie euch ausnem fein.
    Aus was für ursach haben sie
    Die hündlein bei in spat und frü
Und wenden so groß kosten dran,   3165
Das sies aus Malta bringen lan?
    Furwar nur drum, das die mistbellen
    Euch fangen auf in iren fellen,
Und euch darnach die zarte weibeln
Heraber kleubeln und recht heubeln.   3170
    Warum lan sie die busen offen,
    Als weren jung hüner draus gschloffen?
Nur, das sie faren aus und ein
Und euch erhaschen bei aim bain.
    Warum han sie die finger gspitzt   3175
    Unter dem fürtuch in dem schlitz?
Nur drum, das sie euch gleich ertappen,
Geben mit fingerhut ain schlappen.
    Warum lert die mutter das kind,
    Wann sie ain floh oder laus find,   3180
Das es alsbald dieselben mummeln
(Wie sie dann nennen euch harhummeln)
    Begert ins hendlin, wol zermelft,
    Auf das es euch alsdann so welk

3162 verschlagen, verbergen. — 3169 weiblen, im ersten Druck; dann
weiblin, was den Reim entstellte. — 3170 heubeln, auf die Haube greifen,
beim Kopf nehmen.

3185 Mit seinen zarten neglein knitsch
      Und euer blut gleich an es spritz?
          Gewis nur darum, das sie gwonen
          Euer von kind auf nicht zu schonen:
      Und warum solt man sie nicht leren,
3190 Sich zeitlich gegen euch zu weren,
          Dieweil ir flöh, wie ir gebt an,
          Auch in dem stift zu Pulican
      Euer jung manschaft lert turnieren
      Und stark das spißlin auf sie füren:
3195   Billich ist sich zur wer zu stellen,
          Gegen denen, die an uns wellen.
      Auch alte weiber, drab mir graust,
      Die ziehen sich eh nackend aus,
          Damit sie euch belzstelzer finden
3200   Es sei da vornen oder hinden,
      Müssen also die scham hinlegen,
      Nur, das sie bringen euch zuwegen.
          O wie ain schrecklicher anspect!
          Er hat mich oft wol mehr erschreckt,
3205 Als wann ich sach ain wolf im reiser,
      Und ward darab wol neun tag haiser.
          Botz belz, wie muß manch feine maid
          Durch euer maisterlosigkait
      Stehn vornen und dahinden bloß,
3210 Nur das sie werd der maister los,
          Da sie euch sprengt am laden hrab,
          Acht nicht ob ir fallt schenkel ab
      Oder in kopf fallt löcher, beulen,
      Oder wie jemerlich ir heulen.
3215   Wie ir solchs selbs von weibern klagt,
          Und nicht des minder sie noch plagt:
      Könt ir nicht an den merzen denken,
      Wann sie belz fur die leden henken,
          Da ir must, wa ir nicht wolt sterben,
3220   Abspringen, euch narung zu werben:
          Warlich ich wils euch nicht nachthun,
          Ich spreng sonst, wie ain bschrotet hun.

3191 wie ir gebt an; vgl. 1129 fg. — 3205 reiser, Reisicht, Gebüsch. —
3216 des, desto. — 3222 spreng, spränge; beschrotet hun, eine Henne,
der die Flügel beschnitten sind.

O wie wuſt Jupiter ſo wol,
 Wie er euch zum zweck bringen ſol,
In dem er gſchaffen hat den merzen,   3225
Der euch erfrört im leib die herzen,
  Das ir davon fallt an alln enden,
  Wie die mucken im herbſt an wenden:
Hehem, alſo muß man euch merzen:
Alſo vertreibt man euch das ſcherzen,   3230
  Und die ſatiriſch gaile art,
  Wann ir beſteigt die weiber zart,
Alſo muß man das gſeß euch külen,
Gleich wie jenem mönch auf der mülen,
  Und gleich wie ſanct Franciſcus that,   3235
  Der ſeine brunſt im ſchnee abbad,
Und wie bruder ſanct Benedict,
Der mit neſſeln ſein leib erquickt.
  Was gelts, der merz trengt euch fein ein
  Die hundstag, da ir brünſtig ſein: 3240
Ir ſolten ſchir im merzen auch,
Wie mein großvater het im brauch,
  Zwen degen vor forcht um euch ſchürzen,
  Und gegen dem merz, der ſterzt, ſtürzen,
Weil euch der merz haiſt recht ain Mars,   3245
Der euch ſetzt martiſch auf den ars,
  Wie der herbſt den heuſchrecken thut,
  Der inen den heumon einthut.
Ir machen ſchir mit euern bſchwerden,
Das nicht allain die weiber werden   3250
  Liſtig, ſonder halsſtarrig auch,
  Und bringens alſo gar in brauch,
Das ſie es auch an mannen üben,
Und alſo die ganz welt betrüben.
  Ja, ir macht, wie ich hab geſagt,   3255
  Ganz unverſchamt manch fromme magd,
Das manche ſich nit ſchemt zu zaigen
Ir ſchwarz lang brüſt, dran die hund ſeugen,

2226 erfrören, erkälten. — 3259 Hehem, Interject. des Räuſperns;
vgl. Garg. 35, 35. — 3231 ſatiriſch, der Satyrn. — 3234 Anſpielung auf die
Grillekrotteſtiſch Mül; vgl. Garg. 200. — 3235 fg. Die Legenden behandelte
Fiſchart in „Dominici Leben". — 3242 mein großvater, nicht im erſten
Druck; es kann nur Fiſchart's eigner Großvater gemeint ſein.

Nur das sie euch blutbelg erwisch,
3260   Die hinder ir brüst hangen ist,
Und metzigt euch dann auf dem tisch,
Ja, auf dem teller, drauf sie ißt.
      Kain frau mag so sehr nicht ergetzen
      Das scherenschleifen und das schwetzen,
3265 Wann sie sich zu den gfattrin setzen
Und gar ain alte schart auswetzen,
      Sie greifen nach euch, so ir stecht,
      Und richten euch nach irem recht,
Zwischen den baiden roten daumen
3270 Auf das sie irem herzen raumen:
      Und wer es auch beim hailigtum,
      Es freiet euch kain kirch noch tum.
Dann, was dörft ir sie daran hindern?
Wann sie reden von iren kindern,
3275   Oder ausrechnen ire zeit,
      Und wie ir kindtauf war bereit,
Und was ir nachbrin trag für röck,
Und wie die welt voll hochfart steck,
      Und wie ungern sie klaid ir man,
3280   Wann sie gern etwas neus wolt han,
Und wie er irn das gelt so schmal
All wochen auf den markt darzal,
      Und wie vil trachten sie nechst aß,
      Als sie am tisch zu gast lang saß,
3285 Und andre meh nötige stück,
      Die mir nicht all einfliegen flück,
      Dann ich ja nicht der teufel haiß,
      Der hinder der meß on gehaiß
Ain kühaut voll schrib solcher reden,
3290 Die zwei frum weiblin zsammen hetten,
      Ich wolt, er het ghabt treck in zenen,
      Da er die kühaut must ausdenen;
Hat er sonst nötgers nicht zu schaffen
In der hell, dann sie hören klaffen?
3295   Es ist ein grober unverstand,

3264 scherenschleifen, Gevatterschnack; vgl. 1253. — 3270 irem herzen raumen, ihrem Herzen Luft machen. — 3286 flück, bald, schnell. — 3287 Teufel u. s. w. Scala celi 44. Specul. exemplor 9, 104.

Auflosen an deß nachbarn wand:
Aber ir flöh seid schuldig dran,
Das auch der butz muß unru han:
    Dieweil die weiblin, zu vergessen
     Euer stich, wann ir sie stets pressen,   3300
Müssen hermachen etlich gsezlin
Von ainem langen gfattersgschwezlin.
    Daher sie auch, euch zu veracht,
    Die kunkelmeren han erdacht,
Wie solches ain langs paternoster   3305
Ovidius beschreibt zum muster,
    Die er, wie man gemainlich glaubt,
    In rockenstuben hat aufklaubt,
Dämit man vor ernsthaftem gschwez
Und aufhören nicht acht der pfez.   3310
    Und ist kain wunder, das die frauen
    In kunkelstuben euch nicht trauen,
Dieweil ir gehn dörft in ain rat,
Darein man euch doch gar nicht ladt.
    Was habt ir doch zu thun darinnen?   3315
    Ir könt weder nehen, noch spinnen,
Gleich wie die spinn, die spinnerin,
Die man doch auch kaum laidt darinn?
    Daher die spinnen sich beklagen,
    Das auch die spinnerin sie ausschlagen: 3320
Ir aber könt nichts als nur stupfen
Mit spindeln, nadeln und dann hupfen;
    Solcher stupfkunkelstubnerin
    Bedörfen sie gar nicht dahin:
Müssen daher die weiber denken   3325
Das ir euch drum bei in anhenken
    Auf das ir inen bossen trehet,
    Oder ain haimlichkait ausspehet.
Darum that jene jungfrau recht,
Die ain solchen ausspeherknecht,   3330
    Als sie in auf dem markt erwischt,
    In das fischsecklin stieß so frisch,
Trug in in turn haim für ain fisch

3296 auflosen, horchen. — 3298 butz, Popanz, Teufel. — 3305 pater-
noster, Reihe. — 3306 Ovidius, in den Metamorfosen.

Legt den kundschafter auf den tisch

3335 Und bracht an im ein ir gedult
Und recht in, wie er hat verschuldt,
Nemlich, klemt in zwischen die thür,
Das er von im streckt alle vier.

Dann darum tragen gern die medlin,

3340 Wann sie ausgehn, die seck und ledlin,
Damit so ir sie underwegen
Angreift, sie in den turn euch legen,
Und Baslermaidlin drum anhenken
Die aimer, euch drinn zu ertrenken.

3345 Wiewol ir nun seit vortailhaft,
Wie ir euch rümt der aigenschaft,
Seid ir doch nie so böß gewesen,
Sie könten euch den knopf auflösen:
Dann obwol ir arglistig gschöpf

3350 Die arme magd, so wasser schöpft,
Greift hinden an und hacket sie,
Unter deß sie hat große müh:
Noch halt sie so steif nicht das sail,
Ainer muß werden ir zu tail,

3355 Sie laßt ir eh in hindern gucken,
Nur, das sie ainen hol vom rucken,
Den knitscht sie auf dem wasserstain,
Weil ir vil herter sein dann stain.

Und billich straft man diesen man

3360 Der ain greift hinderwertig an,
Und alles verterbt, plagt und jagt,
Eh er ainem den krig ansagt:
Wie ir dann halt solch gwonhait stark,
Also das ir am grempelmark,

3365 Die weiblin, die ir kram anbieten
Und ob den haisen hefen brieten,
Anzepfen, wie alt sie auch seien,
Und ab dem grauen har nicht scheuen.

Ich glaub, ir maint, das sie das schinden

3370 Nicht auf der gstropften haut empfinden;
Aber mit gfar werd irs gewar,

3348 knopf, Knoten. — 3366 brieten, brüten. — 3370 gestropft, strup=
pig, hart.

Wann sie euch haschen also bar
Und werfen euch böß misgewechs
In glut, zu brennen wie ain hechs,
  Verbrent also ain hechs die ander, 3375
  Damit bei bösen die rach wander:
Wann ir dann knillt wie pulfertüchlin,
Darfür eß sie nicht sträublinküchlin,
  Dieweil ir sie habt wollen plündern
  Und am geltlösen schandlich hindern. 3380
Solch pein thun euch die köchin auch,
Die euch ersteden in dem rauch,
  Dann weil, wie scorpion mit schreden,
  Ir leut vergift mit roten fleden,
So muß man billich euch so peinigen, 3385
Euch wie vergifter durchs feur rainigen:
  Demnach die glut bewert das gut,
  Unrain vom rainen schaiden thut.
Wiewol ir auch nicht feurs seid wert,
Dieweil man gold damit bewert, 3390
  Drum jene magd euch gstainigt hat
  Auf freiem markt in freier statt,
Damit die stain dieselben deden,
Die sich mit blutverguß befleden.
  Manche die halt euch noch geringer, 3395
  Also, das, wann ir maidlinzwinger
Sie tret und sie euch greifen muß,
Zertritt sie euch nur mit dem fuß:
  Dann wann ain feind sich merkt veracht,
  Vergeht im sein hochmut und bracht. 3400
Desgleichen thun auch dise maidlen,
Die euch in die saichkachel beutlen,
  Darin erseufen und vertelben:
  Doch seid ir auch kaum wert desselben,
Dieweil es jungfrauwasser ist, 3405
Nach dem viel löfler wol gelüst:
  Was rümt ir euch der listigkait,
  Demnach ir doch so thorecht seid

3377 knillt, von knallen, knallend platzt. — 3378 sträublink. vgl. 1541. —
3382 ersteden, ersticken. — 3403 vertelben, vergraben. — 3406 löfler,
Liebhaber.

   Das ir schlieft ainer in ain or,
3410 Dann thut sie nur die hand darvor,
    So seid ir belzfisch schon im netz:
    Da richten sie euch nach dem gsetz,
   Welchs laut, wer sich rümt listig fast
   Und wird von listigern überrast,
3415   Des spott man der rumnichtgen freud,
   Und straft sein unfürsichtigkait.
   Wann aber ich von stück zu stück
   Setzt euer unfürsichtig tück,
    Die man noch teglich an euch spürt,
3420   Und aber auch hinwider rürt,
   Der weiber vortail, die sie treiben,
   So könnt ichs nicht bei tag beschreiben,
    So halt ich euch zwar vil zu gring
    Das ich die nacht mit euch zubring,
3425 Doch muß ich ain stuck nicht vergessen
   Daran allain den tod ir fressen,
    Und sag, das über die beschwerd,
    So ich hie oben hab erklert,
   Das ainig stuck euch allesammen
3430 Zum tod solt urtailn und verdammen,
    Nemlich, das ir, baid herr und knecht,
    Baid frau und magd, baid hoch und schlecht,
   Verhindert an iren gescheften
   Und sie beraubet irer kreften
3435   Durch blutsaugen und plötzlich stich,
    Die ainen schrecken schnelliglich,
   Seid iederman ain überlast,
   Es sei gleich bei hast oder rast.
    Dann wie manch tochter und manch magd,
3440   Die gern wolt spinnen ungeplagt,
   Und ietzund an der arbait ist,
   Zwickt ir, das ir vergehn die lüst,
    Dieweil sie euch nachfischen muß
    Und drum auflegen aine buß,
3445 Under des spenn sie etlich faden.
   Also bringt ir die frau in schaden,

3414 überrast, überrascht.

Die es der magd sagt grob zu haus,
Wann sie nicht spinnt ir tagwerk aus,
Und ist sie doch unschuldig dran;
Also spinnt ir nur hader an.   3450
    Solt nicht das ganze hausgesind
    Erwischen wer und was es sind
Und euch verfolgen über mör,
Auf das ir her nicht kemen mehr?
    Solt nicht ain magd erzörnen sich,   3455
    Das sie ums kind kem liederlich?
Das sie auch iren belz zum hemd,
Darain ir nist, mit euch verbrent?
    Wie der herr, der sein scheur anzündt
    Der ratten halben, die drinn sind;   3460
Oder sie sucht ain Eulenspiegel,
Der ir den belz wesch und versiegel,
    Oder an euch vor grimmer hitz
    Verstech all spitze spindelspitz?
Oder wie iene tochter that   3465
Die über flöh ließ gahn ain rad?
    Und aine legion mit flöh
    Mit blossem gfes setzt in den schne,
Welchs euch ward herber als der merz,
Der euch recht störzt den ragensterz.   3470
    Ja wann sie euch radbrechen, henken,
    Könt ich sie nicht darum verdenken:
Wann sie schon hetten all den sinn,
Wie ir sagt von den nederin,
    Die euer kammerjunghern etlich   3475
    Steckt an ain nadel, warlich spötlich,
Und brat sie darnach bei dem feur;
Dis war wol etwas ungeheur:
    Aber es haißt, hart wider hart,
    Ain harte schwart, würd hart gescharrt.   3480
Was schads, het sie euch schon gefressen,
Wie wir von Libischen völkern lesen,

3456 daß sie unzeitig gebäre; liederlich, leichthin. — 3459 scheur an=
zündt, die Geschichte von einem thüringischen Junker erzählt Fischart in Sebiz,
Feldbau, 1579, S. 8. — 3460 Eulenspiegel 30. Hist. S. 42, Lappenberg. —
3470 ragensterz, wie Ragörlin gebildeter imperativischer Name, die den
Hintern (sterz) ragen lassen, recken, für: Hochmuth.

Welchen kain leus noch flöh entgiengen,
Wann sie derselben etlich fiengen,
3485   Die nicht die köpf dahinden liessen,
Dann sie die köpf in vor abbissen:
Damit all hoffnung in zu nemmen,
Das sie ainmal nicht wider kemen.
Solchs ist ain fein exempel zwar,
3490   Welchs Herodotus beschreibt klar
Zu nutz den weibern, sie zu leren,
Dem unentlichen gschmaiß zu weren.
Wolt nun ir frauen auch meh sagen,
Das glerte für euch sorg nicht tragen?
3495   Doch ler ich kain zu essen das,
Dieweil es ist unsauber was
Und gehört für die affenmeuler
Uud eselische distelgailer:
Gleich wie ich auch verbit hiemit,
3500   Euch weibern, das ir lan den sitt,
Die flöh ainander zuzusaufen;
Dann wie möcht ir dem teufelshaufen
Solch ehr thun, in in wein zu stecken,
Und euern leib damit beflecken:
3505   Sie sind nicht saubers wassers wert,
Noch das sie der höllhund verzert.
Wolt ir iungfrauen machen euch
Die schandlich belzburst in dem gleich,
Das man ab inen trinken soll,
3510   Gleich wie die buler trinken wol
Ab euerm har, wann sies bekomen,
Ab euern tüchlin, die sie gnomen,
Und noch dazu, wann sie es künten,
Euers schwaiß etlich pfund verschlündten,
3515   Dann wie ich hör, stillts aim den krampf
Als in anweht ain iungfrauntampf,
Und thet kain grimmen nimmer fülen
Als er nur trank aus euern schühlen;
Auch hailet ainem gleich sein wund,

3490 Herodot 4, 108. — 3496 was, etwas. — 3498 geiler, Bettler, Hei=
scher. — 3508 burst, Gesellschaft. — 3518 schühlen, kleiner Schuh, aus dem
man trank; vgl. Garg. 28, 1.

Als ers mit euerm ſchlaier bund.   3520
Wa ſind dann diſe ſchöne gſellen,
Die euch in keller nicht lan wöllen,
    Förchten, das ir den wein vergiften,
    So ir an bulern wunder ſtiften?
Aber es ſind kaltſaichig affen,   3525
Drum han wir nichts mit in zu ſchaffen,
    Wir wellen wider auf die flöh,
    Die ir forthin nicht ſaufet meh,
(Verzeiht mir, das ich ſaufen ſprech:
Wüſt trünk ich für kain trinken rech)   3530
    Ir habt doch genug wehr zur zeit,
    Scheren und meſſer, das irs ſchneid,
Schneid dapfer drein, wie ins fremd or,
Es wachß euch darum kain grau hor.
    Jedoch wanns villeicht aine thet   3535
    Und biß ſchon ab die flöhköpf ſtet,
Könt ich drum auch nicht zörnen ſehr,
Dieweil ſie nicht die erſte wer,
    Sonder an den vorigen frauen
    Mag wol ain tröſtlich vorbild ſchauen,   3540
Welches ſie nicht aus fürwitz thaten,
Sonder groß not lernt ſies erraten:
    Wie hetten ſie ſonſt temmen können
    Euch belzverherger, klaiderſpinnen?
Anders ſtehts mit flöh und leusheſſern   3545
Als mit Canibliſchen leutfreſſern;
    Dann die leutfreſſer ſolches thaten
    Aus greulichkait, on menſchlich gnaden,
Aber flöhfreſſer, ſich zu weren
Und ir feind hiedurch abzukeren.   3550
    Derhalben niemand nicht verwunder,
    Wann heut ſchon gſcheh etwas beſunder,
Und auch flöhfreſſerin entſtunden,
Wie man leutfreſſer hat gefunden;
    Nicht ſich an euch zu ſettigen;   3555
    Sonder ſich zu vertedigen,
Weil nicht allain wie mördersreuber

3546, im erſten Druck 1490: Cantibliſchen, gemeint ſind die Canibalen; vgl.
Garg. 85, 23.

Ir am leib schedigt alle weiber,
    Sondern wie krankhait, frost und winter
3560   Sie auch an irer arbait hindert,
Ja, auch das trege hausgesind,
Welchs on das nicht ist zu geschwind,
    Erst noch mehr machet hinderstellig
    Mit euerm kützeln ungesellig.
3565 Also das ir auch in der kuchen
Die köchin bei dem herd da suchen,
    Stampft sie, wann sie soll schüsseln spülen,
    Das sie euch stupfern nach muß wülen,
Und macht also feirabend speter,
3570 Das richt nur an ir übeltheter.
    Ja oft, wann sie anrichten soll,
    Supp oder mus eingiessen wol,
So gebt ir schelmen ir ain zwick,
Das sie muß greifen gleich zu rück
3575   Und euch verjagen vor all dingen,
    Alsdann ir in die speis da springen,
Und in den pfeffer euch vermischt,
So tregt man euch alsdann zu tisch,
    Da ißt die frau euch auf dem hünlin
3580   Villeicht für neglin und rosinlin,
Und also ir selbs blut verschlind,
Wie etwan Tiestes sein kind,
    Daraus schwer krankhait komt all tag,
    Die kain arzt nicht erraten mag:
3585 Seid also rechte unglück stifter,
Recht mörder, bett und tischvergifter,
    Die man nach keiserlichem recht
    Mag brennen, braten, sieden schlecht.
Und so vielmehr haimische feind
3590 Als fremde feind zu hassen seind,
    So vil mehr soll man euch bettspinnen
    Verfolgen und kain lan entrinnen.
Es wer kain wunder, das auch heut
Gleich wie etwan vor langer zeit

.   3563 hinterstellig, zurückbleibend, nachlässig, überdrüssig. — 3577 pfef=
fer, Brühe, Sauce.

Das völklin in Myuscia   3595
   Glegen im land Achaia,
(Welchs plag halben der schnacken, mucken,
Thet in ain ander land verrucken)
   Oder gleich wie die Abderiten,
   Die vor der frösch und der meuß wüten   3600
In Macedonien verzogen,
Auch die weiber von euerm plogen
   Verruckten wie storcken und schwalben,
   Weil ir blutmauser allenthalben
An inen braucht so sehr die waffen,   3605
Das ir sie nicht recht lassen schlafen,
   Sonder bei nacht sie oft erschrecket
   Und on ain hanengschrai erwecket,
Könt bei nacht minder ruen, rasten,
Als beschlossen meus in brotkasten;   3610
   Es ist kain bett nach legerstatt
   So hoch, so rain, gefürnißt, glatt,
Ir könt hinauf on laitern fligen,
Auch on hufeisen, staffel, stigen,
   Da könt ir kain ru haben nicht,   3615
   Schrepft in, das mans auch morgen sicht;
So gibt man euch den schrepferlon,
Gleich wie ir arbait habt gethon.
   Dann wa habt ir das handwerk glert,
   Wann und wem das schrepfen gehört?   3620
Ir schrepft, nur euer wanst zu mesten,
Es sei zum bösten oder besten,
   Wann man es schon nicht übertritt,
   Auch an enden, da es nutzt nitt,
Und zepft so bald das beste blut   3625
Als das ergst, welchs euch nicht wol thut:
   Wolt ir dann junge schrepfer sein,
   Verdingt euch in die badstub hnein.
Aber das werd ir noch wol lassen
Weil ir das naß, wie katzen, hassen.   3630

3595 Myuscia, gemeint ist Mhus in Jonien, deren Bewohner, von den
Mücken vertrieben, nach Milet auswanderten. Fischart schöpfte aus Stephanus,
Lexikon; ebendaher ist auch die Notiz über die Abderitenwanderung nach Mace-
donien, wo sie von Kassander wohl aufgenommen wurden.

Ir habt nur luft blut zu vergieſſen,
Und thun, was weiber thut verdrieſſen:
Ja ir blutſcherzer ſeid ſo wietig,
Das ir auch handelt ſehr ungietig
3635   Mit iungfrauen, ſo prangen ſollen,
Und bei der hochzeit meulig ſchmollen,
Die zepft ir vornen, hinden an,
Nur das ſie da in ſchanden ſtahn,
Wie ir den krig von euch ſelbs ſaget,
3640   Aber über den ſig ſehr klaget,
Weil ſie, wann ſie vom breuttiſch komen,
Klopfen die belz her wie die trommen,
Und brauchen da die baide daumen,
Raumen, was ſie vor theten ſaumen.
3645 Auch thuns euch recht ir ſchadenfro,
Dieweil ir ſie wolt ſchenden do:
Dann wer zu ſchenden ain gedenkt
Denſelbigen die ſchand ſelbs kränkt:
Und wer haißt euch das maidlin pfetzen?
3650 Irs bulen pfetz mags meh ergetzen!
Aber euch iſt erlaid das bier,
Darum tracht ir nach Malvaſier;
Das roſenfarb iungfreulich blut,
Euch alſo wol in zenen thut,
3655   Das euch belzjunghern nicht mehr ſchmeckt
Der vihmagt hindern, was ſie legt,
Noch auch der alten trompeln brüſt
Und was des gmainen waidwerks iſt,
Sonder man muß die zen euch ſchaben,
3660   Euch nun mit nonnenblaſt erlaben,
Drum gſellt ir euch zum höchſten ſtamm,
Wie roßtreck under öpfeln ſchwam,
Wolt wie die feldmauß euch vermeſſen
Mit der ſtattmauß zu nacht zu eſſen,
3665 Niſt under guldin gwand und ſeiden:
Die warlich euch nicht lang erleiden:
Dann weil ſie ſehr vil klaider han

3636 meulig, im erſten Druck 1560: vielleicht. Es bezieht ſich auf V. 2167. —
3660 nonnenblaſt, eine Leckerei; vgl. Garg. 182, 18. — 3662 Sprichwort nos
poma natamus.

Ziehen sie teglich frische an,
Sie hand vil megd, die euch erschlagen,
Und durch die spieß euch können jagen: 3670
    Könt also ir zu hof nichts gwinnen
    Gleich wie hie oben auch die spinnen:
Noch dörft ir euern hochmut zaigen
Und erst auch in ain mönchskut staigen.
    Aber, was gelts ir könt wol fliehen,   3675
    Wann sie aim toden die anziehen?
Welche man drum doch selig spricht,
Und ir wolt selig werden nicht?
    Nichts ist ain freund, der nicht in not,
    Ja, in dem tod auch bei aim stoht.   3680
Aber das aller ergste ist,
Das ir auch in die kirchen nist;
    Acht nicht, obs Herculs tempel sei,
    Darein kain muck dorft fliegen frei,
Da ir die fromme weiblin hindert   3685
An irer andacht, die ir mindert:
    Dann wie ist da ain rucken, bucken,
    Ain schmucken, jucken, wann ir zucken,
Ach, wie ain knappen und ain schnappen,
Ain sappen, grappen und ertappen: 3690
    Da kainer andacht ist so tief,
    Sie thut griff, wann sie schon halb schlief:
Auch wann der pfaff schon eleviert
Die hand sie rürt, wann sie euch spürt:
    Und wer ists, ders euch gern vergißt,   3695
    Wann ir blutspisser ainen spißt?
Es gat aim gar durch bain und mark,
So giftig sind die stich und stark.
    Wie manchs müterlin in der predig
    Schlief gern, wer sie nur euer ledig?   3700
Aber kurzum, da ist kain ru,
Wie in der badstub, ain und zu,
    Hindert nur ire gute treum

3672 hie oben, V. 2565. — 3683 Hercules u. s. w. Plinius 10, 29 sagt, in den Tempel des Herkules auf dem forum boarium komme keine Fliege. Herkules heißt deshalb **Muscarius**. — 3693 eleviert, die Hostie erhebt und zeigt.

Und machts viel gröber, dann dahaim,

3705　Wie mir solchs oft die weiber klagen,
Das ir sie allzeit vil mehr plagen
　　In der kirchen, dann ie zu haus.
　　Glauben derhalben überaus,
Das euch allda der teufel reut,

3710　Wa ir nicht selbs die teufel seid.
　　Und wer wolt schier daran auch zweifeln,
　　Weil ir schwarz enlich seid den teufeln?
Und wolt die fromkait allda hindern,
Baid bei den alten und den kindern.

3715　„Kain wunder ists, sprach mal ain weib,
　　Das aine aus der kirchen bleib
Und het im schlitz die hand zu haus:
Wann in der kirchen allzeit drauß
　　Aus ainem floh noch neun entstehn

3720　Und also grob zu acker gehn."
Die red entspringt aus ungedult
Und legt nicht recht auf dkirch die schuld:
　　Jedoch wer kann dazu auch beten,
　　Wann ir ain so barmherzig treten?

3725　Es solt aim weib noch widerfaren,
(Wie dann soll gschehen sein vor iaren)
　　Das ain frau ain treibaingen stul
　　Warf nach aim floh, der ir entful,
Auch in der kirchen, nur vor grim:

3730　Dann aller zorn ist ungestüm,
　　Wann er bricht aus und nicht wird gzäumt,
　　Wie sichs an dieser frauen reimt.
Aber wann mir itzund die frauen
Fein folgen wöllen und vertrauen,

3735　Will ich sie zur der letz itz leren,
　　Sich lachends munds auch wol zu weren,
Wie ir zu end solchs hören werden,
Euch maidlinstriglern zu beschwerden.
　　Wolauf so reuspert euch darauf!

3740　Halt, das mir kainer nicht entlauf!
Es treumt in schon vom teufel hie,
Dann ir gewissen trucket sie.
　　Wiewol ich hab euch hart verbant,
　　Das ir mir nit springt vor die wand:

Dann dise grub ist schon besprengt 3745
Mit gaißblut und mit köl vermengt,
   Und mein mercurisch richterstab
   Mit igelschmalz ich gschmiret hab,
Damit ich euch flöh stillen mag,
Das ir werd stumm und taub und zag, 3750
   Wie Mercurius mit seim stecken
   Kont schlafen machen und erwecken.
Wolauf, so höret fleissig auf,
Wie es sich itz zum ende lauf,
   Es wird nun an bindriemen gan, 3755
   Man wird aufn schwanz der schlangen stan
Ich will euch itz vom teufel predigen,
Die weiber, oder gar erledigen,
   Oder sie doch fein underweisen,
   Wie sie euch bringen in die eisen. 3760
Dann ich all empter hab vom Jove
Von der flöh wegen an seim hofe.
   Jupiter würd von euertwegen,
   Nicht erst stral brauchen, euch zu legen,
Gleich wie die weiber ir verlacht 3765
Das sie anrufen Jovis macht,
   Wann ir inen thut ubertrang:
   Wolan, daß ich die sach anfang.
Die sach hab ich recognoscirt
Und hin und wider wol justirt, 3770
   Euer blutsauger klag vernomen,
   Auch ist mir auf der post zukomen
Der weiber groß verantwortung
Und klag von euer bschedigung,
   Wie ich euch die hab nach der leng 3775
   Hie vor erzelt, on alls gepreng.
So find ich nun zu ainem tail
Vil unschuld, welchs im dint zu hail:
   Erstlich, das alle weiber gern
   Auch von natur zu friden wern, 3780
(Es sei dann gar ain böser mutz
Die gern hat, das sie der man butz)

―――――――――――

3755 bindriemen, zur Neige, zu Ende gehen.

Aber ir große fridsamkait
Gibt euch staubjungfern glegenhait,
3785 Das ir sie plagt nach euerm willen,
Euern blutdurst an in zu külen,
Betrübt also der frauen gdult
Das sie ir hend mit blut verschuld.
Daher sehr vil im frauenzimmer
3790 Mit bloser hand euch töten nimmer,
Sonder sie knitschen euch so fett
Zwischen des betbuchs gschlossnem bret,
Oder sie ziehen hendschuch an
Und brauchen fingerhüt daran.
3795 Daraus man sicht ir zertlichkait,
Das blutverguß nicht ist ir freud?
Aber ir zwinget sie dazu
Und last in tag und nacht kain ru,
Bis etlich sie mit blut beflecken,
3800 Dadurch die andern abzuschrecken.
Zum andern, wann sie schon villeicht
Machen ir hend im flöhblut feucht,
So thun sie solches nicht mit willen,
Sondern hiemit euch was zu stillen,
3805 Ist also ain notwer zu haissen
Ain widerstand, sie nicht zu beissen.
Ja, ist ain belzrettung zu nennen
Euer belzrennen mit zu trennen.
Ain notwer aber, wie man sagt,
3810 Ist ain todwer, wann mans nit wagt:
Darum, wann sie sich schon vergessen
Und euch zu grob villeicht auch messen,
Machts, das sie in der noteil haften,
Dann not kan nicht auf rot vil rasten.
3815 So ist auch billich, das ir gdenkt
Wie ir in vor habt eingeschenkt;
So nemmet dran auch euern gwin,
Wie man ain sucht, so find man in.
Zum dritten, ist es nicht aim weib
3820 So vast zu thun um iren leib,
Als um der kinder zarte haut,
Die ir oft heßlich grob zerhaut,
Und macht sie bei nacht wainen sehr,

Davor sie nicht kan schlafen mehr:
Ja, welchs am maisten sie zerrüt,   3825
So weckt ir auch den mann darmit,
   Der mainet dann, das kind sei krank,
   Und fangt mit iren an ain zank.
Ja, ir macht, das die nachbaurschaft,
Vor dem geschrai nicht ruhig schlaft.   3830
   Also ist auch mit den jungfrauen,
   Dieselben auf ir bulen schauen,
Dann sie besorgt, wann die ersehen,
Das sie vil juckt und greift nach flöhen,
   So scheuen die, sie anzusprechen,   3835
   Auf das sie nicht flöh erben möchten.
Secht, solchen jamer richt ir an!
Wie kan ich ab den weibern stan?
   Ja, kan hierin nicht anders sprechen,
   Dann das sie sich sehr billich rechen,   3840
Dieweil sie hiezu treibet an
Ir lieb zum kind und irem man,
   Und wolt gern, wie der Pellican,
   Mit irem blut für alle stan.
Zum vierten ist ir angelegen   3845
Das ir die haushaltung bewegen,
   Und bringet ain unordnung drein,
   Dieweil ir pfetzet in gemain,
Baid frau und magd, baid knecht und kind,
Hindert also das hausgesind,   3850
   Wann es an seiner arbait ist
   Das es nach euern stichen wischt.
Wer wolt dann solche hauszerstörer
Laiden und solch gesind verkerer?
   Solt man in nicht das land verbieten   3855
   Ich geschwaig das haus, darin sie wüten?
Dieweil an ains ieden haushaltung
Stehet das hail der landsverwaltung.
   Zu letzt, das ir kurz mögen schauen
   Die groß rechtfertigung der frauen,   3860
Sag ich, das sich vil meh gebürt,

3828 iren, ihr, der Frau.

Das ain waib über euch regirt
    Und strafet euer arge werk,
    Gleich wie den fröschen thun die störk,
3865 Als das ir über sie gebieten
Und wider das edelst gschöpf wüten,
    Weil ir flöh nit in dhöh seit gschaffen,
    Sonder im staub nur umzugaffen.
Nun habt ir gar den ganzen klaiber
3870 Von der rechtfertigung der waiber.
    Jetz laßt uns euer sach besehen
    Warum dieselbig wir verschmehen,
Und euch die genzlich sprechen ab
Und euch verdammen bis ins grab.
3875   Erstlich darum, weil offenbar,
    Das es ain alter neid ist gar,
Ain belzhaß, den ir all in euch
Aus Eve belz habt gsogen gleich,
    Ganz liederlich und unbefügt,
3880   Dieweil man euch hat recht bekriegt,
Und euer mutwill nicht gelossen,
    Sonder aus belzen euch verstossen,
    Darin ir großen hochmut übten,
    Und bald die kinder erst betrübten.
3885 Welche gewonhait ir noch halten,
Und folget böslich euern alten,
    Die alle kriegten ain bös end,
    Welchs euch noch nit von boshait wend.
Darum ist euch der tod berait
3890 Zu lon euer halsstarrigkait.
    Und wer wolt euch belzneidern doch
    Was guts han zugetrauet noch,
Dieweil ir euer greulich zangen
An kindern gleich habt angefangen.
3895   Dann thut man args den jungen zweigen,
    Was wirt den alten man erzaigen?
Hierum, weil ir halt euern neid,
Bhalten die weiber iren streit,
    Und wer da ist am maisten schwach

3869 klaiber, Kleiber, der von dem Tüncher getretene Anwurf, habt den
ganzen Brei, Dreck; vgl. Kehrab 660.

Der zieh die katz dann durch den bach. 3900
Zum andern, so mißfalt mir mehr
Das ir seid also frefel sehr
 Und übet gewalt, der dann gmainlich
 Durchs schwerd wird niderghauen peinlich
Und raibt euch an ain ieden stand, 3905
Thut ieder an groß schmach und schand,
 Also das ir manch frau verstören,
 Wann sie ist in irn grösten eren,
Und macht, das sie muß greifen oft
An haimlich örter, unverhoft, 3910
 Und suchen euch, wa ir sie sucht,
 Euch strafen um solche unzucht.
Ja, ir dörft sie so hoch bemühen
Das sie sich nackend aus muß ziehen,
 Und machen ainen bösen blick. 3915
 Sind das nicht arge bubenstück,
Damit ir weiblich scham erösen
Und irer decke sie entblösen?
 Greifen auf offnem markt vor leuten
 Vornen und hinden und zur seiten. 3920
Fürwar, dis sind solch schelmenzotten
Die mit dem feur wern auszuroiten.
 Wie solt ich euch dann ledig sprechen?
 Ich wolt euch eh das rad zutrechen.
Zum dritten, sag, du schwarze herd, 3925
Ist nit dein grösser blutdurst wert,
 Das man solch blutig urtail sag,
 Das blut über deim kopf aufschlag?
Dann seit ainmal euch mörder all
Nicht die natur straft in dem fall, 3930
 Wie die blutschnak, so mit gewalt
 Entzwai börst vom blutsaugen bald,
So seid ir weibern vorgeschlagen,
Das sie euch aus dem blutbad zwagen.
 Dann kain mord bleibt lang ungestraft 3935

<hr />

3900 die katze durch den bach ziehen, deutet auf eine entehrende
Strafe; vgl. Hildebrand-Grimm's WB., 5, 289. — 3917 erösen, eröset, er-
schöpfet. — 3924 zutrechen, zuerkennen. „Rich die schand, so dise uns uf-
trochen hant.“ S. Birk, Susanna 17a. — 3931 blutschnake, Mücke.

Wann er ain weil schon rut und schlaft:
Fürnemlich, so ir auch vergift,
Wie solchs die weiber hand geprüft.

Zum vierten, ir euch selber schendt,

3940   Weil ungedeumelt ir bekent,
Das schlecks halb ir seid also wütig,
Und wagt euch in tod so dollmütig,
Dann überfluß, schleck, gail gelüst
Die sinn verwüstet und vertüst,

3945 Und geiz und unersettlichkait
Gebürt im gmüt unsinnigkait.
Weil ir dann seid verruckt im sinn,
Gebt ir euch selbs in tod dahin.
Wer aber sich selbs bringt ums leben,

3950 Der kan andern die schuld nit geben.
Wolan, so gebt euch selbs die schuld,
Das ich zu euch trag gar kain huld.
Zum fünften, solt michs nit verdriessen
Das ir betstrampler so geflissen

3955   Mit euerm picken, griffen, zwicken,
Dem hausvater sein gsind abstricken
Und von der arbait gar entwenen,
Wann es sich muß nach euch vil denen.
Wie kan ich euch hie fallen bei

3960   Und leben solche meiterei?
Dann jedem frommen man gefalt,
Das man den hausfrieden erhalt,
Welchen ir maidlinstrigler all
Zu boden richten und zu fall:

3965 Man sagt, besser ain fenster aus,
Dann das zu grund gang gar das haus;
Also wer besser, das ir sterben,
Dann das gar wirt ain land verterben.
Letzlich, weicht ir belzgumper auch

3970 Von euer speiß und altem brauch,
Der einhielt, das ir tierblut schluckten,

3940 ungedeumelt, ohne daß euch Daumschrauben aufgesetzt wurden,
ohne Tortur. — 3942 dollmütig, tollkühn. — 3946 gebürt, gebiert. —
3954 bettstrampler, die im Bette strampeln, mit den Beinen stampfen. —
3956 abstricken, abspenstig machen. — 3958 denen, dehnen, rucken. —
3968 wirt, würde. — 3969 belzgumper, gumper, Pelzspringer. — 3971 ein=
halten, enthalten, bestimmen.

Und nit das weiber volk viel druckten:
Aber ir wolt nur menschenblut,
Welches nie kainem kam zu gut.
  Wie kan euch hold sein dann ain weib,   3975
  Weil ir tracht nach irm blut und leib.
Zu dem, so ubermacht irs gar
Mit dem blutzepfen immerdar.
  Und weil ir hielt kain maß darin,
  Stalt ich kain maß im strafen in.   3980
Jedoch das diser gferlich streit
Nicht mit der zeit wachs gar zu weit,
  Hab ich mir itzund fürgenomen,
  Mit dem urtail solchs fürzukomen,
Und solchs auf rauhe weg gar nicht,   3985
Sonder vertragsweis zugericht.
  Nemlich, das kain floh kain soll beissen,
  Er wiß dann auch schnell auszureissen,
Kain floh kain frau soll zwingen, dringen,
Er waiß dann wider zu entspringen,   3990
  So lieb im sein leib, leben ist,
  Dann so er villeicht wirt erwischt,
Wil ich dem weib sehr gonnen wol, .
Das sie zu tod den kitzeln sol.
  Dagegen sollen auch die frauen   3995
  Fleisig in dem fall für sich schauen,
Und kainen töten, dann sie wissen,
Das der sei, der sie hat gebissen:
  Oder die weiber müssen nun
  Ain widerruf in alsbald thun,   4000
Und in nach westphalischem recht
Vom galgen nemmen, ist er gschmecht.
  Auch das sie in die zen besichtgen
  Und den verbrecher alsdann züchtgen,
Und oder im die zen ausklemmen,   4005
Oder im sonst den angel nemmen,
  Gleich wie man thut den grossen bremen,
  Oder am lincken fuß in lemen.

3977 ubermachen, übertreiben. — 3980 setzte ich in, ihnen, keine Grenze im Strafen. — 3988 ausreißen, fliehen, entwischen. — 4001 westphalischem recht, nach dem Rechte der Vehm.

Das sind miltlinde plagen, strafen,
4010 Die nicht des minder auch was schaffen,
     Und das flöhbürstlin auch erschrecken,
     Weil solch pein sich zum tod auch strecken,
Dann so straft man aufrürisch lauren,
Gleich wie die ditmarsische bauren,
4015   Das man in lemt und blendt die pferd:
     Nimt in all wer, spieß, büchs und schwert,
Oder machts, wie der Türk vor Rab,
Haut in den rechten daumen ab.
     Dann lieber, wie ist der gerüst
4020   Der lam, blind und unwerhaft ist?
Also möcht aller neid und streit
Werden on blutverguß zerleit,
     Und werden angericht ain zucht,
     Die sonst ist vil zu sehr verrucht.
4025 Aber auf das ir flöh könt sehen,
Das ich billichkait nach thu spehen,
     So wil ich euch vier ort erlauben,
     Da ir die weiber möget schrauben.
Erstlich, nur auf die genge zung,
4030 Welchs ir wer ist und tedigung,
     Damit sie sehr die mann betören
     Wann sie nicht schweigen und aufhören,
Auf das ir in das genge blut
Ain wenig ausher schrepfen thut.
4035   Wiewol ir werden haben müh,
     Weil sie die üben spat und frü.
Demnach solt ir auch freihait haben
Im krös der selber umzutraben,
     Die sie um hals und hend umzeunen,
4040   Das sie wie ain irrgarten scheinen:
Volgends, wanns villeicht auch nicht schad,
Zepfts an im niderwat und bad:
     Aber da laß ich euch für sorgen,

4011 flöhbürstlin, Flohgesellschaft. — 4013 lauer, Bösewicht. — 4014 dith=
marsische, bei der Unterjochung des freien Landes durch die Dänen 1560;
vgl. Dahlmann's Neocorus 2, 224. — 4017 Türk vor Rab 1537. — 4022 zer=
leit, zerlegt; vgl. Nehrab 896. — 4029 genge, bewegliche. — 4038 kelber
krös, eine vielfach gefältete Halskrause, vgl. Garg. 216, 8. — 4042 nieder=
wat, Unterkleid, Unterrock.

Wie ir darein komt wol verborgen.
Und secht, das ir euch da nicht netzt, 4045
Ir fligt sonst wie ain nasse hetz.
    Zum dritten, möcht ir auch im danz,
    Bei inen wagen recht die schanz,
Auf das in die danzsucht vergeh,
Sie kützeln an der linken zeh 4050
    Und aufm hindern küßbacken beissen,
    Dann da empfinds kain glüend eisen.
Secht, sind euch das nicht vortail groß,
Das ich euch stell die weiber bloß?
    Jedoch gebit ich euch beim bann, 4055
    Das irs greift vorderwertig an
Und vor dem stich vor allzeit schreien,
Auf das ir nicht verräter seien.
    Jedoch rüft nicht zu laut und hell
    Und nicht wie kerchelziher schnell, 4060
Die erst alsdann „auffehen!" rufen,
Wann sie ain stossen und vor puffen.
    Wer aber weiter schreiten wolt,
    Nicht sein gehorsam, wie er solt,
Den will der freihait ich berauben, 4065
Dem vogel in der luft erlauben,
    In aus dem frid in unfrid setzen,
    In gar preis geben zu verletzen,
In han verboten seinen freunden
Und gar erlaubet seinen feinden, 4070
    Das alle weiber brauchen mügen
    Alle flöhfallen, die sie kriegen,
Und sie darin aufhengen dann
Zu ainem spott vor jederman,
    Gleich wie den tauferischen könig 4075
    Johan von Laiden widerspennig,
Der zu Münster im kefig henkt,
Das man des nadelkönigs gdenkt.
    Oder wie man lert in vil stetten
    Bös leut im narrenheuslin betten, 4080

4051 küßbacken, m., die hintere Wange, nates. — 4056 vorderwertig, von vorn. — 4060 kerchelziher, Karrenzieher oder Schieber. — 4062 vor, zuvor, vorher. — 4078 nadelkönig, Johann von Leiden war ein Schneider.

        Oder euch binden und anfesseln,
        Euch für ain beren umzukesseln,
        Oder zu spannen in den pflug
        Und in ain karren zu dem zug,
4085   Wie dann Alexander von Metz,
        Dessen hemd im pflug weiß war stets.
            Ich dörft auch zwar erzörnen mich,
            Wann ir mir nit folgt aigentlich,
        Das ich die weiber leret flicken
4090   Die flöhgarn und die flöhnetz stricken,
            Auf das ir scharenweis behangen,
            Gleich wie wir visch und vögel fangen,
        Ich dörft sie auch flöhangel weisen
        Und die blinden scharpfen fußeisen.
4095   Ja, wann ir nicht thut nach meim wunsch,
            Will ich sie leren die neu kunst
        Mit hasenleim, so heut erdacht,
        Das man damit das wildpret facht:
            Dann man sol dem kain gnad beweisen,
4100   Der mutwillig komt in die eisen,
        Und ain verwenten übertreter,
        Straft man für doppeln übelteter.
            Derhalben, wann euch stubensteuber
            Um den unghorsam schon die weiber
4105   Hart strafen und am blut sich rechen,
            Will ich sie doch drum ledig sprechen;
        Ja, ich will sie gewarnet haben,
        Das sie euch ligen lan unbgraben
        Und euch nicht trauen, wann ir euch
4110   Stelt als wern ir ain totenleich,
            Sonder wann sie zu tot euch schleifen,
            Sollen sie vor den puls euch greifen

4082 um keffeln, mit der Kesseltrommel umherführen. Die Verse 4081—86
fehlen im ersten Druck. — 4085 Alexander von Metz, der Held eines Meister=
liedes; vgl. Garg. 135, 9. — 4098 facht, fäht, fängt. Der erste Druck fügte
hinzu: „Also bedörft man mit der weil Zum jagen weder garn noch seil,
Welchs ist ein kunst zum wildpret schlecken, Die wolfsfleisch in pasteten lecken,
Desgleichen auch die fuchsfleischschmecker, Aber nicht für die hasenschrecker,
Die iren lust im jagen suchen Und nicht die nötligkeit der kuchen (Küche).
Auch möchten des die weiber gniesen, Das sie euch demmen on blutvergiesen.
Jedoch man sol u. s. w.“

Und fülen, ob derselb noch schlag,
Ob es ain leben noch vermag,
    Dann gwißlich, wann er wird erstan, 4115
    So wird er widerum auch gan.
Und letzlich, wann euch alles diß
Nicht will bewegen, saur noch süß,
    So werd verursacht ich daran,
    Ain gbot wider euch gan zu lan, 4120
Gleich wie in Engelland geschehen
Wider die große meng der krehen
    Und wie die Ulmer jerlich satzten
    Gebot wider die leidige spatzen.
Das man der lonet, die euch töt, 4125
Weil wol das land on euch besteht.
    Und das ir recht vernemen künd,
    Wie ich sei gegen euch gesinnt,
So bin ich ganz und gar bedacht,
Wann ir diß alls nicht habt vollbracht, 4130
    Euch zu verbannen gar mit schand
    Hinein ins kalte Lappenland,
Da sehr die kelt ist euer feind,
Wie wol die belz da wolfeil seind.
    Ja, ich will euch verbannen rund 4135
    Zu dem hellischen kettenhund:
Des Cerberi feurrote haut
Wert euer acker, den ir baut;
    Dann der kan eur fegfeuer sein,
    Euch segen, das ir beißen kein 4140
Oder ir müßt zun heringsspeisern,
Zun eierschweisern, epfelpfeisern
    Und zu den ewig freitagspreisern,
    Zu den belzwarmen mönchskarteusern,
Dann bei den, wie Cardanus schreibt, 4145
Kein wandlaus noch kein floh nicht bleibt

<hr />

4116 gan. Der erste Druck fügte hinzu: „Darum wann meine lieben frauen
Dem Herodoto wolten trauen, So wer der sorgen nicht von nöten, Das
wider lebten, die sie töten, Wann sie die flöh all köpften par, Das ist, die
köpf abbissen gar. Dann dem hund mindert auch die pein, Wann er beißt
allzeit in den stein, Den man im nachgeworfen hat, Weil ie die rach muß
werden satt. Und letzlich u. s. w." — 4123—24 nicht im ersten Drucke.

Drum, weil sie kein fleisch speisen gut,
Schmackt euch nicht ir fischschmackend blut.
Endlich meh vorteil euch zu geben,
4150   Möcht ir wol bei barfüsern leben,
Welche doch heißen euer brüder,
Die werden euch nit sein zuwider,
Sonder saufen lan am feißsten ort,
Auf das sie thun kein brudermord;
4155   Oder ziecht in die heiße land,
Da man nicht spürt sobald den brand;
Dann deren haut ist etwas herter,
Als deren an den kalten örtern.
        Derhalben, so euch ist zu raten,
4160   So folgt des kanzlers flöhgenaden.
Wolt aber ir nicht still stan nun
Und habt meh forderung zu thun,
        Möcht ir noch euer recht wol werben
        An die weiber und ire erben,
4165   Eim jeden sein recht vorbehalten,
Beid an die jungen und die alten.
        Hiemit so will ichs itzund enden,
        Den zauberstab nun von euch wenden,
Und euch gar aus der gruben lassen.
4170   Nun spring ein jeder seine straßen
Und grüßet, bitt ich, von meintwegen
        Die erst frau, so euch komt entgegen;
Dann da findt ir kein igelschmalz,
Sonder zart kalbfleisch ungesalzt.
4175   Wolan, die flöh die sind davon,
Nun muß ich thun provision
Euch weibern, wie ein flöharzt, auch;
Dann diß ist mein ampt und mein brauch.
        Derwegen will ich nun zu letz
4180   Euch geben flöharzneigesetz,
Wie ir die flöh on blutverguß
Hinrichten und on überdruß

    4149—4158 sind nach dem ersten Druck hinzugekommen. — 4163 werben,
verlangen, weiter verfolgen. — 4166 alten. Der erste Druck fügte hinzu:
„Darneben das diß instrument Sein kraft gewinn und werd vollendt, Henkt
hin das sigel unser gnaden, Doch mir, mein nachkommen on schaden. Hie
mit u. s. w.“

(Dann ich kurzum nicht sehen kan,
   Das weiblich hend mit blut umgan)
Und sind die arznei probiert,
   Wie ich sie hie hab eingefürt.   4185
   Darum, wann sie euch helfen werden,
     So dankt mir auch für mein beschwerden.

     Nun die schönen flöhrecept
     Sind also betrebt und gstept.   4190

Recept für die flöh.

Die flöh aus den kammern zu vertreiben:

j.   Nim dürrwurz oder donnerwurz, koch es in wasser, be=
spreng demnach das gemach so macht es den flöhen ir sach.

ij.   Wircket desgleichen auch der senffamen, und oleander, wann
mans braucht wie das ander.

Flöh zu töben.

iij.   Nim ungelöschten kalck, mach in durch ain sib, bespreng
damit die sauber gefegt kamer, so richt es an ain großen jamer.
iiij   Nim wilden kümmich, wilde cucumer, oder coloquint,
koche es in wasser, bespreng damit das haus, so macht es den
flöhen garaus.

Flöh und wentel zu vertreiben.

v.   Nim wermut, rauten, stabwurz, wilde münz, sergenkraut,
nußlaub, farnkraut, lavender, raden, grün coriander, pfilienkraut,
lege bise kreuter alle, oder ain tail davon under die küßpfulwen,
oder koche sie in mörzwibeln essig, besprenge sie damit, so gaht
kaine meh kain tritt.

4190 betrebt und gestept, im ersten Druck: betrept. Ausdrücke der
Nätherinnen, für gewisse Stiche: Treppstich, Steppstich. Hier für: fix und fertig,
verbrieft und besiegelt. — v küßpfulwen, Pfühle.

vj. Nim wassernuß, oder mördisteln, oder flöhkraut, oder co-
loquint, oder bromberkraut, oder köl, koch es in wasser, bespreng
damit die gemach im haus, so laufen sie all daraus.

vij. Ist fast ain guts die flöh aus den decken oder klaidern zu
bringen, so man gaißblut in ain aimer oder feßlin thut, und
es under die bettstatt stellt, dan da samlet sich die ganz
flöh welt.

viij. Schreibt Cardanus, das von flöhen, mucken, schnacken und
wanzen, könne ain jegliches von seim aigen rauch, so man es
brennt, werden getöd und geschendt, derhalben mach man vil
flöhrauch, so vertreibt es die flöh auch, gleich wie ain bös weib
den gauch.

ix.   Die flöh auf ain ort zusammen zu bringen. Mache unter dem
bett ain grub oder ain loch, füll darein gaißblut, so werden
sich alle flöhe darein anhenken, die möcht ir als dann ertrenken,
oder sonst dem teufel zum neuen jar schenken.

x.   Oder nim ain hafen, stelle oder grabe in in ain loch, also
das er dem herd oder boden gleich und eben stande, schmier in
allenthalben mit rinderschmalz, so werden sich alle flöh dahin
walzen, die kan man als dann schön einsalzen.

xi.   Die flöh zu vertreiben, nim holder, baiz oder sied es in
wasser, und bespreng als dann das flöhig ort damit, so töbt es
die flöh und mucken, das sie niemand trucken.

xij. Soll bewert sein, das wan ainer pfilienkraut oder flöhkraut,
dieweil es noch grün ist, in ain haus treget, so verhinderet es,
das kain floh darin wachse, noch aier gachse.

xiij. Schmiere ain stecken mit igelsschmalz, stelle in mitten in
die kamer, so kommen die flöh alle an den stecken, die brat
als dann für schnecken, wer waiß, sie mögen villeicht eben so
wol schmecken.

Das flöh lied.

Flöhlied zu singen, wann sie die
belz schwingen, schön in
tact zu bringen.

Im ton: Entlaubet ist der walde ꝛc.

Die weiber mit den flöhen,
Die han ain steten krieg,
 Sie geben aus groß lehen,
 Das man sie all erschlüg,
Und ließ ir kain entrinnen,
Das wer der weiber brauch;
 So hettens ruh beim spinnen,
 Und in der kirchen auch.

Der krieg hebt an am morgen,   ij.
Und wert bis in die nacht:
 Die weiber in nicht borgen,
 Und heben an ain schlacht.
Und so sich die schlacht fahet an,
Werfen sie das gewand darvon,
 Und allweil sie zu fechten han,
 In dem streit sie nackend stahn.

Und wiewol man klagt sehre,   iij.
Das sie sind schuldig dran,
 Das sich das flöhgschmaiß mehre,
 Weil sie belz tragen an;
Sag ich, es sei erlogen,
Dann gott hat Even bald,
 Im garten belz anzogen,
 Wer ist, der gott ie schalt?
Ja, het ich allweg bare   iiij.
Ain gulden in der hand
 Als oft die weiber faren
 Nach flöhen unters gwand;

Das Flohlied steht schon 1540 in G. Forster's Liedern 2, 37 und die beiden
ersten Zeilen führt die Vorrede von M. Lindener's Kazipori als „Bauernlied"
an, fährt dann aber fort: „Das ist den jungen Mägdlein ganz und gar nicht
lieb". Das ganze Lied mit dem gegenwärtigen Texte übereinstimmend steht
im Frankfurter Liederbuche Nr. 213. Jedenfalls kann, wer sonst immer, Fischart
nicht der Verfasser sein.

Ich wird ain reicher knabe,
Het ain köſtlichen zoll,
    Ich wolte gar bald haben
    Ain ganze truhen voll.

v.   Und könt ain mönch verbannen
Die flöh ſo ungeheur,
    Mit briefen treiben dannen
    Diß weiber fegefeur;
Verſtieß die flöh ſo böſe
Hin in die hellen recht,
    Der würd ſehr vil gelt löſen,
    Von dem weiblichen gſchlecht.

vj.   Der diß lied hat geſungen,
Tregt ain mitleiden groß
    Mit weibern hart getrungen
    Von flöhen über dmoß,
Und wünſcht das alle künſte,
Gedechten auf all weg,
    Das man zur frauen dinſte,
    Der flöhen mutwill leg.

Friden vnd ruhe vor den Flöhen, Schaben,

vnd Läuſen: vor den Raupen, Schnacken vnnd Flädermäuſen, Von Würmen, Fröſchen und Schnecken, von Ratten, Schlangen, Spinnen vnd Hew= ſchrecken. Wünſcht Retznem dem Leſer on ſchrecken vnd gecken.

Homerus, der poeten licht
Und der fürnemſt von künſtgedicht,
    Der hat uns wöllen underweiſen
    Den krieg der fröſch mit ſeinen meuſen.
5   Deßgleichen der Vergilius
Hat beſchriben mit guter muß

Zwiſchen Ueberſchrift und Text ſteht im erſten Druck Fiſchart's gewöhnliche Signatur: J. F. G. M. — 4 fg. Homer's Batrachomyomachie, Vergil's Culex, Ovid's Nux u. ſ. w. ſind bekannte Dichtungen.

Die klag der schnaken von den leuten
Wie sie irn stich so übel deuten.
So hat auch der Ovidius
Gestelt wie sich beklagt die nuß.　　　　　10
　　Ja der fantastisch groß poet
　　Hat sich gewünschet all zu schnöd
Zu ainem floh, auf das mit fug
Er bei seinem bulen steck gnug.
　　Das wer den maidlin zu begeren,　　　　　15
　　Das alle flöh ovidisch weren,
So würden sie nicht so gepfetzt
Wie man sie sonst den weg verletzt.
　　Ich aber wünscht demselben gecken
　　Das er irs fats vil pfund müst schlecken,　　　　　20
Und das ims lib herz drinnen schwim,
So wer sie dann gesteckt in im.
　　Weiter hat Favorin bewisen
　　Des fiebers unschuld, unds geprisen,
Auch fast globt den unflat Thersiten,　　　　　25
Als ob im ehr sei zu erbiten.
　　Gleich wie auch Lucianus that,
　　Ders schmarotzen entschuldigt hat,
Als ob es sei ain feine konst,
Weil man damit kriegt vil umsonst.　　　　　30
　　Hat auch die muck herfür gestrichen,
　　Sie gar dem elephant verglichen.
Und Sinesius lobet frei,
Das die kalhait zu wünschen sei.
　　Was lehrt Esopus durch all tir,　　　　　35
　　Dann das sie weiser sind dann wir.
Deßgleichen hat man solche kunden
Zu unsern zeiten auch gefunden,
　　Als Porcium, den seupoeten,
　　Der weiß wie schwein aneinander töten,　　　　　40

---

13 floh; vgl. oben 1132 und Garg. 115, 15. — 27 Lucianus in dem
Dialoge: Parasitenkunst 2, 836, Reiz. — 31 Das Muckenlob 3, 91, Reiz. —
33 Synesius, Bischof zu Ptolemais zu Anfang des 5. Jahrhunderts n. Chr.,
schrieb ein Encomium calvitii. — 36 wir. Im ersten Druck ist hinzugefügt:
„So haben etlich auch beschriben Im Grammatikkrieg, wie wörter stieben.“ —
39 Porcius, d. i. Johannes Placentinus, von dem die Pugna porcorum,
ein Gedicht, in welchem jedes Wort mit p anlautet.

Und Erasmum von Roterdam
So rümt der torhait großen stam.

Agrippa auch von Nettershaim
Lert, wie schön sich der esel zeum

45   Und das er nicht sei faul und treg,
Sonder bedachtsam auf dem weg.

Cardano ist sehr angelegen,
Das er bei leuten bring zu wegen,
Das man nicht meh, den wust der welt,

50   Neronem ain tirannen schelt.

Hat nicht von Straßburg doctor Brand
Im narrenschiff gstraft jeden stand,
Bei narren große weißhait glert?

Weil man nit ernsthaft ding gern hört
55   Was soll ich vom Eulnreimer melden,
Der im gereimten eulenhelden

Den Eulenspiegel steckt zum zweck
Allen schelken im bubeneck,

Im großen bubeneck der welt,
60   Dann schelck erfüllen stett und feld.
So hat der Eisler kappenschmidt
Erhebt der narrenkappen sitt.

Auch doctor Knaust rümt die aumaisen
Und thut die faul rott zu in weisen.

65   Und wer hat nicht gelesen heut,
Die wolfsklag, wie er klagt und schreit,

Das man im gibt kain kuttelfleck,
So trüg er kaine schaf hinwegt,

Und das er sich im stegraif ner,
70   Dieweil man in kain handwerk ler.

---

41 Erasmus, Laus stultitiae oder Enkomion morias. — 50 schelt. Im
ersten Druck folgt: „Scaliger von subtilen stücken Schilt sehr die hund von
falschen blicken Und lert, das sie meh untreu seind, Dann das sie seind des
menschen freund, Welchs doch Cardanus widersicht, Sie wie ein hundsfür=
sprech verspricht. Hat nit u. s. w." — 45 hört. Im ersten Druck noch: „Des=
gleichen auch er Caspar Scheit, Der best reimist zu unser zeit, Hat er nicht
schön im widerspiel Erhebt die grobianer viel." — 55 Eulnreimer, Fischart
selbst. Der Verf. — 56 lautete im Druck von 1573: „Der vor ein jar im eulen=
helden Den Eulenspiegel steckt zum zweck", sodaß der Fischart'sche Eulenspiegel
1572 geschrieben oder erschienen sein müste. — 61 Eisler kappenschmidt,
unbekannt; es scheint ein Schmied Eisler gemeint zu sein, der das Lob der
Narrenkappe (Gengenb. 410 u. 524 fg.) gedichtet haben möchte. — 66 wolfs=
klag; vgl. Grundriß 1, 88 u. 1, 280, 26; Bebel 3, 342.

Wer sicht nicht was für seltzam streit
Unsre briefmaler malen heut,
Da sie führen zu feld die katzen
Wider die hund, meuß und die ratzen.

Wer hat die hasen nicht gesehen   75
Wie jeger sie am spiß umtrehen,
Oder wie wunderbar die affen
Des buttenkremers kram begaffen.

Und andre brillen und sonst grillen,
Damit heut vast das land erfüllen   80
Die briefmaler und patronirer,
Die laßbrieftrager und hausirer.

---

75 hasen; vgl. zu 2367: Die Hasen braten den Jäger, ein Bilderbogen
mit einem Gedicht von Hans Sachs. — Nach 82 hausirer hat der erste
Druck 64 Verse mehr, die hier stehen mögen: „Wer weißt nit das schön lied
und muster, Wie ein schneider und ein schuster Lang vor dem Rotwili=
schen rechten Um die geiß, wem sie gehör, fechten? Allba der schuster sie ge=
wan, Das er das vorder theil solt han, Der schneider der geiß hindern speck,
Das er die nadel darein steck (vgl. Tittmann's Liederbuch, S. 374 fg.) Des=
gleichen auch der seufack streit Mit einem stockfisch (Frankfurter Liederbuch,
Nr. 142), welcher schreit, Das auf in schmack ein guter trunk, Der seufack
spricht, das schaff sein schunk. Der stockfisch sagt von großem handel, Wie er
durch ferre lender wandel Und das sie seu seind oft voll pfinnen, Das laßt
in nit der seufack gwinnen Und spricht, die stockfisch seind voll maden, Darum
hat keiner sein genaden Und wann man in schon eßen muß, So schafft er uns
die fastenbuß. Wer hört nicht singen die neu mer Vom buchsbaum und vom
selbiger (Tittmann's Liederbuch, S. 93)? Der buchsbaum singt: ich bin so
rein, Aus mir macht man die kreuzelein. Der selbiger sagt: ich bin so fein,
Aus mir macht man die mülterlein, Aus dem buchsbaum die löffelein, Aus
selbiger die seßelein, Aus buchsbaum die becherlein, Aus selbiger die settelein,
Aus buchsbaum die pfeifelein. Der ander steht am brünnelein. Und wann
man alls bsicht allein, So seind es doch nur beunnelein. Das heißt anrichten
zank und streit, Da gar kein hader ist und neid. Gleich wie auch thun die
unflat beid, So zwei grob lieder han bereit Vom streit der filz mit kleider=
leusen Und wie sich roß und kütreck beißen. Den wünscht ein warmen ich aufs
slennen (Fratze), So tönt am gschmack den streit er trennen. Aber diß lied
kan ich nit schmehen, Welchs laut: die weiber mit den flöhen Die haben einen
steten krieg, Sie geben aus groß lehen, Das man sie all erschlüg. Desgleichen
muß ich loben sehr Hie des flohs klag zum Jupiter, Der seim sommergsellen,
der mucken, Klagt, wie man in gar wöll vertrucken, Wie übel im bekommen
tut Das weiberfleisch und jungfraublut, Und was für schrecken bring das
schlecken Dem, so sein gwont speis nit will schmecken. Dann dise beide han
verstanden Den ernsten flöhhatz in alln landen, Und das er nit zu stillen
steht, Dann durch klagred und gegenred. Derhalben disem krieg zu weren
Und dem weibergeschlecht zu ehren Und das wir scherzweis auch was leren,
Auch den vorigen haufen mehren, Der durch die obgemelte ding, Wiewol sie
scheinen sehr gering, Oft etwas höhers han gemeint, Wiewol es manchmal
nicht erscheint; So haben wir uns fürgenommen, Auf das geringste tier zu
kommen Dieweil wir unter hohen leuten Auch die geringsten nur bedeuten Und
dörfen uns das nicht beschamen, Welchs thaten leut von großem namen, Und

Derhalben mit dem edlen haufen
Auch mitzuhetschen und zu laufen,
85 Den flöhstreit wir eingüret han,
Auf das wir durch solch weg und ban
Nicht allain weiberhuld erlangen,
Darum man sonst bricht spieß und stangen,
Sonder der menner und gesellen,
90 Die ire huld erlangen wöllen.
Auch ob ich schon erlang kain gonst
Und hören muß manch bösen wunsch,
So tröst ich mich der schnaken grab,
Welchs Vergilius so ausgab:
95 „Ich arme schnak lig hie begraben,
Undankbarkait hats grab erhaben;
Dann weil ich weckt mit meinem stich
Ain hirten vom schlaf gwarsamlich,
Als im ain schlang stelt nach dem leben,
100 Hat er mir disen dank hie geben,
Hat mich mit seiner hand zerriben,
Das ich für die schlang tot bin bliben.
Also gar hat undankbarkait
Die welt eingnommen weit und brait,
105 Das sie auch erraicht uns klein schnaken
Mit iren untreun klauenshaken.“
Derhalben wann schon auch vieleicht
Undankbarkait die flöh erschleicht,
Hand sie sich zu verwundern nicht,
110 Weils auch iren sommerbrüdern gschicht.
Dann wecken gschicht allzeit mit schrecken,
Drum deitens übel sehr die gecken.
Mir aber thut es besser schmecken,
Das mich die flöh und schnaken wecken,
115 Dann das mich katz und schlangen lecken;
Dann dort vergeht gar bald der schrecken
Und machen nur rot klaine flecken:
Diese aber voll untreu stecken

---

han erwelt das gmeinste tier, Welchs jeder schier fühlt für und für, Auf das
wir mit gmein ding umwandeln, Mit höhers unvermüglich handeln. Auch
han wir solches fürgesetzt, Welchs drum, weil weiber es verletzt, Verhaßt ist
fast bei jedermann, Auf das wir durch solch weg und ban u. s. w.“ — 84 mit-
zuhetschen, mitthun; vgl. Garg. 4, 29.

Und pflegen zu dem tod zu strecken.
  Wem aber also wol will schmecken   120
Das hinden kratzen, fornen lecken,
Der wisch das gfes gar an die hecken
  Und wesch das antlitz gleich im becken
  Und seh, welchs im wöll besser schmecken.
Wolan, ain floh thut mich schon schrecken,   125
Das ich aufhören soll zu gecken.
Gut nacht, biß mich flöh wider wecken.

End.

Gedruckt zu Straßburg
bei Bernhart Jobins
Erben.

Anno 1594.

---

128 Der erste Druck schließt: „Zu klein Flöhingen. Mit der Flöh Gnaden
getruckt, dann wer den Bengel zuckt, acht nicht ob ihn ein Floh truckt, die weil
man im rucken, schmucken und bucken, den Flöhen mag leichtlich die Speiß ent=
zucken, das heißt dann schlucken, on stucken, und schlinden on gründen und fin=
den. Im Jar M. D. LXXIII. End des Flöhrechtens, durchechtens und sechtens. —
Getruckt zu Straßburg, durch Bernhard Jobin. Anno M. D. LXXIII.‟

Das Lob der Mucken,

von dem griechischen philosopho Luciano vor et=
lich hundert jaren beschriben, itzt aber allen
muckensichtigen phantastischen köpfen zu trost
verteutscht und dem Flöhhatz zum vortrab ver=
ordnet.

———

Die muck unter den tierlein klein,
Die von natur geflügelt sein,
    Ist nicht das geringste fürwar,
    Sonder an seiner größe zwar
Den schnaken überlegen frei   5
Und den weinmücklein auch darbei,
    Ob sie schon nicht so groß ist noch
    Als gleich die bien und imm, iedoch
Ist sie geflügelt dergestalt,
Das man ir nicht vergleichet bald   10
    Einen von der vögel geschlecht,
    Ob die schon sein gefiedert recht,
Denen der ganze leib fürwar
Mit federn ist bedecket gar,
    Die ire flügel gleicher gstalt   15
    Zu dem flug brauchen mit gewalt;
Aber die muck mit sondrer art
Hat solche leichte flüglein zart
    Aus einem dünnen heutlein klein
    Bereit, gleich wie von seide rein   20
Ein schön gewirkt geweb so lind,
Damit fleucht sie sanft und geschwind.
    Und wer die muck anschauet fein,
    Wann sie sitzt in der sonnen schein
Und ire flüglein ausspreit recht,   25
Auch mit denselben zwitzert schlecht,
    So siehet man darinnen frei,
    Wie sie von farben mancherlei

---

1 muck, Fliege, wie noch jetzt in Süddeutschland; nicht die Mücke, die Schnake heißt.

Gezieret sind, fast solcher art,
30   Wie an pfauen die federn zart,
         Und wann sie will fliegen, alsbald
         Braucht sie nit ein solchen gewalt,
Das sie die flügel schwing voraus,
Stetigs schlags wie ein fledermaus;
35   Sie hupft auch nicht neben dem flug,
         Wie die heuschreck thut on verzug;
So macht sie mit den flügeln auch
Kein gereusch, wie sonst han im brauch
         Die hurnauß, wefz und hummelsart,
40   Sonder mit iren flügeln zart
Streicht sie sanft durch die luft dahin
On hindernis nach irem sinn;
         Doch auch nicht so stillschweigend gar,
         Sonder gleichsam singend fürwar;
45   Nicht mit so unfreundlichem sausen,
     Wie die verhaßten schnaken brausen,
         Noch auch wie die hurnauß abscheulich
         Und die immen tönen bedreulich;
Dann sie fleugt so bescheiden frei
50   Und mit so sanftem ton darbei,
         Das ir obgmelte müssen weichen
         Und ir so wenig sich vergleichen
Als pfeifenton und lieblichs gsang
Mit cimbeln und posaunenklang.
55   An irem ganzen leib ist doch
         Alles höchlich zu preisen noch:
Das heuptlein klein, doch schon von art
Solchs steht an irem helslein zart,
         Das sies kan hin und wider wenden
60   Und ist ir nicht an allen enden
An die schultern und leib so gar
Angheft wie den heuschrecken zwar.
         Ir euglein weit heraus fein gehen,
         Sein fest wie horn und wol versehen.
65   Ir brust wol undersetzet ist,
     Das ir daran gar nichts gebrist.

_____

33 voraus, zuvor, vorher. — 39 wefze, Wespe.

Die füßlein auch am leib darbei
Gewachsen ganz lebig und frei,
Nicht angezogen also streng,
Wie sie den wespen seind ganz eng.   70
    Der leib ist ring, der sich allein
    Mit der brust recht vergleichet sein,
Der ist umfasset und umgeben,
Gleichsam mit schönen gürteln eben,
    Und auch schuppecht, geziert darbei   75
    Mit ausgeteilten farben frei.
Wann sie sich auch am feind will rechen,
Thut sie solchs nicht mit angelstechen
    Wie die immen und wespen thun,
    Sonder sie brauchet darzu nun   80
Iren mund, schneuzlein und den trüssel
Gleich einem elefantenrüssel,
    Den sie herab kan lassen fein
    Und widerum bald ziehen ein,
Mit deme sie auch gleicher weis   85
Empfaht und zu sich nimt die speis.
    In dem schneuzlein verborgen steht
    Ir stachel, der herfür bald geht,
Den sie anstatt der zen braucht fein
Und sucht damit den saft so rein   90
    Ir zu eim trunk, wiewol sie auch
    Die milch gern trinkt nach irem brauch;
Insonderheit dunkt sie gar gut
Zu trinken sein das zarte blut,
    Welchs sie auch oft trinkt one scherzen,   95
    Doch zwar mit gar geringen schmerzen
Deren, die sie gar linde sticht,
Dann ir stich ist vergiftet nicht.
    Sechs füßlein hat sie also fein
    Und geht auf vier füßlein allein,   100
Dann die zwei förderstē darbei
Braucht sie anstatt der hende frei
    Und ist an ir lustig zu sehen,
    Wann sie auf vier füßlein thut gehen

---

71 ring, leicht. — 81 trüssel, Rüssel.

105   Und tregt so artig ire speis
        In den förderfüßlein mit fleiß,
            Schier wie ein mensch, so fein und eben
            Und ist zu merken hie beneben,
        Das sie nicht wird geboren bald
110   In irer vollkommnen gestalt,
            Sonder sie ist anfangs allein
            In irer gburt ein würmlein klein,
        Gewachsen von eim leichnam noch
        Eins toten menschen oder doch
115   Von eines andern tieres aas,
            Welchs allgemach bekomt forbaß
        Seine füßlein zu beider seit
        Und gleicher gstalt die flügel beid,
            Und wird aus einem würmlein zart
120   Ein fliegends vöglein rechter art,
        Wechs dann auch daher wird gnant
        Ein fliege oder muck bekant,
            Die sich helt zum menschlichen gschlecht,
            Mit dem sie auch helt freundschaft recht;
125   Sie wird sein hausgenoß darbei,
        Sein gast und tischgesell so frei,
            Dem sie credenzet gleicher weis
            Auf dem tisch beides trank und speis;
        Dann sie versucht alle gericht,
130   Allein das oel kostet sie nicht,
            Weil ir dasselbig tötlich ist,
            So bald sies nur versucht zur frist.
        Allein ist ir ein kurzes leben
        Allhier von der natur gegeben,
135   Welches sie doch gar weislich fürt
            Und wie es irem stand gebürt.
        Sie liebet sehr des tages schein,
        An dem sie auch wandelt allein;
            Aber des nachts ruget sie recht
140   Und helt sich still, als schlief sie schlecht.
        Sie fleugt nicht, wann es finster ist,
        Singt auch nicht zu derselben frist,

---

127 credenzen, vorkosten, zum Zeichen, daß der Darbringende die Speise
oder den Trank für giftfrei hält. — 130 Den Oeltod nennt Garg. 38, 9 von
der Biene. — 139 rugen, ruhen.

Sonder schmückt sich zusamen frei
Sitzt still und regt sich nicht darbei.
Ir verstand ich auch offenbar   145
Und nit gering, sag ich fürwar,
   In dem sie mit gar klugem sinn
   Irem feind, welchs da ist die spinn,
Entweicht und fleugt vorsichtig fort,
Das sie nicht komme an den ort,   150
   Da die spinn ire netz und garn
   Hat aufgespannet mit gefarn;
Dann so sie komt in die spinnweben,
So kostet es alsbald ir leben,
   Drum hüt sie sich darfür mit fleiß,   155
   Doch thut sies nicht verzagter weis,
Als hett sie weder mut noch herz,
Denn sie ist großmütig on scherz,
   Wie der poet Homerus dann,
   Als er will einen tapfern man   160
Beschreiben, der da unverzagt
Unabläßlich sein leben wagt,
   Da vergleicht er solch herzbegier
   Nicht eim leuen, noch panthertier,
Noch eim grimmigen wilden schwein,   165
Sonder einer mucken allein,
   Die unerschrocken und geherzt
   Mit irer dapferkeit nit scherzt,
Ob man sie schon von einem ort
Weg jagt, das sie soll fliehen fort,   170
   So komt sie doch herwider bald
   Und leßt sich nicht solcher gestalt
Abschrecken, noch so leicht vertreiben,
Sonder sie will kurzum da bleiben,
   Biß sie irs herzen lust verricht,   175
   Wann sie nach eim bluttröpflein sticht.
Sie greift auch mit herzhafter bgier
Frei an die aller sterksten tier,
   Nicht nur des menschen haut allein,
   Sonder auch sonsten ingemein   180

---

143 schmückt, schmiegt. — 150 ort, Ecke, Winkel. — 152 gefar, List,
Hinterlist. — 158 großmütig, muthig, kühn. — 159 Homerus, Ilias 2, 87.

Die aller sterksten ochsen wert,
Ja die freudigen hengst und pferd;
　　Dem elefanten sie mit list
　　Auch oftermals beschwerlich ist,
185　Den sie angreift und sich so fein
In sein runzlecht haut schmucket ein;
　　Daselbst sticht sie nach seinem blut
　　Und im also vil leids anthut.
Frau Venus spiel ir wol gefellt,
190　Das sie der liebe auch nach stellt,
　　Und wenn sich lieb mit liebe part,
　　So gschicht es nicht auf solche art,
Wie der han auf die henne springt
Und gar geschwind das werk vollbringt:
195　　Die muck thuts nicht in solcher eil,
　　Sonder sie nimt ir wol der weil,
Und wann sie in der lieb erhitzt,
Alsdann sie auf das weiblein sitzt
　　Und laß sich von demselben tragen
200　　Und nit leichtlich heraber jagen;
Ja oftermals nach irem sinn
Fliegen sie also beid dahin
　　Und treiben also oft und viel
　　Im freien luft das Venusspiel.
205　Ja gott hat auch der mucken geben
Ein standhaftes werhaftes leben,
　　Ob man ir schon das haupt abschneid,
　　So fleugt doch der leib noch sehr weit
Dahin on verzug seine straßen,
210　Weil in sein seel nit gar verlassen.
　　Und ist ein bsonder wundergschicht,
　　Auch diß orts zu verschweigen nicht,
Das sie gleichsam unsterblich ist:
Dann so die muck etwan zur frist
215　　Tot ist, so ferne nur allein
　　Noch ganz irs leibes·glieder sein,
Und man den toten körper bald
Mit eschen bedeckt dergestalt,

---

182 freudig, freidig, kühn. — 206 werhaft, währhaft, ausdauernd, zäh.
— 218 eschen, Asche.

Das sie vergraben ligt darunder,
So wird sie bald mit großem wunder
Widerum lebendig so frei,   220
Als wann ir seel unsterblich sei,
   Die nur ein kleine zeit sich hab
   Von irem leib gescheiden ab
Und komm nun widerum darein: 225
Das mag mir wol ein wunder sein,
   Das die muck, die erst tot war eben,
   Nun lebt und kan in lüften schweben.
Und ob schon auch die muck so gut
Müßig geht und kein arbeit thut,   230
   Jedoch geneußt sie allezeit,
   Was andre haben zubereit,
Und findt stetigs ein freien tisch,
Zubereitet mit speisen frisch:
   Dafür thut sie kein arbeit schwer,   235
   Sonder es müssen ir viel mehr
Andre tier oftmals zu den zeiten
Arbeiten und ir speis bereiten;
   Dann küh, geiß und schaf müssen eben
   Ir milch zu irer narung geben,   240
Die imm macht auch ir honig rein
Nicht für sich und menschen allein,
   Sonder die muck mit recht so frei
   Hat gleichfalls iren teil darbei.
Der mundkoch eines königs groß   245
Kocht nicht allein dem könig bloß
   Für seinen mund das köstlich mal,
   Sonder die muck ins königs sal
Der speis eh zu genießen hat,
Als königliche majestat,   250
   Ja eh der könig sitzt zu tisch,
   Credenzet sie die speisen frisch.
Sie laßt sich auch nit machen irr
Und trinkt aus königs trinkgeschirr;
   Auf der tafel sie umspaziert,   255
   Wer sie gleich noch so schön geziert.

---

254 aus, aus des.

Irer freiheit thut sie nit schonen
Und sitzt dem könig auf die kronen;
     Will man sie dann daselbst nicht lassen,
260   So sitzt sie im gar auf die nasen.
Kein tier ist auf der welt so weit,
Welches da hat solche freiheit,
     Zu handeln und zu wandeln eben,
     Als gleich die muck in irem leben:
265   Sie hat kein gwisses nest, noch haus,
Wo sie hin will, fleugt sie hinaus;
     Sie ist an kein gewisses ort
     Gebunden, ist bald hie, bald dort;
Gilt gleich, wo sie ergreif die nacht,
270   Daselbst sie ir rugstettlein macht.
     Da rugt sie, ist müssig und still,
     Dann sie bei nacht nichts wecken will,
Weil sie von natur sehr feind ist
Allen werken der finsternis;
275   Aber was sie bei tage thut,
     Das dunket sie recht sein und gut
Dann sie thut solchs mit recht und treu
Und tregt ires thuns keine scheu
     Und richtet ire sach dahin,
280   Gleichsam als hett sie menschen sinn
Und menschlichen verstand darneben,
Das einer schier solt glauben geben
     Dem alten poetischen gdicht,
     Welches uns gibt solchen bericht
285   Und sagt, das die erste muck frei
Ein schöns jungfreulein gwesen sei,
     Ganz wol beredt in allen dingen,
     Die hab ganz lieblich können singen
Und hab geliebt neben dem mon
290   Einen jüngling, Endymion
     Mit namen, den sie liebt so sehr,
     Das sie in nit ließ schlafen mehr,
Sonder so bald er nur entschlief
Und lag on sorg im schlaf so tief,

---

283 g e d i c h t, wol von Lucian selbst erfunden. — 289 m o n, Mond, neben
der Selene; vgl. 301 fg.

Alsdann sie da um in herging,   295
  Schwetzt und pappelt viel unnütz ding;
Doch alls von lauter lieb allein,
Und sang dazu ein liedlein fein.
  Solchs thet Endymion verdrießen,
    Das er des schlafs nit kont genießen,   300
Und bat die göttin Lunam zwar,
Welche auch seine bulschaft war,
  Das sie das megdlein wolt abschaffen
  Oder doch iren vorwitz strafen.
Luna, ganz willig an der stett,   305
  War froh, das sie ein ursach hett
    Sich zu rechen am jungfreulein,
    Weil sie beid nagten an eim bein;
Darum verwandelt sie alsbald
  Dem jungfreulein seine gestalt,   310
    Welche aus eim jungfreulein zart
    In eine muck verwandelt ward.
Daher sie noch auf diese stund
  Einem gar leicht den schlaf misgunt,
    Sonderlich sie nit leiden mag,   315
    Das man faulenz und schlaf bei tag,
Und vexirt einen oft dermaßen,
Das er den schlaf muß faren lassen;
  Dann sie die regel hat in acht:
  Arbeit bei tag und schlaf bei nacht.   320
Der tag ist zur arbeit bereit,
Und schlafen hat auch seine zeit.
  Demnach betracht ein ieder frei,
  Ob nicht die muck verstendig sei.
Davon hett ich zu sagen viel,   325
Dann ires lobs des ist kein ziel;
  Aber die zeit mags ietzt nicht leiden,
  Und muß ich meine red abschneiden,
Auf das man mich beschuldig nicht
Deß, so man im sprichwort sonst spricht,   330
  Als wolt ich in geringen sachen
  Die muck zum elefanten machen.

---

296 pappeln, plaudern, plappern. — 308 sprichwörtlich; weil beide die-
selbe Neigung hatten.

Ein Vorbereitung

in den

Amadis.

J. F. G. M.

———————

Man findt beschriben für gewis
Von könig Mithridate dis,
    Das, da er ward verfolget sehr
    In seiner jugend hin und her
Von vögten und sein eignen freunden,   5
Die es untreulich mit im meinten,
    Da sei er gflogen in ein wald,
    Das er sich vor der welt erhalt,
Hab schutz gesucht bein wilden tieren,
Der im beim menschen nicht mocht gbüren,   10
    Und weil er in der not und flucht
    Im wald het weder obs noch frucht,
Damit sein leben er erlab,
Da aß er, was der ort im gab,
    Nemlich die wurzeln und das kraut,   15
    Welchs im gehölz wuchs unerbaut;
Aber es hett der kreuter saft
Ein solche kraft und eigenschaft,
    Das sie dem gift gar widerstunden,
    Es töteten, wo sie es funden.   20
Mit solchem kraut, giftwend genent,
Hat der könig also gewent
    Sein derm, und so gebeizt den magen,
    Das er kein gift nicht mocht ertragen,
Sonder es gleich heraußher zwung   25
Ueber die lung und über zung,
    Also, das, da im auf ein zeit
    Sein vögt gift hetten zubereit,
Und er es schon verschlucket hett,
Brach ers doch von im auf der stett;   30

---

1 Plinius 25, 2 und Gellius 17, 16 erzählen ungefähr dasselbe, was hier
von Mithridates, dem Könige von Pontus, berichtet wird, um den Vergleich
daran zu knüpfen, daß ein in guten Lehren unterwiesener Mensch vom Bösen
nicht könne Schaden nehmen. — 7 geflogen, geflohen. — 3 erhalten, sich,
sich aufrecht erhalten, bewahren. — 10 beim menschen, als Collectiv; ge=
büren, zutheil werden. — 13 erlaben, erfrischen; hier wol im Sinne des
Unterhaltens. — 16 unerbaut, ohne menschliches Zuthun, wild. — 22 ge=
went, gewöhnt.

Ja, da er im auch selbs vor schanden,
Weil in die Römer überwanden,
Vergeben wolt, das er nicht würd
Gen Rom in schimpf triumph gefürt,
35　　　Da wolt das gift, wie stark es war,
An im nichts wirken um ein har;
Das macht, er hett vor eingenomen
Solch köstlich kraut, solch kreftig samen,
Der gar kein gift nicht mocht erleiden,
40　　　Und must disfalls den tot vermeiden.
Also soll es auch hie geschehen
In diesem buch, darin ir sehen,
Wie in comedi und im spiel,
Beide guts und auch böses viel,
45　　　Das ir euch machet vor gerüst
Mit gutem, welchs das bös verdüst,
Und habt mit reinem kraut der tugend
Vor euer herz erweicht von jugend
Und seid bereit mit göttlich leren,
50　　　Darmit ir mögt dem bösen weren,
Braucht den verstand, den ir all habt,
Darmit euch gott dann hat begabt,
Das ir das bös vom guten scheiden
Und, so irs können, auch vermeiden.
55　　　Wo ir dann also seid versehen,
Wird euch vom gift kein schad geschehen,
Und wird den reinen alles rein,
Und mag euch alles nützlich sein.
Ein unvergifter mensch auch richt
60　　　Sein leben recht aus böser gschicht
Und kan aus bösen taten sehen
Die schand der laster, und verschmehen;
Kan also im aus unlustsachen
Ein lust zu schönen dingen machen;
65　　　Besser ein mück im honig groß,
Dann hundert hurnauß honigloß;
Wer aber nicht solch kreutlein weiß

---

33 im vergeben, sich vergisten. — 37 vor, vorher, früher. — 46 ver=
düst, unterdrückt. — 48 von jugend, von Jugend an. — 59 fg. ein schuld=
loser, reiner Mensch lernt auch aus bösen Geschichten für die Führung seines
Lebens, indem er das Böse als solches erkennt und es nicht nachthut.

Und schüttet ein das gift für speis,
Dem gschicht eben wie jenem kranken,
Der trinken wolt, was gsunde tranken,   70
   Und ward im doch ganz zum verderben,
   Das er darüber auch must sterben.
Also wer in dem büchlein hie
Nicht weiß, was er tu, was er flieh,
   Weiß nicht, das tugend heiß vom tun   75
   Und laster von dem lassen nun,
Und hat nicht so viel witz bei im,
Das er wiß, was bein öpfeln schwim,
   Und halten kan kein underscheid
   Zwischen der zucht und üppigkeit,   80
Derselb des büchleins sich erheb,
Das er im selbs nicht mit vergeb
   Und folg, das nicht zu folgen ist.
   Dieweil hierinnen seind vermischt
Beide gut und auch böse leut,   85
Jen, das man leid, die, das man meid;
   Und ist das bös drum fürgestellt,
   Das man das gut daraus erwelt;
Dann wer versuchet hat die gall,
Der weiß, wie honig eim gefall;   90
   Wer aber diese weis wolt schelten,
   Der müst auch zwar nicht lassen gelten
Alle histori und geschicht,
Darin man guts und bös bericht;
   Desgleichen, welchem nicht gefallt,   95
   Dieweil es fabeln in sich halt,
Der gibt sein unverstand an tag,
Das er nicht großes wissens trag
   Um der poeten ire kunst,
   Die aller weisheit ist ein gspunst,   100
Wie fein sie under den parabeln
Und kunstgedichten, iren fabeln,
   Die schönsten leren süß verdecken,

---

78 Vgl. Murner, NB. 37. — 81 sich eines Dinges erheben, aufstehen und davon weggehen, sich desselben enthalten, da heben auch halten, aufheben, aufbehalten, bewahren heißt; aber in dem Gebrauch dieser Stelle sonst nicht belegt. — 82 mit, damit. — 92 zwar, zeware, in der That. — 95 welchem, es: das Buch. — 98 wissens, der Genitiv hängt von nicht ab. — 100 gspunst, Gespinst, Gewebe, die aus aller Weisheit zusammengesetzt ist.

Auf das die leut dest lieber schmecken;
105 Machen ein süße brü darüber,
Das ieberman solchs einnem lieber.
    Derhalb muß man die schal erbrechen,
    So wird der kern herfürher stechen.
Dann wer den namen Amadis
110 Bedenket recht, der findt gewis,
    Das er zu teutsch heißt: gottes lieb,
    Darum besteht er süß und trüb.
Gleichwol leßt in gott nicht erligen,
Sonder muß allenthalb obsigen;
115   Ja sein geschlecht gneußts auch darmit,
    Dann gott tut wol ins dritte glid.
Darneben wird auch drin bedeut
Das amt der rechten obrigkeit
    Wie sie hie sollen ringen, kempfen,
120   Biß sie die argen buben dempfen;
Sollen den riesen, reuber, dieb
Sein Hercules von gottes lieb,
    Dem bluthund, tirann und dem wütrich
    Sein kurzum von Bern könig Dietrich;
125 Sollen die Türken, Tartern, heiden
Nicht zu nah lassen an sich weiden.
    Nun solche und dergleichen leren
    Kan man in dem buch sehr viel hören,
Mit sonder zierd, mit lust und freud
130 Beschriben zur ergetzlichkeit.
    Derwegen niemand nichts veracht,
    Eh er es list und recht betracht,
Und leg nichts zu dem ergsten aus,
Sonst macht im gutes auch ein graus;
135   Handel argwönisch nicht hierin,
    Verker in gift nichts, wie ein spinn,
Sonder er handel wie die bienen,
So wird im alls zum besten dienen.

_____

104 d a s, daß sie, die Lehren. — 109 Amadis leitet Fischart von **amor
dei** ab, ohne wol selbst daran zu glauben. — 112 b e s t e h t er, Amadis be=
steht, hat durchzumachen Süßes und Trübes, Freud und Leid. — 114 S o n=
d e r er, Amadis. — 121 Nur riesen im Plural, r e u b e r und d i e b im Sin=
gular. — 124 Dietrich von Bern aus dem Heldenbuche. — 126 s i ch an=
w e i d e n, sich annisten.

_____

Ein notwendige Anweiſung vnd

vorbericht in leſung folgender lieblicher Hiſto=
ri von ſteter Lieb des Jſmenij vnd der Jſmene,
was daraus zu lernen, vnd wie das regi=
ment der Liebe zu erkennen.

J. F. G. M.

———————

Wie wol die alten arzet hielten,
  Das, welche die lieb zu viel fülten,
Krank weren, beid an leib und mut,
  Weil mancher im selbst schaden tut,
Auch war der heidnisch weisen ler,   5
  Das lieb den toren nur gehör,
Dieweil sie anstift spöttlich sachen,
  Die einen stellen zu verlachen:
Und aus dem grund bewisen sie
  Das kein weiser solt freien nie: 10
Dann weil der anfang spöttlich sicht,
  So werd der ausgang ernsthaft nicht.
Aber das war zu weit geschritten
  Aus einem teil das ganz verbieten,
Und von wegen etlicher leut,   15
  So in der lieb verschreiten weit
Und ordentlich zur eh nicht trachten
  Drum die ordentlich eh verachten.
Solt mir eins andern wütigkeit
  Erleiden drum die bscheidenheit?   20
Solt mir eins andern volle weis
  Erleiden drum all trank und speis?
Nein, sonder eins andern irrer weg
  Macht, das ich such den rechten steg.
Und zugelassen, wie gemelt,   25
  Das oft die lieb gar spöttlich felt,
Und kindisch anfengt, wies oft gschicht,
  Wann aber dieselb wird gericht

---

8 stellen zu verlachen, lächerlich machen. — 20 erleiden, verleiden;
bescheidenheit, Verständigkeit.

Zum ernsthaften ehlichen leben,
    Was wilt dem anfang schuld da geben?
30
Ein ieder anfang, weiß man wol,
    Ist nicht volkommen wie er soll,
Wie man solchs in alln künsten 'sicht
    Das keiner ist gleich meister nicht:
35
Das kind muß stammeln, eh es redt,
    An benken klettern, eh es tret,
Noch dannacht ist war, wie man seit:
    Aus den kindern werden auch leut,
Und wann dieselben wol gedeuen,
40
    Was hast an kindheit dann vor scheuen?
Also ist mit der eh auch gtan,
    Die muß auch iren anfang han
Und ire kindheit, welche ist
    Die lieb, mit bulen zugerüst,
45
Da tut man oft viel kindisch ding,
    Biß man den ernst zuwegen bring,
Und wann alsdann guts komt aus spott
    Was ist der spott zu klagen not?
Der scherz geht vor, eh ernst nachgeh,
50
    Und lieb schleußt tür auf zu der eh.
Gleichwol muß ich bekennen dis,
    Das man oft übermacht gewis,
Wann man gar überschreit das zil,
    Welchs dann sehr leichtlich gschicht und vil,
55
Weil bald die herzen werden geil
    Wann in gut leben wird zu teil;
Ja oft, wann nicht die mäßigkeit
    Im zaum helt die begirlichkeit,
Und man zu sicher dahin lebt,
60
    Als ob man in den rosen schwebt,
So wird die lieb ein viehisch brunst,
    Die nicht acht gotts, noch eltern gunst.
Wie euch dann dessen hie bericht
    Die gegenwertig wunder gschicht,

35—46 und 49—50 nahm Paul van der Aelst in die gereimte Vorrede zu seinem Buche: „De Arte amandi, d. i. von der Kunst der Lieb. Deventer 1602" mit unwesentlichen Veränderungen auf. — 39 gedeuen, gedeihen. — 47—48 im Garg. 31, 15 wiederholt. — 52 übermachen, übertreiben. — 55 geil, über= müthig.

Da Ismene die jungfrau schön 65
    So plötlich lest die lieb eingehn
Bei eim wolleben, da sie meint,
    Das ir die sonn allein nun scheint,
Weil sie ein jungen gsellen sicht,
    Der villeicht war der heßlichst nicht, 70
Und laßt darum dem lust sein raum,
    Helt ir begird nicht in dem zaum,
Sonder hengt im nach mit gewalt,
    Entdeckt sie auch sehr manigfalt
Gegen den jüngling mit geberden, 75
    Das er ir auch drum hold muß werden.
Was war die ursach, daß so gschwind
    Eins gegen den andern entbrint?
Kürzlich die warheit fürgebracht,
    Hats jugend und die wollust gmacht; 80
Dann jugend vor sich selber gleich
    Ist zu liebsachen mild und weich,
Und wann erst wollust darzu reicht,
    Werden die herzen mehr erweicht:
Gleich wie die sonn ein steinharts eis 85
    Zertreibt, das es zerschmelzt gar leis:
Also erweicht der wollust auch
    Die herzen, wann sie schon sind rauch:
Dann freud die gmüter auf tut blehen
    Wie dwind ein leren sack aufwehen, 90
Und überfluß bringt mutwil mit,
    Kein freuden ist ohn geilheit nit:
Dann was ist lieb, als immerzu
    Eins müssigen herzens unru,
Wann die gemüter müssig sein 95
    Und freudig, da steigt Venus ein.
Darum hie bei der malzeit gschwind
    Die jungfrau lieb den jüngling gwint,
Und weil sie die nicht ab tut keren
    Auch ir die eltern die nit weren, 100
So wird sie unschamhaftig gar
    Das sie dlieb spielt zu offenbar:

---

83 reicht, stößt, dazu kommt. — 92 geilheit, Ausgelassenheit.

Und auch durch ir leichtfertigkeit
    Den jüngling fürt in gleiches leid,
105 Welcher, wiewol standhaftig ser,
    Ein zeitlang tet ein gegenwer,
Und solche zartlicheit veracht:
    Doch als er zu viel nachgedacht
Der freundlicheit, die sie oft übt,
110   Da ward er auch mit lieb betrübt
Und ungeschickter, dann sie nie;
    Dann er im macht unzelig müh
Und achtet nicht all ler und rat,
    Die im sein vater treulich tat,
115 Ja seiner ehr er auch vergaß,
    Die doch verwart die jungfrau baß.
Letstlich verstiegen sie sich beid
    So weit in dieser lieblicheit,
Das sie ir eltern auch vergessen
120   Und iren kummer nicht ermessen,
Und wagen in den luft ir leben,
    Sich auf das wilde meer begeben,
Nur das sie ire eltern fliehen,
    Die sie zu solcher forcht nicht ziehen;
125 Dann hetten sie villeicht dorum
    Begrüsset ire eltern frum,
Die hetten gute weg gesucht,
    Das es nicht hett bedörft der flucht:
Aber weil sie in selber raten,
130   Füren sie sich auch selbst in schaden,
Und weil sie an in selber werden
    Zu reubern, mit großen beschwerden;
So laßt sie nicht ungstrafet gott,
    Sonder schickt in ein große not
135 Zu meer, das man sie werfen tut
    Ausm schiff, für unrechtfertig gut:
Allda erkanten sie ir sünd,
    Wie sie auch gott zu meer hie find
Um ire ungehorsam tat,
140   Baten derhalben um genad,
Die in dann widerferet auch,
    Das sie on allen gmeinen brauch
Im meer erhalten werden beid

Und kommen zusamen mit freud:
Nach welchem sie zu haus erst reisen   145
    Und sich demütig da erweisen
Gegen den eltern, bittens ab,
    Das man sie in genaden hab:
Dieselb heuraten sie zusamen,
    Und bschliessens also in gotts namen.   150
Secht, also wird die lieb geübt,
    Und eh sie klar wird, vor betrübt,
Und also wird die lieb probiert,
    Ob sie sei fest, wie sichs gebürt:
Und wann sie anfangt allzu freudig   155
    So mittelt sie sich dann zu leidig;
Und wann das mittel ist unrichtig
    So wird das end dest besser schlichtig.
Darum in keinem leid verzag!
    Wer weiß, was bringt der morgig tag?   160
Wann die gferlicheit ist am höchsten,
    So ist das glück am aller nechsten:
Wann man allein auf gott besteht,
    So schlegt er wol, iedoch nicht tödt:
Und wer sein übeltat erkent,   165
    Dem reichet gott bereit die hend
Und fürnemlich darfs in der ehe
    Das man allein auf gott bestehe:
Dann da geht allerlei zu hand,
    Wie zu meer, eh man komt zu land,   170
Und wer da fest besteht und traut,
    Fürt, wie man saget, heim die braut.
Derwegen weil man solche leren
    Mag aus diesen liebbüchern hören,
So laßt uns die nicht schlecht verlachen,   175
    Wann sie schon handeln bulersachen:
Dann diese seind, wie oben gmelt,
    Der anfang zur ehlieb gestellt,
Und müssen all schier durch die schulen,
    Ehe sie erlangen iren bulen,   180
Und vor die narrenschuch zertreten

---

156 sich mitteln, in der Mitte sein. — 163 auf etwas bestehen, sich auf etwas, einen verlassen.

Eh sie die ernsthaft klugheit hetten:
Jedoch so halt ein weiser maß,
Das man den narrn nicht gar auslaß,
185 Und gar vergeß mennische sterk,
Treib wie Hercules spinnwerk:
Dann solchs geht baß dem meidlin hin,
Die seind zarts leibs, han leichten sinn:
Sonder halt dich bescheidenlich,
190 Wie hier unser jüngling erstlich,
Laß dich den wollust nicht bewegen,
Sonder mit ernst stell dich dargegen:
So bleibstu selber mechtig dein
Und fürst dich in kein unglück ein.
195 Wolan, diß wer zum eingang gnug,
Wie man die gschicht hie les mit fug,
Das keiner sich nicht erger dran,
Sonder mehr nutz empfang darvon.
Darbei will ichs auch itz lan bleiben:
200 Wiewol ich auch noch möcht beschreiben
Von der bedeitnus dieser gschicht,
Wie das sie nemlich uns bericht
Die lieb, die wir uns selber tragen
Und nur nach leibswollüsten fragen,
205 Und wie wir schmeicheln unserm fleisch
Machen selbst, das es nicht bleibt keusch;
Drum seind hie fürgestellt gleich namen,
Weil unser fleisch halt steif zusamen,
Und wann Cupido, die begird,
210 Dar zu schlegt, wird sie bald verführt.
Aber dieweil es lief zu weit,
Ist gnug, das ich hab drauf gedeit,
So kan ein ieder im nachsinnen
Und den verstand leicht finden drinnen,
215 Fürnemlich wem gotts wort ist kund,
Darinn solch ler auch hat sein grund.
Secht, solcher gstalt ist nichts so schlecht
Das nicht eim frumen nutzen brecht,
Dann dieser kan aus gringen kreutern
220 Im auch ein nützlichs wasser leutern:

---

186 Der Vers ist um eine Senkung zu kurz. — 193 dein, deiner.

Kan etwan aus eim grünen blat,
  Das ein andrer mit süssen trat,
Im ein köstliches wasser brennen.
  Drum ligt es als nur am erkennen,
Und an dem brauch wies einer gnießt.   225
  Den verständigen alls erschießt.
Denselben ist diß buch auch gschriben,
  Die werdens brauchen und belieben;
Aber das ander spinnengschlecht,
  Welchs zu gift machet auch das recht,   230
Achten wir nicht, und wünschen dem
  Das es so vil gift in sich nem,
Biß es im mög den leib zerzerren,
  So trifft untreu sein eignen herren.

          Ende des vorberichts.

———————————

226 erschießen, zu Nutze kommen.

Bildniſſe.

———————

Ernstliche Ermanung

an die lieben Teutschen aus anlaß dieses bei-
gesetzten bilds des Teutschlands angebracht.

J. F. M.

Was hilfts, o Teutschland, das dir gfalt
Diß bild, so herlich sighaft gstalt,
    Das es bedeit der Teutschen macht,
    Die unter sich der welt macht bracht,
Und das du weißt, das dein uralten   5
Den namen mit rum han erhalten,
    Wann du dasselbig läßt veralten,
    Was dein voralten dir erhalten;
Wann nicht dasselbig wilt verwaren,
Was dein vorfaren dir vorsparen;   10
    Wann nicht den namen wilt vermeren,
    Der auf dich erbt von großen eren?
Was ists, das man sich rümet hoch
Der eltern und folgt in nicht noch?
    Bist aller tugend großer preiser,   15
    Aber der tugend kein erweiser;
Tust gut alt sitten hoch erheben
Und schickst doch nicht darnach dein leben.
    Was rümst du dich vil adelichs
    Und tust doch nichts, dann tadelichs?   20
Was rum hat der jung adler doch,
Wann er sich rümt der eltern hoch,

---

2 bild: die auf der Weltkugel stehende, mit kaiserlichen Insignien ge-
schmückte Germania.

Wie sie frei wonten in bergsklüften
Und frei regierten in den lüften,
25 Und er sitzt gfesselt auf der stangen,
Muß, was der mensch nur wil, im fangen!
Also, was ist dir für ein ehr,
Wann rümst die alten Teutschen sehr,
Wie sie für ire freiheit stritten
30 Und keinen bösen nachbarn litten,
Und du achtst nicht der freiheit dein,
Kanst kaum in deim land sicher sein,
Laßt dir dein nachbarn sein pferd binden
An deinen zaun fornen und hinden!
35 Solt auch solch feiger art gebüren,
Das sie soll kron und scepter füren?
Ja, ir gbürt für den königsstab
Ein hölzlin roß, welchs sie nur hab,
Und füre für den abler kün
40 Ein bunte atzel nun forthin,
Und für den weltapfel ein ball,
Den man schlegt, wann er hupft im fall.
Weil heut doch schier kein ernst ist mehr
Handzuhaben freiheit und ehr;
45 Sonder man scherzt nur mit der freiheit,
Sucht fremde sitten, brauch und neuheit,
Und für alt teutsch standhaftigkeit
Reißt ein weibisch leichtfertigkeit.
Drum ist nichts, das man adler fürt,
50 Wann man des adlers mut nicht spürt:
Nichts ists, das man fürmalt die welt
Und kaum ein stuck der welt erhelt;
Sonder man muß erweisen fein
Diß, des man wil gerümet sein
55 Und nicht der alten wacker taten
Schenden mit untun ungeraten.
Aufrecht, treu, redlich, einig und standhaft,
Das gwinnt und erhelt leut und landschaft:
Also wird man gleich unsern alten,
60 Also möcht man forthin erhalten

---

39 für den, anstatt des. — 40 atzel, Elster. — 52 erhelt, erhält, auf
recht erhält, schützt. — 56 untun, aus Unthat gebildetes negatives Verbum.

Den erenrum auf die nachkomen,
Das ſie demſelben auch nachomen.
    Und alſo kan man ſein ein ſchrecken
    Den nachbarn, das ſie uns nicht wecken,
Sonder dem hund lan ſeinen tratz,   65
Zu verwaren ſein gut und ſchatz,
    Gleich wie man deren noch findt etlich,
    Die ſolchem rat nachſetzen redlich
Und recht bedenken ire würden,
Wie ir vorfaren ſcepter fürten.   70
    Gott ſterk dem edlen teutſchen gblüt
    Solch anererbt teutſch adlersgmüt.
Secht, diß hab als ein Teutſcher ich
Aus teutſchem gblüt treuherziglich
    Euch Teutſchen, die herkommt von helden,   75
    Bei dieſen helden müſſen melden,
So bald ich diß teutſch bild ſchaut an:
Gott geb, das ir es recht verſtan
    Und beides treu ſeid euern freunden
    Und auch ein ſcheu alln euern feinden.   80

Erklerung

beider hier fürgemalter teutſcher tugenden.

J. F.

Standhaft und treu und treu und ſtandſchaft
Die machen ein recht teutſch verwandſchaft,
    Beſtendige treuherzigkeit
    Und treuherzig beſtendigkeit,
Wann die kommen zur einigkeit,   5
So widerſtehn ſie allem leid.

------

62 nachomen, nachahmen. — 68 nachſetzen, nachſtreben. — 75 helden:
Tuiscon, Mannus, Whgewon, Heriwon, Euſterwon, Marſus, Gambrivius,
Suevus, Wandalus, Arioviſtus, Arminius, Carolus Magnus. — tugenden,
es ſind die Bilder der Fides und Fortitudo, der Treue und Tapferkeit.

Daher unser vorfaren frei
Durch redliche standhafte treu
Schützten ir freiheit, land und leut,
10   Ja, weiterten ir land auch weit.
Wie leuen teten sie bestan,
Wann sie ein feind tet greifen an;
Und wann sie dann warn angegriffen,
Die glegenheit sie nicht verschliefen,
15   Sonder dem feind sie stark nachsetzten,
Auf das sie ire schart auswetzten;
Gleich wie ein adler stark nachziehet
Eim raub, der im mit list entfliehet;
Ja, wie ein hund seins herren gut,
20   Darauf er ligt und helts in hut,
Wider fremde treulich verwacht:
Also hetten sie auch in acht
Das land, welchs in gott hat verliehen,
Darin ir kinder aufzuziehen.
25 Was nun euch frommen Teutschen heut,
Die von so frommen eltern seid,
Auch nunmals will zu tun gebüren,
Solt ir hiebei zu gmüt kurz füren.

———————

Uraltes bildnus eines frenkischen Kriegsmans

in seiner rüstung.

Wolkomen seist du, edler Frank,
Dir waiß das ganze Teutschland dank
Und fürnamlich wir, die am Rein,
Die von dir frankfrei gmachet sein
5   Von dem fremden römischen trang,
Den letzlich dein gewalt vertrang.
Und schloß die römisch rümling all
Wider in iren alten stall

———————

21 verwachen, bewachen, beschützen. — 1 Wolkomen braucht Fischart
mitunter für willkommen, nach dem italienischen benvenuto.

Hinder die ſchneegro Alpenberg,
Das diſſeit keiner nichts verherg,
   Und ſchmelert inen ire zins, 10
   Ja, nam in ein auch ir provinz,
Namlich das weite Gallierland,
Welchs noch euch Römern heut zur ſchand
   Mus Frankreich heiſen zum ſigzaichen, 15
   Das Teutſche nicht den Römern weichen.
O, wie oft hat die frenkiſch rüſtung
Euch auch geſchreckt in eurer niſtung,
   Das billich ir erſchrecken ſollet,
   So ir ſie hie ſecht abgemolet: 20
Dann oft ains tapfern feindes ſchatten
Pflegt ſein widertail zu ermatten,
   Aber uns ſoll ſie ſein ain freud
   Und manung zu mehr tapferkeit
Uns ſoll ſie ſein ain raizung heut, 25
Zu ſchützen unſer freihait weit,
   Ja, uns manen zur dankbarkeit,
   Zu danken um ſolch frankbarkeit.
Unſern vorfarn, den liben Franken,
Den wir himit noch ainmal danken. 30

An jdes Aufrecht Redlich Teutſch

geplüt vnd gemüt.

Huldrich Wiſart.

Ja billich ſagt im ſprichwort ir,
   Unbill ſtos auf die thür:
   Wer nicht ſo gros die ungebür,
   Dis buch kem nicht herfür:

---

   9 ſchneegro, von Schnee grau. — 10 verhergen, verwüſten. — 28 frank-
barkeit, von Fiſchart gebildetes Wort für Freiheit, von „frank vnd frei“. —
Nach dem göttinger Exemplar, das von dem bei Bilmar abgedruckten Exemplar
nur in einzelnen Worten abweicht (bei Bilmar 12: nicht; 14: kann das; 27: Ti-
rannen; 40: welchs ſchmaichelns; 46: halt). Bilmar hielt ſein Exemplar für
den erſten Druck, was durch die Zuſätze (die im göttinger Exemplar noch fehlen)
widerlegt iſt.

5 Wan mans feur lang zum hafen schirt,
  So lauft er lezlich über,
 Stoßt deckel ab und was ja irrt,
  Gang drunter oder drüber:
 Also wan man lang die gedult
10 Geraizt hat und geübt,
 So würd sie wütig aus unschult
  Acht nit, wen sie betrübt:
 Wiewol was aus unschult entsteht,
  Wie kan dis schuldig sein?
15 Dan was sie aus ungdult schon red,
  Trift schuldige allain.
 Und ist ain großer unterschaid,
  Wer ainen mit der that,
 Verletzt unschultig, aus boshait
20 An leib und gut verrat,
 Und dem, der ain mit billichait
  Hart straft nur mit der red,
 Und solches thut mit warhait
  Aus eifer, nicht aus gspött.
25 Wie dan hie diser author thut
  In der franzosen namen,
 Die gott durch ain tirannisch rut
  Demütigt hat allsamen.
 Derhalb ir billich leser all,
30 Wie herb auch scheint dis schreiben,
 Laßt euch nichts ergern izumal
  Man mus die warhait treiben:
 Man mus den bluthund bluthund nennen,
  Dan er ist ie kain schaf,
35 Wan man also den nam lernt kennen,
  So wais man auch sein straf.
 Die warhait, weils ainfaltig red
  Und nimmer kainem schont,

---

5 schirt, schürt. — 7 irrt, hindert. — 11 aus unschult, ohne ihre
Schuld. — 23 Der Vers entbehrt einer Senkung (in beiden Drucken), etwa:
Und der solches, oder: mit der warhait. — 25 Author, Eusebius Philadel-
phus, der Verfasser des Reveille matin, nicht der angebliche Uebersetzer Eme-
ricus Lebusius, den Vilmar für eine wirkliche so benannte Person hielt, wäh-
rend es nur ein angenommener Name Fischart's ist.

Hat nur zu feind das zart gezett,
    Das ſchmaichlens iſt gewont,   40
Und urtailt nur nach eignem won
    Welchs tun leichtfertig gmüter,
Die aller mansſtandmut ſind on,
    Der redlichkait zuwider.
Ir aber ſtandhaft teutſche herzen,   45
    Die nun den rum han lang,
Das euch auch fremd unbill und ſchmerzen
    Zu treuen herzen gang,
Werd bis nach euer redlichait
    Aufrecht urtailen recht   50
Und lernen draus gelegenhait,
    Was euch begegnen möcht.
Drum haißt es auch Reveille matin
    Des François et leur voiſin,
Der weckauf und früweckerin   55
    Frankreichs und ſonſt nachbarinn:
Das frühwachauf und früerwach
    Erſtlich ſeinen Franzoſen
Und den benachbarten darnach,
    Die all eck an ſie ſtoſen   60
Der herr, des wacht das haus verwacht,
    Geb euch diſelbig macht,
Das ir bei zeit und frü erwacht,
    Halt früwacht tag und nacht,
Dan wans nachbarn haus brent und kracht,   65
    So hab deins haus auch acht,
Den man aim an der ſeiten ſchlacht,
    Billich ain ſorgſam macht.
Himit ain gute nacht,
    Das ir frü erwacht.   70

---

39 gezett, zetten, ſtreuen, ausbreiten; hier verächtlich für eine ausgebrei=
tete Sippſchaft, Gelichter, Hofſchranzen. — 43 aller mansſtandmut, durch=
aus der männlichen Standmüthigkeit, Muth zum Standhalten. — 48 gang,
gehe. — 60 all eck, auf allen Seiten. — 61 verwachen, behüten. — 67 fg.
Attraction: der, den man einem an der Seite erſchlägt, kann einen billig, mit
Recht, beſorgt machen.

Reimen

von der Fredegonda vnd Brunenhalt.

So Frankreich damals, da die gsatz
Und billicheit noch fanden platz,
    Dannoch schir ward gericht zu grund,
    Durch die königin Fridegund,
5   Mit irem bulen Landerich,
So umbracht könig Gilperich:
    Und dan in blutdurst wolt verwilden,
    Durch hetzen der alten Brunhilden,
Die iren stallhengst Gonderich
10   Sehr hoch erhub vermessenlich
    Weit über all landfürsten gar,
    Der doch ein Italianer war.
Warum solt dan nicht nun vil mehr,
Da die gsatz sint in kainer ehr,
15   Da weder trauen ist noch glauben
    Da man ungstraft mag mörden, rauben
Da blutschand gar ein scherz ist worden,
Und abgahn die reichsstend und orden,
    Sich regen dise recht Brennhilde,
20   Die wie Grimmhilde als verwülte?
Mit iren vil bestalten farren,
Und andern, die sie ziecht am barren?
    Mit iren kattern gros und klain:
    Darum ich wol die, so ich main,
25   Will nennen gleich die Katterein,
Dieweil sie laßt all katter ein,
    Und ist weder von katern rain
    Noch auch auf welsch vil katzenrain:

„Gleicher gestalt haben die Könign etliche Reimen bewegt, die von der Frede-
gonda und Brunenhaut, von auch der Jezabel und ir, der Catharina, gemacht wor-
den, in welchen dan angezaigt würdt, daß sie erger seie, dan die Jezabel je gewesen,
und hat die Königin allwegen darfür geachtet, die Hugenotten laisteten ir dise ge-
treuen dienst. Ich wil dir den innhalt der einen erzelen, der war diser wie nach-
volget.“ Reveille matin, durch Emericum Lebusium, Bl. M. 6 a. — 9 die, Brun-
hilde; stallhengst, Stallmeister und Zuhalter, Guntram. — 20 verwülen,
umwälzen. — 21 farren, Stieren, Buhlern. — 22 barren, Krippe; im Hause,
bei sich. — 23—28 und 33—34 sind Zusätze des zweiten Drucks, den Vilmar be-
nutzte. — 23 kattern, Katern, der Katharina Buhlen. — 28 auf welsch,

Jder halt davon was er wöll,
Red was gern hört die Jeſabel.   30
    Jch aber die Jeſabel nenn,
    Die Catharina, das mans kenn,
Die Kattarin von Medices,
Alles unflats ain ſchandgefäß:
    Und ieder wirt ſie kennen bald,   35
    Wer recht ergrünt ir weis und gſtalt,
Wie ſie durch ir liſt zuberait
Ain rechte Babelsrüttung heut
    Dem valeſiſchen königsſtammen
    Und den Franzoſen alleſammen: 40
Alſo das wo ie iſt vorſehen,
Das noch zur weltletz ſolt entſtehen,
    Die greulichſt Jeſabel, ſo war,
    So iſt es diſe Cathrin gar.

Die Gleichheit oder Sympathia des lebens der Catharinen vnd Jeſabel, ſamt vngleichheit oder Anthipathia ires tods.

Man fragt, wie man vergleich forthin   45
Die Jeſabel und Catharin?
    Jeſabel Jſrael verderbt,
    Catharin ganz Frankreich verhergt:
Jeſabel ſchützt die Baalei,
Wider gotswort, durch tirannei: 50
    Die Catherin die bäpſtlerei,
    Durch mordthat und verreterei:
Die erſt war nicht vil from und ehrlich,
Die ander lebt ir gleich unehrlich:
    Die ain ermördet die propheten,   55
    Die ander laßt all glaubige töben:
Die erſte ſie bei hundert ſchlacht,
Die ander es mit tauſent macht:

---

nach italieniſcher Weiſe; in katzenrain (vgl. Murner, NB. 44) ſteckt eine un=
ſaubere Zweideutigkeit, die aus dem „Welſchen‟ zu erklären wäre. — 30 Jeſa=
bel, 1. Buch der Könige 21 fg. — 41 vorſehen, vorhergeſehen, prognoſticiert.
— 42 weltletz, Weltende, Weltuntergang. — 48 verhergen, verwüſten.

Die ain schalt Eliam aufrürisch,

60   Die ander frome leut verfürisch:

Jesabel ließ töben ain fromen,

Das sie sein ecker möcht bekomen:

Die ander kain vernügen tregt,

Wa sie nicht leib und gut erlegt.

65   Endlich war die straf Jesabel,

Das sie die hund auffraßen schnell:

Aber hirinn wirt Catherein,

Von iener unterschaiden sein:

Dann iren madensack vermessen

70   Die hund nicht werden wöllen fressen.

---

69 **madensack**, Leib.

An Ehr und Billigkeit

liebende Leſer.

Etlich Sonnet.

Huldrich Wiſart.

––––––––––

I.

In dem haus, spricht man, stehts nicht wol
    Und muß gewiß was böß gemanen,
    Wann die henn kreht über den hanen,
Da sie doch dafür gachsen soll
Zu leuchtern iren eierstoll: 5
    Also wie viel mehr muß es hön
    In einem regiment dann stehn:
Welchs größer ist und sorgen voll:
    Wann die henn wil die hanen füren:
    Da muß sie die gewiß verfüren: 10
Dann es ist wider die natur,
    Das das schwecher das stercker fürt,
    Das unzierlichst das zierlichst ziert:
Welch ungleicheit dient zur aufrur.

II.

Dann iedes rechtes regiment
    Soll gleichsam gstimmt sein wie die seiten,
    Die sich all in einander leiten.
Wann aber auf dem instrument
Die gröbst seit sich von andern trennt   5
    Und wolt nicht mit in stimmen ein,
    Sondern derselben exlex sein,
Da ist die music schon geschendt;
    Also wann auch in königreichen
    Das weiser soll dem albern weichen   10

I. 5 eierstoll, Eierstock. — 6 hön, schlimm. — II. 7 exlex, außer dem Gesetz

Und, das nicht herschen sol, wil gbieten
　　Da nemen solche regiment
　　Oder ein enderung oder end,
Dann uneins hirten nicht wol hüten.

III.

Wie ir dann solchs in Frankreich secht,
　　Da nur ein florentinisch henn,
　　Ein alte seit und faule senn,
Die Gallos und das hanengschlecht
5　Wil zu Capaunen machen schlecht,
　　Und aus den Galliern Galliner,
　　Aus freien Franken frauendiener,
Aus musicseiten sennengflecht:
　　Darum weil sich die rein quintseiten
10　Nicht nach dem alten trummscheit leiten,
Und der han sich seins kams ermant,
　　Und nicht die henn zum meister leidt,
　　So sicht man heut ein solchen streit
Die henn zu treiben in irn standt.

IV.

Dann welches schreit aus seinem stand,
Dasselb zerreißt das menschlich band,
Schafft unwill und groß misverstand,
Und verunruhigt statt und land,
5　Weil hochmut findet widerstand:
　　Darum gott alles recht erschuf,
　　Ein jedes geschlecht in seim beruf,
Den mann dapfer mit rat und hand,
　　Das weib blöd, still zu der haushaltung
10　Und ie stiller ist ir verwaltung
Je besser ist dieselb bestellt:
　　Dann ins haus ghört kein rechten, fechten:
　　Es wird sonst böses garn sich flechten:
Sondern aufs rathaus und ins feld.

II. 13 oder — oder, entweder — oder. — 14 uneins, Hirten, die un-
eins, feindlich, sind. — IV. 4 verunruhigen, beunruhigen, aufrühren. —
9 blöd, schwach.

V.

Und wie es eim mann übel steht,
    Wann er sich weiber gscheft annimt:
    So übel es sich auch gezimt,
Wann ein weib mannsgescheft hie tet,
Der mann ein Gret, das weib als nöt,   5
    Wann Sardanapalus wil spinnen,
    Semiramis die land gewinnen:
Welchs tirannei ist allzu schnöd,
    So die leut machet widersinnig:
    Drum list man vom Egipten könig,   10
Der, das er sein volk weibisch schafft
    Ließ menner tun der weiber gscheft,
    Weiber anmassen mennerkreft,
Damit keins behielt sein eigenschaft.

VI.

Solchs tat er, weil er sich befart,
    Sein volk möcht in um tirannei
    Bekriegen, sich zu machen frei:
Uebt aber nicht auch solche art
Die königin, wie man erfart,   5
    Die, das man nicht irm mutwill steur,
    Ausrotten wil die mannschaft teur:
O da wehrt all, so tregt ein bart.
    Gleichwol sag ich nicht, das nicht auch
    Ein weib mög herschen nach landsbrauch,   10
Fürnemlich wann sie in irm stat
Pflegt der menner rat und that:
Dann solches man noch lieber hat,
Als herrn, die weiber han zu rat;

VII.

Sonder die frechlich unterstahn,
    Sich wider gsatz und on all wal
    Zu stecken in gscheft überal,

VI. 1 sich befart, besorgte.

Den, sag ich, soll man widerstahn,

5   Weil in der gwalt nicht zu vil stehn.
Darum nur ir Franzosen dran,
Erweist, das hanen mut ir han:
So wird euch alles glück zugahn,
Erweist, das ir von Teutschen kommen,

10   Von Franken frei, den alten frommen.
Dann so kein fremden han ir duldet,
Der euch hersch, wann er euch nicht huldet,
Wie solt ir nicht die henn verdammen
So fremd, die hanen hetzt zusammen,

15   Das sie einander selbs erlamen,
Und gar ausrotten iren stammen,
Derhalben dran ins herren namen,
Secht ob man ein wild henn mag zamen,
Und iren grimmigen eiersamen.

VII. 12 hersche, beherrsche; huldet, mit Huld behandelt; euch ist Accu-
sativ.

Anmanung

zu

Chriſtlicher Kinderzucht

vnd nützung volgender Feſtfragen.

D. J. F. G. M.

———

Was lust und fleiß haben die leut
    In iren gerten oft zur zeit
Mit setzung, impfung und aufsetzung
    Etwan ein pflenzlein zur ergetzung?
Wie warten sie doch sein so eben,   5
    Das sich das schößlein mög erheben?
Frü machen sie im raum zur sonnen,
    Zu mittag sie im schatten gonnen;
Da pfropfens, biegens, unterstützen,
    Beschüttens vor der frost zu schützen,   10
Messens bei ruten und minuten
    Sein teglich wachsen zu vermuten:
Da gehen sie alle tritt hinzu,
    Sehen wie es aufschießen tu.
Und ist in süß all zeit und müh,   15
    Die sie damit zubringen ie:
Wie vil mehr lust solt haben dann
    Ein hausvater und ioderman,
Dem gott die kinder tut bescheren,
    Oder befihlet, die zu leren,   20
Das sie dieselben himmelspflenzlein,
    Ir hausschößlein, ir ehrenkrenzlein
Ziehen und schmucn zu gottes ehren
    Sein wort gern hören und gern leren?
Das sie zu preis dem aller höchsten,   25
    Auch mit der weil nutz sein dem nechsten?

---

3 aufsetzung, Pfropfung; davon hängt Vers 4 der Accusativ: ein pflenz=
lein ab. — 10 frost, fem. „Das die frost den beumen keinen schaden thue.“
Feldbau 344; „ist zu dem nicht sonders der frost unterworfen“, ebendas. 514.
Doch auch masc. Vers 40. — 24 gern habe ich an zweiter Stelle zugesetzt. —
26 mit der weil, mit der Zeit, künftig; weil ist Besserung Vilmar's st. viel.

Was schöners opfer kan man geben
Dem herren gott in diesem leben?
Denn das sind die recht frücht und güter,
30 Die gott gibt das man opfer wider;
Das sind die ölzweig und die reben,
Die fruchtbar deinen tisch umbgeben;
Diß ist des hauses benedeien,
Des alters früling, glenz und meien,
35 Das sind die beumlein und die palmen,
Von denen David singt in psalmen,
Das sie gebaut sind und gepflanzt
Neben die wasserbech des lands,
Welche kein hitz im sommer mindert,
40 Noch im winter kein frost nicht hindert,
Dann nicht erwelken ire bletter
Oder abfallen von dem wetter,
Die zu rechter zeit ir frucht bringen,
Damit erfreuen sie, die tüngen,
45 Und die zu letzt gott gar versetzt,
Ins paradeis, sie da ergetzt,
Sie macht zu ewigen himmelssprößlein,
Zu gnadenfeuchten engelsschößlein.
Wie solt ein lehrer und ein vater,
50 Wa er hat ein barmherzig ader,
Nicht han ein freud mit ihrer zucht,
Dieweil es ist ein schöne frucht,
Und noch viel mehr an inen wird
Natur lieblich anmutung gspürt,
55 Als in den aller schönsten geschöpfen
Daraus wir sonst ergötzung schöpfen,
Das macht die lebhaft freundlichceit,
Die anlachend gesprechlicheit,
Die in den kindern wir all spüren,
60 Wie sie schön all geberden zieren.
Dann was ist lieblichers zu hören,
Als wann die kinder reden leren?

---

31 ölzweig u. s. w., Psalm 128, 3. — 34 glenz, Lenz. Hans Sachs 4,
3, 49 c. — 36 Psalm 1, 3. — 41 erwelken, welk werden. — 44 die tüngen,
die, welche düngen, ihnen Nahrung zum Wachsen geben. — 54 anmutung,
Anlage, Trieb. „Welcher mit sondrer geschicklichceit des Achillis anmutung
leit (leitete) Und ihm nicht gleich wehrt und erleid Wazu ihn trug sein lust
und freud." Ehezuchtb. 1597, O 7 b. — 60 im Druck: Wie so schön.

Wanns herauslispeln bald die red
　　Und rufen: abba, vater, ett,
Rufen der muter, memm und ammen,   65
　　Geben nach irer notturft namen,
Brauchen den ererbt Adams gwalt,
　　Der jedem geſchöpf ein nam gab bald,
Wie iſt im zuzuſehen wol,
　　Wanns wankeln wie ein waſſerpfol?   70
Und ſo halslemig ungwis taſten,
　　Und wie ein engelchen erglaſten?
Solch freundlicheit und lieblich ſitten
　　Solten die elter und ein ieden,
Reizen, das ſie deß lieber mehr   75
　　Mit kinderzucht umgiengen ſehr,
Dieweil ſolch blüend alter friſch
　　Umſonſt ſo lieblich gſtalt nit iſt
Auch oft das wild und vieh bewegt,
　　Das es zu dem ein gfallen tregt.   80
Und dieweil die engel ſich nicht ſchemen,
　　Der kindspfleg ſich ſelbs anzunemen.
Wie Chriſtus zeugt, das vor gott ſtanden
　　Allzeit die kinder engels gſanden
Wie wolt ir dann ſolch arbeit ſcheuen,   85
　　Weil es euch komt zu nutz und treuen?
Dann wen mags freuen mehr dann euch,
　　So euere kind ſind tugendreich?
Wie kanſtu beſſere ruh dir ſchaffen
　　Und friedlicher in gott entſchlafen,   90
Dann ſo du weißt, das dein kind ſeind
　　Erzogen wol, und drum gott freund?
Und weißt, das nach dem tod dein kinder
　　An gott han ein ewigen vormünder?
Zu dem, ſolt euch auch darzu bringen,   95
　　Das ir gern mit der zucht umgiengen,
Dieweil Chriſtus der herr verheißt,

---

63 bald, bei Zacher (Geſangbüchlein) halb. — 66 amm für Mutter, ſiehe
Schmeller 1, 126. — 69 im, nicht dem Kinde, ſondern ſeinem Thun; wie wohl
iſt es, zuzuſehen, wenn. — 70 wankeln, Iterativ von wanken, ſchwanken;
waſſerpfol, Pfahl im Waſſer. — 71 halslemig, mit noch lahmem, ſchwa-
chem Halſe, auf dem der Kopf ſchwankt. — 72 erglaſten, erglänzen. „Da es
erglaſtet alſo klar." Funkelin, Gelert 940. — 75 deß, deſto.

        Das, was man solchen kindern bweist,
       Das wöll er halten und ansehen,
100   Als obs im selber sei geschehen:
       Dann er in klar spricht: Wer ein kind
         In seim nam aufnimmt, im selbs dient:
       Wie kan man aber in seim namen
         Kinder aufnemen von seim stamen?
105   Zwar anders nicht, dann so man die
         Zur gottsforcht anhalt zimlich frü,
       Es sei obere oder herren,
         Die sie in kirch und schulen leren,
       So wird selbs Christi drinn gepfleget
110   Als ob man in im geren treget,
       Und werden oberkeit und lerer
         Dardurch sein seugam und sein nerer.
       Dann was sein kleinsten gliedern gschicht,
         Das rechnet er, das in ansicht.
115   Drum thun wol, die als dahin schlichten,
         Das man djugend mög recht berichten,
       Zu kennen lernen iren gott,
         Der sie von sünden, höll und tod
       Auch mit seins sons blut glöset hat,
120   Und schenkt in als durch lauter gnad.
       Hingegen treut der herr groß pein
         Den, die der kleinsten ergern ein,
       Dann dem ein mülstein besser wer
         Am hals, und sein versenkt im mer.
125   Derhalben aus mit losem gschwetz
         Welchs gute sitten nur verletzt!
       O aus mit unzucht, völlerei,
         Mit böser gsellschaft büberei!
       Raumt weit von diesen zarten herzen
130   Das gottlos gsind, das schandbar scherzen,
       Laßt solch wort nit mehr von euch hören,
         Das djugend weltlichkeit muß leren:

---

    101 fg. Die folgenden Verse sind Umschreibung von Matth. 18 fg. z. B.:
„Wer ein solches Kind aufnimmt in meinem Namen, der nimmt mich auf u. s. w."
— 105 zwar, in der That. — 106 zimlich, wie es sich gebührt. — 110 geren,
Schoß. — 115 als, alles; ebenso 120; schlichten, rechten, lenken. — 116 be-
richten, unterrichten. — 119 glöset, gelöset, losgekauft. — 124 im Druck:
am meer. — 127 aus, hinaus. — 132 leren, lernen.

Es dunkt mich, es leret ſich früh,
　　Mutwill und frechheit komt ohn müh.
Ler du ſie die recht gottsforcht vor,　　　　135
　　Die iſt zu weisheit tür und tor,
Und denk, das rechenſchaft muſt geben
　　Für die verderbnus und bös leben.
Es leßt ſich zwar nicht alſo ſchimpfen:
　　Und mit der weltlichkeit verglimpfen:　140
Du hörſt wol, was dein Chriſtus melt,
　　Sein völklein ſei nit von der welt,
Wiltu dein kinder weltlich machen,
　　So ſteckſts dem teufel in den rachen:
Dann man ſol brauchen ſo die welt,　　　145
　　Als ob mans nit brauch, noch was gelt.
Man kan nit dienen ie zugleich
　　Gott und der welt, des teufels reich,
Daher umſonſt nit Chriſtus ſpricht:
　　„Ir engel ſehen gotts angſicht“,　　　150
Als ſprech er, das ſie die verklagen,
　　Die kindern hie bös vorbild tragen.
O weh der welt vor ergernus,
　　Welchs weltlichkeit heut heißen muß:
Damit man reizt gotts rach herzu,　　　155
　　Zu ſtrafen das kalb mit der ku.
Dann wie wolt gott das leiden immer,
　　Das man ſein grün ſetzling bekümmer,
Und im daſſelb beſchmutzen tut,
　　Was ſein ſon reinigt durch ſein blut,　160
Das man die zarte gfeß verwüſt
　　Die zu ſeim lob warn zugerüſt.
Bedacht, das der prophet ſagt dort,
　　Gott leg in kindsmund auch ſein wort,
Und müſſen auch ir ſön und töchter　　165
　　Sein apoſteln ſein und wechter,
Und aus der unmündigen ſtamlen

---

135 vor, zuvor, vorher. — 139 zwar, in Warheit, in der That; ſchim=
pfen, ſcherzen; melt, meldet, ſagt. — 144 im Druck: ſteckts. — 146 mans,
man ſie, die Welt. — 159 beſchmutzen. Im alten Druck ſtand wol ein üb=
licheres Wort für dieſen Begriff, das anſtößig geworden und in den Nach=
drucken in beſetzen umgeändert wurde; Vilmar (und nach ihm Kurz) hat
beſudeln. — 163 Bedacht, in Erwägung; vgl. Schiff 1151.

          Will er seins namens lob auch samlen.
          Wie samlet er aber diß sein lob?
170   Nemlich durch sein wort die recht prob,
          Das laßt er treulich durch sein lerer
          Teilen nach glgenheit der hörer,
          Also das ers auch nicht verschweigt
          Dein kindern, wie diß büchlein zeigt,
175   Darinn er in nach irm verstand
          Durch kurze fragstück macht bekant,
          Die fürnemst stück christlicher lere,
          Wie man in recht nach seim wort ere.
          Derwegen niemand nicht veracht
180   Die Fragen, hie kurz eingebracht,
          Sondern denk, das wir müssen all
          Zu kindern werden in dem fall,
          Wollen wir andern glauben recht
          Die gheimnus unsers glaubens schlecht,
185   Die kindlich einfalt muß uns füren,
          Und müssen lassen uns regieren
          Gotts worts, gleich wie das kind regiert,
          Des vaters red, was der ordiniert;
          Müssen von uns nit hoch ding halten,
190   Sondern wie kind demütig walten,
          Welchs Christus damals hat gemelt
          Da er das kind für djünger stellt.
          Hierum so brauch, mein liebe jugend,
          Diß büchlin zu ler und rechter tugend,
195   Die dann in gotts erkantnus stehet,
          Das man nach seinen gboten gehet.
          Darzu wöll gott sein gdeien geben
          Und nach disem das ewig leben.

---

        174 Dein, Deinen. Vilmar (Kurz) ändert ohne Noth: Den; diß büch=
lein, der Katechismus. — 180 kurz eingebracht, ins Kurze gezogen. —
187 Gotts worts, der Genitiv: nach dem Worte, durch Gottes Wort; das
kind, ist Accusativ: die Rede des Vaters regiert das Kind. — 191 gemelt,
vgl. 141. Der Druck (bei Vilmar, Zacher, Kurz) hat den Druckfehler: gewelt,
was gewählt und gewollt bedeuten, aber nicht richtig sein kann, da hier auf
Matth. 18, 2 fg. Bezug genommen ist.

Die Kunst.

Wiewol es vil ist, das die kunst
Jr selber schaffet lieb und gunst
   Und anderen ergetzlicheit,
   Noch ist vil meh die nutzbarkeit;
Dann gmel mag auch die tier ergetzen   5
Und sind drum nicht für meh zu schetzen:
   Aesopi wolf freut auch ein bild,
   Blieb doch ein wild und wurd nie mild;
Ein kind sucht auch gern gmalte schild,
Wiewol es nicht sein deitnus fült: 10
   So sagt man, das gmeinlich die götzen
   Die götzen pflegen zu ergetzen;
Aber ein weiser höher sucht,
Acht nicht der schal, sonder der frucht,
   Dieweil er weiß, das erlich künst   15
   Sind gschaffen zu des menschen dienst.
Was solln aber für dienst diß heißen,
Die nicht das gmüt auch unterweisen?
   Was soll ein weiser sich dran gnügen,
   Das Parrhasius kan betrügen   20
Mit seinem schön gemalten trauben
Die einfaltig gelustrig tauben?
   Het er das kind, welchs den traub fürt,
   Recht gmalt, kein taub hets nit berürt,

---

7 Aesopi, d. h. Stainhöwel's Esop (Romulus) 2, 14; Waldis, Esopus 1, 28. — 10 deitnus, Bedeutung. — 20 Parrhasius, Plinius 35, 36. Die Geschichten alter Maler sind alle aus Plinius, doch entstellt; so hat Parrhasius nur Trauben, Zeuxis aber ein Kind, welches Trauben hielt, gemalt und sich dann selbst gesagt, als die Vögel hinzuflogen, dies würde nicht geschehen sein, wenn er das Kind lebenswahr gemalt hätte. — 22 gelustrig, lüstern. — 23 traub, m., vgl. Landlust 131 fg.

25   Und wer er nicht vil tauber gwesen,
             Als alle tauben, die wir essen,
             Hett er zerstoßen nicht die hand,
             Da er wolt ziehen von der wand
             Den umhang, auf das er beseh,
30   Was dahinden gemalet steh.
                 Was ists, das der fremd maler Dosse
                 Malt etlich hör so schön zum bossen,
             Das sie die pfauen so zerbissen,
             Biß gar der kalk ist abgerissen?
35   Oder das ein baum einer malt
                 In ein kirch, so artlich gestalt,
             Das vil vögel, gar grob betrogen,
             Drauf zu sitzen, sind zugeflogen?
                 Und das einer so wol malt zigel
40   Auf tuch und gzelten, das manch gflügel
             Zuflog und sich darauf wolt setzen,
             Seinen schnabel daran zu wetzen?
                 Degleichen, das ab gmalter schlang
                 Vil vögel vergaßn ir gesang,
45   Und ein trostel also erschrak,
             Das ir die pfeif ful gar in sack?
                 Solch ding sind, wie man spricht, nur kitzlig;
                 Aber zur besserung nicht vil nützlich,
             Und welchen solch schlecht ding erfreuen,
50   Möcht lachen auch der vogelscheuen
                 Auch auf der vogelherd der flücken,
                 Und wann vögel in ofenster picken;
             Auch das der esel scheut sein schetten,
             Und maidlin gern vorm spiegel beten,
55   Und das Narcisso sein gestalt
                 So mechtig wol im bronnen gfallt.
             Aber ein weiser mitleid hat
             Mit anderer einfalt und schad,

---

31 Dosse, was Fischart von Dosso, geb. 1474 zu Ferrara, berichtet, beruht
auf flüchtigem Lesen, da, wie Kurz 2, 450 fg. bemerkt hat, die Geschichte dem
mailänder Maler Bernazzano gehört und von Vasari (Vite etc., Mailand 1807,
9, 146) nur im Leben Dosso's erzählt wird. — 39 zigel, Plinius 35, 37. —
46 ful, fiel; daß sie im Singen ab= brach. — 47 kitzlig, aus Kitzel hervor=
gegangen, Curiositäten. — 50 vogelscheu, Vogelscheuche. — 53 schetten,
Schatten, wie hend statt Hand u. s. w.

Lert draus erkennen seine gab,
  Wie er gott meh zu danken hab,   60
Und was die kunst wol leisten künt,
Wann man auf nützlich sach sie gründ,
  Und wiewol er nach menschenbrauch
  Bei lieblicheit solcher kunst auch
Sucht sein freud und ergeßlicheit,   65
Jedoch sie in nit gar verleit,
  Das er nicht vil meh forscht und tracht,
  Wie er sie im zu nuß auch macht.
Dann wer ist solch ein unmensch schlecht,
Der nicht mit lust auch sehen möcht
  Apellis pferd, gemalt so rustig,   70
  Das ein lebhafts im zuschrie lustig?
Oder des herzogs türkischen hund
Zu Mantua, der so schön stund
  Gemalt vom maler Monsignor,   75
  Das der hund, so im gram was vor,
So oft er fürlief, in ful an
Und zerstieß oft den kopf daran!
  Auch das alt weib, so ungestalt,
  Das selbs der Zeusis, der es malt,   80
Sich hat zu tod gelacht darüber,
Da andre doch ausspien drüber?
  Jedoch wie gern weis diß seh,
  Noch seh ich lieber nutßlichs meh,
Das das gemel bericht die seel,   85
Wie sie nicht fel, und rechts erwel,
  Das es sein kraft und artlicheit
  Nicht allein wend zur zartlicheit,
Sonder zu unterricht dem gmüt,
Das es in lastern nicht verwüt,   90
  Und nicht allein der augen blick,
  Sonder das herz erquick und schick,

---

70 Apellis pferd, Plinius 35, 36. — 71 türkischer hund, von dem
Maler Francesco Monsignor, geb. 1455 zu Verona. Vasari 10, 94 bei Kurz
2, 451. — 79 das alt weib des Zeuxis. Die Todesart desselben, die auch
Festus 209 Müller erwähnt, fand Fischart in dem oft benutzten Lexikon des
Carl. Stephanus; sub voce Zeuxis. — 85 berichten, anweisen. — 80 ver=
wüten, verwildern.

Welches es dann sehr leichtlich kan,
Wann es sein künstlicheit legt an
95   An die heilig historisch gschicht,
Nützlich exempel und gedicht,
Poetisch fünd, gmalt poesie,
Lerbild und gmalt philosophie,
Welches zwar solche sachen sind,
100   Das ie meh man nachsinnt und gründ,
Je meh sie scherfen den verstand
Und machen die sach baß bekant.
Drum warn die maler ie und ie
Poeten und philosophi,
105 Und Pamphilus wolt kein lern nie,
Er könt dann die geometrie,
Auch rechnen und les die poeten,
So die erfindung meren teten;
Drum hat er auch solch schuler ghabt,
110 Die vor andern warn hoch begabt,
Apellem und den Pausiam,
Bei den die kunst so hoch aufkam,
Das man ir stift zu Sicion
Sonder schulen, darein zu gon.
115 Und der fürnem Melanthius
Rümt, das durch malens fördernus
An weisheit er hab zugenommen.
Secht, wa durchs gmäl man hin kan kommen!
Auch bzeugt solchs, das aus malens grund
120 Die erst egiptisch schrift entstund,
All weisheit und theologie,
Die hieroglifisch nanten sie.
Drum, wa die kunst erhalten würd,
Daselbs all freundlichkeit man spürt,
125 Sind alle künst in irer blüh;
Wa aber ist abgschaffen sie,
Da ist gewis all barbarei,
Wie solchs bescheint in der Türkei.

---

103 ie und ie, stets. — 105 Pamphilus, Plinius 35, 10. — 109—11 schu=
ler, Apelles, dessen Schüler Pausias war. Plinius 35, 13. — 115 Melan=
thius, Schüler des Pamphilus. Plinius 35, 7.

Das Glückhaft Schiff von Zürich.

Artliche Beschreibung der ungewonten, und doch glück=
fertigen Schiffart etlicher Burger von Zürich auf das
vilberümte Hauptschiessen gen Straßburg gethan. Gestellt
einer Loblichen Eidgenosschaft, einer Statt und gemein
Zürich, auch dem mit freuden vollbrachten Straß=
burgischen Schiessen, und der ehrlichen Nachparlichen
besüchung, der Glückhaften Schiffartgeselschaft,
zu gedächtnus, Rum vnd Ehren

Durch Alrich Mansehr vom Treübach.

———————

Man list von Xerxe, dem beherscher
Des aufgangs und der edeln Perser,
    Welcher neunhundert tausent mann
    Füret wider die Griechen an,
Das, als er het zu mer gestritten   5
Und sehr großen verlust gelitten,
    Da ward er so ergrimmet sehr,
    Das er ließ geiselen das mer
Und wurf ketten drein, es zu stillen
Und es zu fesseln nach seim willen.   10
    Aber was half in diser hon?
    So vil als nichts, er floh davon.
Desgleichen hört man von Venedig,
Das sie, zu schaffen das mer gnedig,
    Jerlich werfen hinein ain ring,   15
    Das es sie wie ain braut umfing.
Aber wie oft hats sich erwisen
Ganz feindlich mit den übergüssen!
    Auch, wann sie irer gmal wol trauten,
    Was dorfts, das sie vil demm umbauten?   20
Deshalb ain andre weis ist gwis,
Zu zemen die wasser und flüß,
    Das sie geschlacht und folgig werden
    Und die leut fertigen on bschwerden.
Welchs ist dieselb? Nemlich nur die,   25
Welche wir han erfaren hie,

Das neulich sie gebrauchet hat
Die jung mannschaft aus Zürch der statt,
Das ist handfest arbaitsamkeit
30 Und standhaft unverdrossenheit
Durch rudern, riemen, stoßen, schalten,
Ungeacht müh ernsthaft anhalten,
Nicht scheuen hitz, schwaiß, gferligkeit,
Noch der wasser ungstümigkeit,
35 Nicht erschrecken ab wirbeln, wellen,
Sonder sich herzhaft gegenstellen
Je meh die flüß laut rauschend trutzen,
Je kräftiger hinwider stutzen.
In summa, durch standhaft gemüt,
40 Und strenge hand, die nicht ermüd:
Dann nichts ist also schwer und scharf,
Das nicht die arbait underwarf,
Nichts mag kaum sein so ungelegen,
Welchs nicht die arbait bring zuwegen;
45 Was die faulkeit halt für unmüglich,
Das überwind die arbait füglich:
Die arbait hat die berg durchgraben
Und das tal in die höh erhaben;
Hats land mit stetten wonhaft gmacht
50 Und die ström zwischen damm gebracht,
Hat schiff gebaut, das mer zu zwingen,
Das es die leut muß überbringen,
Und die leut über flüß muß tragen
Und sich mit rudern lassen schlagen,
55 Das es die schiff so gschwind muß füren,
Als die vögel der luft tut rüren.
Derwegen dieweil durch solch weis,
Namlich durch arbaitsamen fleiß,
Die Züricher haben vorgetroffen
60 Vilen, die auch dergleichen hofften,

---

29 arbeitsamkeit, ausdauernde Anstrengung. — 31 riemen, ru=
dern; ebenso ist schalten mit: stoßen, schieben dasselbe. — 35 ab, vor. —
38 stutzen, stoßen. — 47—48 Beide Verse führt Fischart im Feldbau 1579,
S. 8 an und fügt hinzu: „Hat dem luft seinen paß verbauet, Das man felder
für felsen schauet, Und mit dem luft gemacht ein bund, Das er itzund muß
werden gsund." — 48 erhaben, partic., von erheben, erhoben. — 56 luft, m.
— 59 vortreffen, übertreffen.

Und han ain beſſern weg gefunden,
Wie die flüß werden überwunden,
    Und alſo han gſchafft ain nam,
    Der bleibt, ſo lang der Limmat ſtram
Zu irem vater lauft in Rein,   65
Und der Rein kert im merkreis ein.
    So wer es ie ain unverſtand,
    Die gſchicht zu machen nicht bekant,
Dieweil es ie kain fabel iſt,
Wie man vom Triptolemo liſt,   70
    Der in kurzer zeit hat durchgangen
    Die ganze welt auf fliegend ſchlangen;
Noch ain gedicht von fliegend drachen,
Welche Medea zam kont machen.
    Hie darf das ſchiff kain flügel nit,   75
    Wie Perſei luftpferd, welchs er ritt;
Hie darf kain fettich man umtun,
Wie Jkarus, ſo ſchmelzt die ſunn:
    Sonder ſtandmut und feſte hand,
    Das macht recht fliegen durch die land: 80
Arbait und fleiß, das ſind die flügel,
So füren über ſtram und hügel.
    Derhalben weichet ir poeten,
    Die war geſchicht in falſch gdicht nöten,
Und laßt uns hören mit verlangen,   85
Wie im ſommer neulich vergangen
    Von Zürch ain gſellig burgerſchaft
    Mit gutem glück und manneskraft
Gen Straßburg auf das ſchießen fur,
Da ſie all freüntlicheit erfur.   90
    Als nun war ausgebrochen weit
    Deren von Straßburg willigkeit

---

64 Die Limmat, die Fiſchart auch Lindmagt nennt. — 70 Triptolemus,
der von der Demeter auf geflügelten Schlangen ausgeſandt wurde, um den
Ackerbau zu lehren. Hygin 147, aus dem Fiſchart aber nicht unmittelbar
ſchöpfte. — 75 darf, bedarf. — 76 Perſeus, der Sohn des Zeus und der
Danae, hatte nicht eigentlich ein Luftpferd (den Pegaſus), ſondern die
Flügelſchuhe des Hermes. Fiſchart verwirrt hier eine Stelle ſeiner Quelle. —
77 fettich, Fittig, Flügel. — 78 Jkarus, der Sohn des Dädalus. Plinius
4, 11; Ovid. Faſt. 4, 281. — 84 nöten, nöthigen, zwingen. — 91 ausbrechen,
lautbar werden.

Zu pflanzung nachbarlicher freundschaft,
In irem ausschreiben, gemainhaft
95   Hin und wider an stend und stett,
      Und alle nachbaurn, die es hett,
Zu aim hauptschießen schön mit lust,
Zugleich mit büchsen und armbrust,
      Zu deren iedem war das best
100   Hundert gulden, on sonst den rest.
Da sind von hoch und nider stand
Erschinen vil aus statt und land.
      Deshalb die loblich lieblich statt
      Zürch, die nach seim nam stiften tat
105   Türich, ain könig der Heldwallen
Und Balgerhelden, stark vor allen,
      Vor Christi gburt zwai tausent jar,
      (Von dem auch Trüehr gbauet war,
Und im Heldsaß die statt Türacburg
110   Bei den Trüwonern, heut gnant Stratburg)
      Welche berümte Türuchiner
      Zu Cäsars zeiten waren küner,
Als andre im Heldveterland
Und zogen oft mit gwerter hand
115   Den Römern ins keiserlich gbiet,
      Zu schützen ir freiheit damit:
Wie sie sich dann auch mannlich stelten
Bei Rudolf von Habspurg, dem helden,
      Und andern keisern, so nach kamen,
120   Daher groß freiheit sie bekamen:
Ja, die statt ward so hoch geacht
Von wegen irer tugendmacht,
      Das sie den eidgnossen hat gfallen
      Zu sein das erst ort under allen:

---

99 das best, der höchste Gewinn. — 100 on sonst den rest, die übrigen
Gewinne nicht mitgerechnet. — 105 Türich, ein fabelhafter, aus dem Namen
Zürichs abgeleiteter König; Heldwallen, Helvetier. — 106 Balgerhelden,
Kämpferhelden. — 108 Trüehr, Trier. — 109 Türacburg, die Burg des
Türich. — 110 Trüwoner, Triboci bei Ptolemäus; Tribocchi bei Plinius
4, 17; Triboni bei Ptol.; Stratburg, das stuttgarter Exemplar hat Straß-
burg. — 113 Heldveterland, Land der Heldenväter, Helvetien. — 121 so,
im Druck: sa.

Ja dise alt berümte statt,   125
So die Limmat eingfangen hat
   Mit etlich schönen weiten brucken,
   Und ist berümt von vilen stucken,
Von policei, religion,
Von mancher gelerter person,   130
   Von weisen leüten zu dem rat
   Und streitbarn leuten zu der tat,
Dieselbig wolt auch nicht erlosen
Die glegenheit, ir aufgestosen,
   Ir uralt freund und nachbar leut   135
   Haimzusuchen in freuden weit,
Und solches auf ain sonder weis,
Die sich reimt zu der freudenrais.
   Dann gleich wie sein zeit hat das laid,
   Also hat sein zeit auch die freud.   140
Und wie das laid in unmut stet,
Also die freud auf kurzweil get.
   Derhalben sich ain ehrlich gsellschaft,
   Von vier und fünfzig sammenthaft,
So all in leibfarb warn geklaidt,   145
Zu zaigen ir einmütigkeit,
   Verglichen haben aines stücks,
   Welches bedorft wol großes glücks,
Nemlich in aim tag tun ain fart
Die man kaum in vier tagen fart: 150
   Und in dem folgen den vorfaren,
   Die auch dergleichen schifleüt waren;
Dann was staht baß? Dann wann die jugend
Nachschlegt irer vorfaren tugend?
   Dann also grünen die stett hie,   155
   Wann tugend bleibt bei alter blüh,
Aber wo aus der art man schlegt
Und täglich neue breuch erregt,
   Da kumt gewis ain neuerung,
   Die selten aim land wol gelung;   160

---

129 Policei, Verfassung. — 133 erlosen, erlassen, unterlassen. —
137 sonder, besondere. — 144 sammenthaft, in allem, zusammen. —
145 leibfarb, Fleischfarbe, roth.

Und wie wol heut die junge welt
Für schlecht der alten taten helt
    Von schlecht richtiger umstend wegen,
    So solte doch dieselb erwegen,
165 Das sie durch die schlecht richtigkeit
Iren solch macht hat zuberait,
    Da man durch neu unrichtigkeit
    Heut teglich sicht entsten groß laid.
Darum vil anders gsinnet war
170 Diese zürichisch gsellschaft zwar,
    Die auch erweisen wolt die kraft
    Der alten, bei junger mannschaft,
Und erzaigen durch solch wagstück
Das mit Zürch noch halt das alt glück.
175   Rüsten derwegen zu ain schiff,
    Welchs in aim tag gen Straßburg lief,
Versahen es mit aller ghör,
Damit recht zu erlangen ehr,
    Bestellten schifleut so regirten
180   Und die jung mannschaft wol anfürten.
Nachdem nun alles war versehen
Ward zu der abfart angesehen
    Im brachmonat der zwenzigst tag,
    Das man es mit dem wagschiff wag,
185 Namen darauf fast um zwo uren
Gleich gegen tag, das sie abfuren;
    Drugen ain warmen hirs ins schiff
    In ainem großen hafen tif,
Zu zaigen an, das wie sie könten
190 Den hirs warm lifern an ferrn enden,
    Also weren sie allzeit gwertig
    Zu dienen iren freunden fertig:
All warens freudig, das mans wag,
Und grüßten da den lieben tag
195   Mit trummen und trommetenschall,
    Das es gab durch den see ain hall.
„O heller tag, o liebe sonn",
Sprachen sie, „nun dein schein uns gonn,

---

166 Iren, ihr, sich. — 170 zwar, zeware, in der That. — 175 rüsten, rüsteten. — 183 brachmonat, Juni. — 187 hirß, Hirsebrei. — 188 hafen, Topf.

Zaig uns dein liechtes rotes haupt,
Des uns hast dise nacht beraubt,   200
Geh auf mit freuden, uns zu hail,
Das wir vollbringen unser tail:
 Halt bei uns heut mit deinem schein,
 Laß dir kain wolk hinderlich sein,
Zünd durch dein liecht den weg uns heut   205
Auf Straßburg, welchs noch ist sehr weit,
 Dann du auch würst durch dise gschicht
 Noch berümt, wo man davon spricht.
Wolan dein vortrab, morgenröt,
Zaigt, das bei uns wilt halten stet: 210
 Wann wir dein hitzstich heut empfinden,
 Wollen wir dein beistand verkünden.“
Hierauf ruft inen das volk zu:
„Glück zu, glück zu, mit guter ru!
 Vollbringet frisch und gsund die rais,   215
 Gleich wie ir den hirs lifert bais:
Laßt euch kain arbait nicht verdrießen,
Dann ir dadurch grümt werden müßen!“
 Hiemit so stieß man ab vom land,
 Und legt an druder manlich hand,   220
Da gieng es daher in der wog,
Als ob es in dem wasser flog,
 Die ruder giengen auf und ab
 Schnell, das es ain ansehen gab
Als ob ain frembs ungwont gefügel   225
Da auf dem wasser rürt die flügel.
 Die Limmat, welche her entspringt
 Vom Merchberg, der Uri umringt,
Und durchs Linthal für Glarus lauft
Und in dem Obersee ersauft: 230
 Aber im Zürchsee fürkomt wider,
 Und strack für Baden lauft hernider,
Die wolt sich erstlich etwas straussen,
Erzaigt sich wild mit rauschen, braussen,
 Dann ir war ungwont solch schnell schiffen   235
 Und hef sie gern ain weil ergriffen,

---

205 Zünd, weise, zeige; von der Redensart: Zu bett zünden; den Weg
zum Lager mit vorgetragenem Lichte zeigen; vgl. Kehrab 652. — 209 vortrab,
Vorläufer. — 225 gefügel, Vogel. — 333 sich straussen, sträuben, ersetzen.

Von inen zu erfarn bescheid,
Was solches eilen doch bedeut,
    Ob ire landzucht Zürch villeicht
240   Groß not litt, das man von ir weicht:
Aber eh sie es hat erfaren,
Kamen sie schnell aus ir, in d'Aren:
    Die Aar beim höchsten gbürg entsprigt
    Den Gotthart, der in dwolken dringt,
245 Und sich wie ain fischangel windt
Durch Brienz und Tunersee geschwind,
    Und umringt Bern, die landreich statt,
    Die wol ain berenmut zwar hat,
Baides in pflanzung warer ler
250 Und schirmung irer land mit wer:
    Folgends bei Arberg sich krümt eben,
    Die alt statt Solthurn zu umgeben,
Welche auch könig Türich baut
Zu aim sal, des turn man noch schaut,
255 Ja, in die Aar, so gibt den namen
    Dem Argau, ain recht adelssamen:
Dieselb Arig hat sie gelait
In Rein, mit schneller fertigkeit:
    Da freuten sich die raisgeferten,
260   Als sie den Rein da rauschen hörten,
Und wünschten auf ain neues glück,
Das glücklich sie der Rein fortschick,
    Und grüßten in da mit trommeten:
    „Nun han wir deiner hilf von nöten
265 O Rein, mit deinem hellen fluß,
Dien du uns nun zur fürdernus:
    Laß uns genießen deiner gunst,
    Dieweil du doch entspringst bei uns,
Am Vogelberg, bei den Luchtmannen
270 Im Rheinzierland, von alten anen,
    Und wir dein tal, dadurch du rinnst
    Mit baufeld ziern, dem schönsten dienst.

———————

239 landzucht, was im Lande gezogen wird, Landsmann. — 269 Lucht-
mannen der Rhein entspringt am Luckmänierberge, einem Vorberge des Gott-
hards. — 270 Rheinzier, Rhätier.

Schalt diß wagschiflein nach begeren,
Wir wöllen dir es doch vereren:
   Leit es gen Straßburg, deine zierd,   275
   Darfür du gern laufst mit begierd,
Weil es dein strom ziert und ergetzt,
Gleich wie ain gstain im ring versetzt.“
   Der Rein mocht diß kaum hören auß,
   Da wund er um das schiff sich krauß,   280
Macht um die ruder ain weit rad,
Und schlug mit freuden ans gestad,
   Und ließ ain rauschend stimm da hören,
   Draus man mocht dise wort erkleren:
„Frisch dran, ir liebe eidgenossen“,   285
Sprach er, „frisch dran, seid unverdrossen,
   Also folgt eueren vorfaren,
   Die diß taten vor hundert jaren:
Also muß man hie rum erjagen,
Wann man den alten will nachschlagen.   290
   Von euerer vorfaren wegen
   Seid ir mir wilkumm hie zugegen.
Ir sucht die alt gerechtigkeit,
Die euer alten han bereit;
   Dieselbig will ich euch gern gonnen,   295
   Wie es die alten han gewonnen:
Ich waiß, ich werd noch oftmals sehen,
Solchs von euern nachkommen gschehen.
   Also erhelt man nachbarschaft;
   Dann ie der Schweizer aigenschaft   300
Ist nachbaurliche freuntlichkeit,
Und in der not standhaftigkeit:
   Ich hab vil erlich leut und schützen,
   Die auf mich in schiff teten sitzen,
Gelait gen Straßburg auf das schießen,   305
Dafür mit freuden ich tu fließen,
   Aber kaine hab ich gelait,
   Noch heut des tags mit solcher freud.

---

273 schalten, schieben, vorwärts bringen. — 288 „Ein rott frölicher burger
von Zürich furend im summer 1456 in einem tag, von morgen biß abend, aus
der statt Zürich in einem schiff biß in die statt Straßburg auf ein Schießen.“
Stumpff, „Schweizerchronik“ (Zürich 1548). Fol. Bd. 2, 161 b.

Far fort, far fort, laßt euch nichts schrecken

310 Und tut die lenden daran strecken,

Die arbait tregt darvon den sieg,

Und macht, das man hoch daher flieg

Mit Fama, der rumgöttin herlich;

Dann was gschicht schwerlich, das würd erlich.

315 Mit solchen leuten solt man schiffen

Durch die mörwürbeln und mörtiefen,

Mit solchen forcht man kain merwunder

Und kain wetter, wie sehr es tunder;

Mit solchen dörft man sich vermessen,

320 Das ainen fremde fisch nicht fressen,

Dann dise alles überstreiten,

Durch ir unverdrossen arbaiten.

Mit disen knaben solte ainer

Werden des Jasons schiffartgmainer

325 In die insul zum gulden widder,

Da wüßt er, das er käm herwider.

Weren dise am meer gesessen,

So lang wer unersucht nicht gwesen

America, die neue welt,

330 Dann ir lobgier het dahin gstellt.

Laßt euch nicht hindern an dem tun,

Das auf die haut euch sticht die sunn;

Sie will euch manen nur dadurch

Das ir schneid dapfer durch die furch,

335 Dann sie seh gern, das ir die gschicht

Vollbrechten bei irm schein und liecht,

Damit sie auch rum davon drag,

Gleich wie ich mich des rümen mag,

Die blatern, die sie euch nun brennt,

340 Und die ir schaffet in der hend,

Werden euch dienen noch zu rum

Wie zwischen tornen aine blum.

Ir dörft euch nicht nach wind umsehen,

Ir seht, der wind will euch nachwehen,

345 Gleich wie euch nun diß wetter liebt,

Also bin ich auch unbetrübt.

---

324 schiffartgmainer, Schiffahrtgenosse. — 328 unersucht, unbesucht.
— 345 liebt, lieb ist, gefällt.

Ir sehet ja mein wasser klar,
Gleich wie ain spiegel offenbar,
So lang man würd den Rein abfaren,
Würd kainer euer lob nicht sparen,   350
    Sonder wünschen, das sein schiff lief,
    Wie von Zürch das glückhafte schiff.
Wolan, frisch dran, ir habt mein glait
Um euer standhaft freudigkeit.
    Die straß auf Straßburg sei euch offen,   355
    Ir werd erlangen, was ir hoffen;
Was ir euch heut frü namen vor,
Das würt den abent euch noch wor.
    Heut werd ir die statt Straßburg sehen,
    So war ich selbs herzu werd nehen.   360
Heut werd ir als wolkommen gest,
Zu Straßburg noch ankommen resch!
    Nun libs wagschifflin, lauf behend,
    Heut würst ain glückschiff noch genent,
Und durch dich werd ich auch geprisen,   365
Weil ich solch treu dir hab bewisen."
    Solch stimm der gsellschaft selzam war
    Und schwig drob still erstaunet gar,
Es daucht sie, das sie die stimm fül
Als wann ain wind blies in ain hül: 370
    Derhalb jagt sie ir ein ain mut,
    Gleich wie das horn und rüsen tut
Des jegers, wann es weit erschallt,
Den hunden in dem finstern wald,
    So sie im diesen tal vorlaufen,   375
    Und die berg auf und ab durchschnaufen,
Alsdan in erst die waffel schaumt,
Und kommen auf die spur ungsaumt:
    Also war auch dem schiff die stimm,
    Bekam zu rudern erst ain grimm;   380
Teten so stark die ruder zucken,
Als wolten fallen sie an rucken,
    In gleichem zug, in gleichem flug,
    Der steurman stund fest an den pflug,

---

360 nehen, nahen, kommen. — 362 resch, rasch. — 370 hül, Höhle. —
377 waffel, Maul; schaumt, schäumt. — 382 zucken, anziehen, als ob sie
hinten über fallen wollten. — 385 pflug, Griff des Steuerruders.

385   Und schnitt solch furchen in den Rein,
       Das das underst zu oberst schein:
           Die sonn het auch ir freud damit
           Das so dapfer das schiff fortschritt,
       Und schin so hell in druder rinnen,
390   Das sie von fern wie spiegel schinen:
           Das gestad scherzt auch mit dem schiff,
           Wann das wasser dem land zulief,
       Dann es gab ainen widerton,
       Gleich wie die ruder teten gon:
395   Ain flut die ander trib so gschwind,
           Das sie aim underm gsicht verschwind:
       Ja, der Rein wurf auch auf klain wellen,
       Die danzten um das schiff zu gsellen.
           In summa, alles freudig war,
400   Die schiffart zu vollbringen gar,
       Die vertröstung, rum zu erjagen,
       Erhitzigt ir herz, nicht zu zagen:
           Wiewol sie itzund gar noch kamen
           Auf Lauffenberg, so hat den namen,
405   Von des Reins hohem lauf und fall:
       Da etlich berg mit großem schall
           Dem Rein aus neid sich widersetzen,
           Die sich dadurch doch selbs verletzen;
       Dann ie der Rein on alle scheu
410   Etzt durch sie eine straßen frei
           Und würd sie mit der weil verzeren,
           Zu aim vorbild, demut zu leren
       Und nicht zu understohn mit zwergen
       Den himmel zu stürmen mit bergen.
415   Als sie daselb nun durch die brück
           Furen mit des Reins gutem glück,
       Da dankten sie im für die treu,
       Und besahen das schön gebeu,
           Und redten von der salmen wog,
420   Wie der Rein da vil salmen zog:
       Folgends auf Seckingen sie schifften,
       Die das volk der Segwanen stiften,

_____

289 druder rinnen, die Furchen der Ruder. — 398 zu gsellen, als,
wie Gesellen, Gefährten. — 412 leren, lernen. — 22 Sequanen.

Da des Reins achtest bruck angeht
Und in sant Fridlins insul steht,
Noch musten sie sich weiter schicken,   425
Zu ainem strudel under bücken,
   Welcher der dritt ist in dem Rein
   Und schrecklich laut vom namen sein,
Dann er genant ist „im Höllhacken“,
Weil nach den schiffen er tut zwacken.   430
   Da sprachen sie dem schifflin zu,
   Das es itzund sein bestes tu
Und eil auf Reinfelden geschwind,
Da es die neunte Reinbruck find;
   Wenn es durchbrech den wasserbruch,   435
   So find es darnach, was es such.
Eh sie diß hetten ausgeredt,
Waren sie hindurch auf der stett
   Da lobten sie den Reinen fluß,
   Das er so gdultig on verdruß   440
Durchdring durch sein standhaftigkeit
Der felsen ungestümigkeit.
   Also müß allen den gelingen,
   Die durch den neid nach eren ringen,
Also auch unserm schiff geling,   445
Das es noch heut sein lauf vollbring:
   In des kamen sie für Reinfeld,
   Welch billich also würd gemeldt
Dieweil daselbs der Rein fängt an
Zu rinnen rain und still davon,   450
   Das er sicht wie ain eben feld,
   Und unbetrübt sich forthin stellt:
Welchs er gleichsam zu lieb tun scheint
Der statt, die sich in längst verfreundt
   An baidem gstad, Basil genant,   455
   Dem haupt in dem Trautricherland,

_____

423 achtest, achte. „Der achtst, der nünt.“ Murner, NB., 42, 85. — 438 auf
der stett, sogleich. — 451 sicht, aussieht. — 455 an baidem gstad, auf
beiden Ufern. Meusebach in seiner Recension (Allgemeine Literatur Zeitung,
1829, Spalte, 435 fg.) scheint mit Halling an bei gelesen zu haben, da
er die für ihn beweisende Stelle (beides als Singular) nicht anführt. —
456 Trautricherland, etymologische Spielerei mit Traut, lieb, Rich, reich,
Raurici, Rauraci.

Die mit Augſt, etwan genant Rurich,
Gebaut ward von des königs Turich
    Underthanen, den Treuwackern,
460   Die von dem Rein mit dem Trautrachern,
Auf das man das Reinland erfüll,
Zogen dem gbürg nach und der Ill
    Auf Illfurt, da ſie überfürten,
    Durchs Leimtal der Priſit nachſpürten,
465 Deren ſie folgten, biß ſie lenden,
Da Priſich und Birs in Rein wenden,
    Da ließ ſich nider der ain hauf,
    Und nanten das ort Baß Ill drauf,
Weil ſie ain beſſer Ill da funden,
470 Da ſie der Ill vergeſſen kunten.
    Von diſer alten kundſchaft wegen,
    Maint man, zaig ſich der Rein ſo glegen,
Eh er auf die ſtatt Baſil komt
Dieweil ſie ſein gſtad hat vil gfromt,
475   Baides mit dapfrer leut vertrauung
    Und ſeines talgelends erbauung
Welcher kundſchaft auch hat genoſſen
Zum glait die gſellſchaft unverdroſſen,
    Dieweil ſie der ſtatt und dem land
480   Mit eidverbündnus war verwant.
Derhalben, als ſie ſah von weite
Der ſtatt ſpitzen, ſie ſich ſehr freute
    Und ſprach alsbald zuſamen do:
    „Ain guts ſtück wegs ſind wir nun fro!
485 Baſel ſoll uns ſein ain gut zaichen,
    Das wir noch Straßburg auch erraichen,
    Dieſe ſtatt freut uns wol ſo ſehr,
    Als Orion die leut zu meer:
    Han wir den rauchſten weg erwunden,
490   Der weiteſt würd auch wol gefunden.
    O Baſel, du holtſelig ſtatt,
    Die den Rein in der mitte hat,

---

457 Augſt, Augusta; Rurich, raurica, ein Dorf bei Baſel, früher Stadt des lateiniſchen Namens. — 459 Treuwackern, Triboci, Elſäßer. — 464 Priſich, Birſeck, die bei Baſel, wie die Birs in den Rhein mündet. — 468 Baß Ill, Baſel. Ueber dieſe Namenſpielerei vgl. Wackernagel, Fiſchart, S. 7 u. 22. — 476 Thalgeländes. — 489 erwunden, überwunden.

Allda er nimt ein neuen schwang
Gegen mitnacht vom nidergang,
　　Du must gewis sehr freuntlich sein,　　　495
　　Weil durch dich freundlich rinnt der Rein.
Darum nach deiner freundlichkeit
Auf Straßburg freundlich uns gelait!"
　　Hiemit stallten sie frische an,
　　Die furen für die statt hinan.　　　500
Um zehen ur, da sah man sten
Sehr vil volks auf der Reinbruck schön,
　　Zu sehen dise waghaft gsellen,
　　Wie auf dem Rein sie daher schnellen,
Und verrichten ain solche tat,　　　505
Die in vil jaren niemand tat,
　　Damit sie solches iren kinden,
　　Wan sies nicht glaubten, auch verkündten,
Und dabei inen zaigten an,
Wie küne arbait alles kan.　　　510
　　Als sie das volk nun allda sah
　　Durch die bruck faren also gah,
Als ob ain pfeil flög von dem bogen,
Oder ein sperwer wer entflogen,
　　Da rüft es sie ganz freudig an:　　　515
　　"Der mechtig gott lait sie fort an,
Der inen so weit gholfen hat
Der helf in weiter zu der statt!
　　Ain solchen mut wöll gott den geben,
　　Welche nach rum und eren streben."　　　520
Hinwiderum tönten sie auch
Mit den trommeten scharf und rauch,
　　Das es gab so ain widerhall
　　Als tet ain baum im tal ain fall.
Dann vom rudern und gschwindigkeit　　　525
Ward der ton gbrochen und verleit:
　　Das volk het kaum ir wunsch verricht,
　　Verlor das schiff sich aus dem gsicht.
Demnach nun Basel war fürüber
Sah die gesellschaft Brisach lieber;　　　530

_____

　499 stallten an, praet. von anstellen, nicht von anstallen. — 526 ver=
leit, verleitet, oder verlegt: übertönt.

Aber bei Ißftein, ainem schloß,
Welches zerftört ftet öd und bloß,
Wolt sich erft auch ain strudel ftreuben
Und tet groß wellen da auftreiben;
535   Jedoch die gesellschaft es veracht,
Und sprach: „Es het gleich so vil macht
Als dis schloß, bei dem er her strudelt,
Welchs zu der wer war gar verhudelt:
Konten wir Strudelberg durchdringen,
540   Wir wölln auch hügel überspringen:
Kan uns den mut kain hitz zerspalten,
Würd den kain eisstain nicht erkalten.“
Trangen demnach auf Neuenburg
Ein stettlein, so bedarf groß sorg,
545   Dieweil der Rein mit seinem lauf
Tringt also stark und heftig drauf,
Und laßt sein macht so streng da schauen,
Das man in nicht gnug kan verbauen;
Hat mit der weil auch mit sein güssen
550   Der statt ain gut stück hingerissen.
Welchs die gesellschaft tet betrauren,
Und baten den Rein um hedauren,
Das er sein zorn wöll lan verfließen
Und sie ainmal der ru lan gnießen.
555   Weil sie noch reden dise wort,
Stieß sie der Rein auf Preisach fort,
Welche statt an aim berg sich helt
Von deren Brißgau wurd gemelt,
Und lag etwa mitten im Rein,
560   Daher es schein elsassisch sein:
Als sie dieselbig sahen weit,
Da gab es inen mut und freud,
Dieweil da halber weg zu Rein
Von Basel soll auf Straßburg sein:
565   Vor großer freud, die sie empfiengen,
Die ruder des fertiger giengen,
Also, das sie eh kamen hin,
Dann sie es hetten in dem sinn,

_____

539 Strudelberg, Höllhacken, vgl. 426 fg. — 558 deren, der, welcher
(der Stadt); gemelt, genannt.

Nemlich ungefer zu zwai uren,
Welche, als die burger erfuren   570
   Liefen sie zu, die zu beschauen,
   Die große flüß zu zwingen trauen,
Welches, als sie besehen hatten,
Lobten sie ire mannlich taten,
   Das sie ain solchs beinah vollbrechten,   575
   Welchs sein unmöglich vil gedechten,
Derhalben werd man sie auch preisen,
Allweil Preisgau vom preis würd haißen.
   Nachdem nun sie auch an dem ort
   Durch die bruck furen glücklich fort,   580
Da manten sie ainander wider
Das man nun tecklich für hernider,
   Dieweil der Rein doch für sie wer
   Und strenger nun zu laufen bger:
Aber ie me der Rein fort stiß,   585
Je me die sonn ir kraft bewis;
   Dann als sie mit irn schnellen geulen
   So heftig in die höh tet eilen,
Zu sein im mitten zu mittag,
Auf das sie da ausspannen mag,   590
   Ward sie vom eilen so erhitzt
   Das sie nur feurstral von ir schwitzt,
Die schoß sie hin und her sehr weit,
So wol auf arbaitsame leut,
   Als müßige, auf iene drum,   595
   Das bald zu end ir arbeit kum;
Auf dise drum, das sie empfinden,
Wie sich arbaitend leut befinden.
   Dann welchen die hitz tut gewalt,
   Die stellen nach der küle bald,   600
Und fördern ire sachen meh,
Das sie diselb erlangen eh.
   Fürnemlich aber schoß ir stral
   Die sonn auf unser schifflin schmal,
Weil sie im schir vergonnen tet,   605
Das es lif mit ir um die wett,

---

578 Allweil, so lange als, vgl. 1171. — 587 geulen, Gäulen, den Rossen
des Sonnenwagens. — 600 stellen nach, nach etwas trachten. — 605 ver=
gonnen, misgönnen.

Und wolt ir nachtun iren lauf,
   Mit ir gehn nider wie auch auf.
Jedoch die manlich raisgeferten
610 Achteten nichtes der beschwerden,
   Ir erenhitzig rumbegierd
   Stritt mit der sonn hitz ungeirrt,
Die äußerliche prunst am leib
Die innerlich prunst nicht vertreib;
615   Je me erhitzigt ward ir blut,
   Je me entzindet ward ir mut;
Je me von inen der schwaiß floß
Je me muts in die rais eingoß,
   Dann arbait, müde, schwaiß und frost
620   Sind des rums und der tugend kost,
Das sind die staffeln und stegraif,
Darauf man zum lob steiget steif.
   Mit müßiggang und gmachlichkeit
   Man kainen namen nicht berait,
625 Die schimlig faulkeit und wollüst
Ligen vergraben in dem mist:
   Aber von ernsthitzigem fleiß
   Muß der stal schmelzen wie das eis,
Und widrum durch standhaft anhalten
630 Muß das eis in kristall erkalten:
   Gleich wie auch von der sonnen gschicht,
   Wie man im Schweizergbirg oft sicht.
Mit der weis kan ain standhaft man
Eben diß, so die sonn auch kan,
635   Wie solt dann solchen standhaft freunden
   Die zu der arbait sich verainten,
Die sonn nun etwas angewinnen,
So sie doch ire kunst auch künnen?
   Und, gleich wie sie die erd erhert
640   Und das wachs erwaicht und versert,
Also zu trotz dem sonnenstral
Erherten sie gleich wie kristall,
   Und die müh, welche scheint kristallen,
   Waichen sie, das sie muß zerfallen:

---

621 ſtaffel, Stufe.

Und halten nur der sonnen stich 645
Für anmanung, zu fördern sich;
    Dann wer schön wetter haben will
    Muß leiden, das er die sonn fül.
Derwegen als die sonn vermerkt
Das nur ir manheit wurd gesterkt, 650
    Und sah allweil das schiff forteilen,
    Da sorgt sie, sie möcht sich verweilen,
Das ir villeicht das schiff for kem
Und also ir das lob benem,
    Derhalben nicht halb ausgerut 655
    Spannt sie frisch pferd vor wolgemut,
Ließ sich aus irem guldnen sal,
Und rennt in aim kib ab zu tal,
    Als man vom himel ain feurstral
    Schießt plötlich in ain ferres tal. 660
Sie braucht sich auch so emsiglich,
Das sie bei Reinau in vorstrich,
    Und zaigt sich dem schiff auf den seiten,
    Im zu dem wettlauf auszubieten,
Welchs dise männer me ermant, 665
Das waidlich sie anlegten hand,
    Fürnemlich da sie daucht von ferr,
    Wie ain neu gstirn in forschin her
Vom widerschein der hohen spitzen
Der turns zu Straßburg durch hell blitzen, 670
    Die auf der spiz die sonn erregt,
    Auf das sie die gsellschaft bewegt,
Und also gleichsam mit ir scherzt
Und sie zu faren macht beherzt,
    Dann ir der kib vergangen war, 675
    Als sie ward ires vortails gwar,
Und ließ die pferd gern langsam traben,
Me kurzweil mit dem schiff zu haben,
    Welchs mit ir, ungewonter weis,
    Auf dem Rein wett lif um den preis, 680

---

645 fg. sie halten die Stiche der Sonne für eine Aufforderung, sich zu
sputen. — 658 kib, Eifer, Aufwallen, vgl. 675; zu tal, abwärts. — 661 sich
brauchen, sich anstrengen. — 662 in, ihnen; vorstrich, den Vorsprung ab=
gewann. — 664 im ausbieten, es, das Schiff herausfordern; im Reime ei:
ie, so: 683 eilen külen, 753 meil: will.

Dann große hendel unterstehn,
　　Würd so wol globt als sie begehn:
　　　Aber sie must hernider eilen,
　　　Die erd sich laßen zu erkülen,
685 Und sich selbs im mör zu erfrischen,
Und den feurig schwaiß abzuwischen;
　　　Jedoch zuletzt, eh sie verlauf,
　　　Sprang sie zu etlich malen auf
Hinter den bergen mit irn blicken,
690 Zu sehen wie sie sich nach schicken,
　　　Und als sie es sah schier vollbracht,
　　　Sprang sie noch ains zu guter nacht,
Und befal die gsellschaft dem Rein,
Der sie lait gar in dstatt hinein,
695 　　Welches der Rein gar treulich tat,
　　　Und ließ sich hören am gestad
Mit größerm rauschen vor me freuden
Das sie so nah der statt zu laiten,
　　　Sie ließen auch zu lob dem Rein
700 　　Und zum zaichen, das sie da sein,
Die trommen und trommeten gehn,
Das es gab ain groß freudengtön!
　　　Sie dankten gott auch sonderlich,
　　　Der inen hat so gnediglich
705 Sein gschöpf zu der fart dinen lon,
Die wasser, wetter und die sonn,
　　　Und sie vor aller gfar bewart
　　　Auch in kreft geben zu der fart.
Drauf hat der Rein sein abschaid gnommen
710 Auf das er bald ins mör möcht kommen
　　　Und im die fremde zeitung bringen,
　　　Wie er um rum werd mit im ringen,
Weil man auf im far auch so gschwind,
Dazu on segel und on wind.
715 　　Doch zu Straßburg an der Reinbrucken,
　　　Da hat der Rein gesucht ain lucken

---

681 hendel, Händel, Handlungen; unterstehen, unternehmen. —
691 noch eins, noch einmal. — 698 zu leiten, zuleiteten, lenkten. — 708 in,
ihnen.

Von altem her, hinein in ostatt
Mit aim arm, aus sondrer liebtat,
   Nicht allain drum, das sie die Ill,
   Davon man Elsas nennen will,   720
Samt der Preisch lait zum haupt, dem Rein,
Und also mit der statt verain,
   Sonder auf das der Rein zugleich
   Durch disen arm der statt sein reich,
Was inen würd gefüret zu,   725
Es auszuladn mit guter ru:
   Und durch den arm, genant der Gießen,
   Die schiff wie in ain port darfließen,
Und die freund, so sie bsuchen wöllen
Mögen in mittler statt ausstellen.   730
   Zum selben Gießen sie anfuren
   Ungefer um die sibend uren.
Weil man aber vor hat vernommen,
Das die geselschaft an solt kommen,
   Auch etlich gwett drauf waren bschehen 735
   Wa man sie heut würd kommen sehen,
Da stund vom Gießen zwar herauf
Zum kaufhaus zu ain solcher hauf
   Von mann und weibern, jung und alt,
   Das es sah wie am gstad ain wald.   740
Welcher hauf, als ers sah herkommen
Mit iren trommeten und trommen,
   Da sprach er: „Allhie sind die leut,
   Die wir heut han erwart so weit;
Hie sind dieselben eidgenossen,   745
Welche vollbrachten, was sie bschlossen!
   Wer will forthin meh können sagen,
   Das arbait nicht könn als erjagen?
Weil sie aus vier tagraisen heut
Hat ain gemacht und nah das weit?   750
   Und gzaigt, das nachbarn nicht allain
   Auf etlich zwenzig meilen sein,

---

719 fg. Ill, Preisch, Ill und Breusch fließen bei Straßburg zusammen
und unterhalb in den Rhein. — 730 ausstellen, ausladen. — 735 gwett,
Wetten. — 750 Hat in beiden Drucken. Fischart scheint Gesellschaft im Sinn
gehabt zu haben.

Sonder treißig, ia sechzig meil,
Wan man nach der raiß rechnen will.
755   Diß sind recht nachbarn, die wol weit,
           Doch wan sie wollen, nah sind heut,
Und nahen nachbarn auch zu gan,
Und sich kain müh dran hindern lan:
           Wie solt man nicht alls guts den trauen,
760   Die kain müh noch not hat gerauen,
Ir nachbarn zu besuchen weit:
Was teten sie zu andrer zeit?
           Darum sind sie uns wol willkommen,
           Die uns zu lieb solchs für hant gnommen.
765 Billich tun wir in an all ehr,
     Die uns zur ehr auch kommen her:
           Gott wöll die liebe nachbarschaft,
           Ain statt Straßburg und eidgnoßschaft
In steter freundschaft stets erhalten,
770   Wie sie besteht noch von den alten."
           Diß und dergleichen sagten da
           Die burger und was in zusah:
Desgleich die gselschaft sehr erfreut
Das man ir wart mit solcher freud,
775   Sprachen: „Umsonst ist nicht die müh,
           Weil man mit dank verstehet die,
Wer wolt den nicht zu lieb was tun
Die lieblich ain empfangen nun?
           Haben wir anders nichts davon,
780   Tragen wir doch den rum zu lon,
Wer aber nichts um rum darf wagen,
An dem mag man der ehr verzagen."
           In dem furen sie fort im Gießen,
           Da sie die kinder willkomm hießen;
785 Den wurfen sie, nach altem sitt,
     Welches bedeutet dank und frid,
           Ir zürchisch brot, gnant simelring,
           An das gestad, das mans empfing,
Das wert hinauf das ganz gestaden:
790   Dann sie vor hatten eingeladen

———————

760 gerauen, gereuet hat. — 787 simelring, Semmelbrot, vgl. 791.

Drei hundert solcher semelbrot:
Welchs, wann man bei den alten bot,
Deuts gaftfreiheit und freuntlichkeit,
Darvon die Schweizer sind beschreit.
    Folgends als aus dem schiff sie gingen,   795
    Zwen herrn des rats sie da empfingen.
Von wegen ainer oberkeit,
Welche sich irer ankonst freut,
    Die also wunder glücklich sei
    Vollbracht aus nachbarlicher treu,   800
Welche besuchung sie nun mehr
Rechne für groß freundschaft und ehr
    Jnen und irem schießen gschehen,
    Darfür man iren dank soll sehen,
Und iren fleiß, stets zu erfüllen   805
Den alten nachbarlichen willen:
    Wünschend, das gleich wie die schiffart
    Glücklich vollbracht wer und bewart,
So glücklich besteh iderzeit
Der baiden stett lieb freuntlichkeit.   810
    Nach geendter red führt man sie all
    Mit trommen und trommetenschall
Aufs ammaisters stub, zu dem essen,
Da vil volks war zu tisch gesessen,
    Von burgern und fremd schützen zwar   815
    Die irenthalb warn kommen dar
Auch erschinen in da zu ehren,
Stett und ammaister und ratsherren
    Die zwischen sich zu tisch sie setzten,
    Und mit gesprech und speis ergetzten,   820
Desgleichen auch mit musikspilen,
Und was sie wusten in zu willen.
    Sie ließen auch gleich bringen dar
    Den hirs, der zu Zürch kochet war,
Und ließen des auf iden tisch   825
Ein platt voll tragen, warm und frisch,
    Dessen sich mancher gwundert hat,
    Wann er in an mund brennen tat,

---

792 welchs u. s. w. Attraction, welches, wenn man es. — 794 beschreit,
berufen, im guten Sinne. — 818 ammeister, der erste Bürgermeister; auf
der sogenannten Ammeisterstube wurden die Gastmähler gehalten.

Hatten drob mancherlei gsprech,

830 Das in des kurzer wurd die zech,
　　　Sagt ider auch von seinen raisen,
　　　Und wolt das sein vor allen preisen:
Doch lobet mehrtheils dise rais
Die inen den hirs lifert haiß,

835 Und preisten die züricher knaben,
　　　Das sie wol sich gbrauchet haben,
Desgleichen auch die eidgnosschaft
Die in den abend frölich schafft.
　　　Man sprach auch zu den schiffartgsellen,

840 Das sie sich frölich wolten stellen,
Dieweil man um ergetzlichkeit
Wer zsamen kommen also weit,
　　　Und sie gelendt wern an dem ort
　　　Da gut sei der hafen und port:

845 Wie glückhaft sie zu schiffen weren,
So freuntlich soltens sichs erkleren,
　　　Dann man sagt, wem das glück wol will,
　　　Der danzt auch on ain saitenspil,
Und welchen das glück an tut lachen,

850 Der kan auch andre lachen machen.
　　　Auch darum erfreut ain das glück,
　　　Das er auch ander leut erquick.
Dann gwißlich ist unfreuntlichkeit
Ein stück der unglückseligkeit.

855 Dis sei der freuntschaft aigenschaft
　　　Zur freud herzhaft, zur not standhaft.
Sie solten mit wein külen nun,
Was heut verbrennet het die sunn,
Und solten itz zu lieb dem Rein

860 Auch trinken rain den reinschen wein;
Sie solten nun die becher üben
Gleich wie sie heut die ruder triben,
　　　Und werfen auf ain glückgeschirr
　　　Welchs ires glückschiffs namen für.

865 Dergleichen mocht man in zu sprechen,
Nach der freund ehren freud zu rechen,

---

846 soltens, solten sie. — 852 erquicken, munter machen, beleben. —
863 glücksgeschirr, es wurde ein Glückshafen, eine Gewinnlotterie, bei dem
Schießen gehalten. Maurer 86. — 866 rechen, rechnen.

Demnach von freud gnant sind die freund,
Gleich wie von fehde sind die feind.
Hierauf die gselschaft sich erzaigt
Wie freund, zu freuntlichkeit genaigt,   870
Erwies von wegen irer statt
    Das herz so sie zu Straßburg hat,
Und wie sie noch die alten weren,
Die nachbarschaft zu halten bgeren.
    Nach dem das mal nun war vollend   875
    Lait sie in ir bstellt losament
Zum hirzen, die herschaft der statt,
Da die gselschaft ir ru dann hat.

(Donnerstag, den 21. Junij.)

Folgenden tag fürt man sie hnaus
Auf den schießplan ins neu schießhaus,   880
    Zaigt in herum den ganzen plan,
    Baid zielstett und was drum und dran:
An allem gful in der groß fleiß,
Fürnemlich am künstlichen gheus,
    Welches den armprostrain umfing: 885
    Nach disem man in dherberg ging.
Nach mittag die geordnet herren
Zaigten, was sie mochten begeren,
    Als das berümt herlich zeughaus,
    Ein klainot diser statt voraus   890
Burgern und freunden zu aim schutz
Und den feinden zu ainem trutz,
    Dann tröstlich soll man sein den freunden
    Und schrecklich zu der not den feinden
Jens, das man meh freundschaft erreg,   895
Dises, das man feindschaft zerleg:
    Auch zaigt man in aus sondern treuen
    Die speicher und die kellereien;

---

877 Zum hirzen, Zum Hirsche, Namen des Gasthofes. — 883 gful, gefiel. — 885 armprostrain, die Schießbahn der Armbrustschützen; vgl. Schmachspruch 114. — 887 geordnet, die den Gästen zugeordneten Herren des Rathes. — 890 voraus, vorzüglich, vor anderm ausgezeichnet. — 896 zerleg, niederlegen, überwinden, vgl. Flöhhatz 4022.

Und als der tag ward hingebracht,
900   Ging man auf dschneiderzunft zu nacht;
   Dann sie dahin lud, das man kem,
   Von Zürch der burgermaifter Brem,
Weil daselbs wern lofiret ein
All eidgnoffschützen, die da sein.

(Freitag, den 22. Junij.)

905   Am freitag fürt man sie darnach
In das münster, da man besach
   Das künstlich urwerk, ganz vollkommen,
   Des gleich man nicht vil hat vernommen,
Darab man spürt wie künstlichkeit
910   Auch wert halt dise oberkeit,
   Dann nichts ziert aine statt so sehr
   Als ehrlich künst und gute ler,
Dieweil sie weislich füren, lenden,
Die jugend sein in allen ständen,
915   Daher jung leut, wol angewisen,
   Das lebendig gmeur der statt hießen.
Folgends man auf den turn hoch stieg,
Das man das schön gebeu erwig,
   Da ward auf des turns höchstem plon
920   Angericht ain collation,
Und demnach in das chor gegangen,
Da man besach mit groß verlangen
   Das ainhorn, welchs acht schuch lang war,
   Ein herliches klainot fürwar.
925   Nach mittag gingen sie gleich all
Auf die pfalz, canzlei und marstall,
   Folgends ins spital man sie lait,
   Da ain abendtrunck war berait,
Auch wein von hundert virzig jar,
930   Welchem doch groet noch kain har.

---

913 lenden, lenken. — 918 erwig, erwäge, recht bedenke. — 930 groet, im andern Druck: grawet, grau geworden war.

(Samstag, den 23. Junij.)

Am Samstag, da man innen ward,
Das die gselschaft wolt auf die fart,
    Da dankten in die herren sehr
    Der freudenbesuchung und ehr,
Und das sie nun erneuert hetten,   935
Was vor lengst ir vorfaren teten
    Aus nachbarlichem willen gflissen:
    Dessen sehr großen dank in wissen
Ain ganzer rat samt der gemain,
Und sind genaigt, solchs nicht allain   940
    Um ain ganzen ehrsamen rat
    Zu Zürch, mit ir möglichster tat,
Sonder besonder um ain ieden
Zu bschulden mit gonst, ehrerbieten:
    Auch zu gedechtnus der schiffart   945
    Den hafen, darauf gwettet ward,
Und wog hundert und zwanzig pfund,
Aufzuheben, das es werd kund.
    Ferner auch zu steifer bezeugung
    Irer ganz nachbarlichen naigung   950
Zu Zürch, und alln insonderhait
Sei iedem ain fanen berait,
    Mit der statt wapen fein geziert,
    Wie der aim guten schützen gbürt,
Den werd man ainem ieden raichen   955
Zu irer rais glückhaftem zaichen.
    Dann weil sie könten so geschwind,
    Als ein pfeil vom armprost verschwind,
Von Zürch gen Straßburg fließend schießen,
Solten sie billich des genießen,   960
    Gleich wie ain andrer schütz des gnießt,
    Wann er zu dem zweck gewis schießt,
Weil sie den zweck, in gesetzet vor,
Nemlich Straßburg, erraicht han zwar.
    Dann diß ain gwisser schütz wol haißt,   965
    Der das erraicht, nach dem er raist,

---

949 steifer, fester. — 964 zwar, zeware, in der That, wirklich.

Und kan das unstet glück noch zwingen,
Jne, dahin er sinnt, zu bringen:
　Auch wöll man der statt zu gedenken
970　An ieden fanen dazu henken
Ein atlaßeckel, und darinnen
Fünf denkpfennig, solchs lang zu sinnen.
　Nach disem man die gselschaft nam
Und aufs ammaisters stub gleich kam,
975 Und da die letz mit inen aß,
Und kainer freuntlichkeit vergaß,
　Mit gutem gsprech, mit trank und speis
　Mit musik auf vilerlei weis:
Als nun der imbiß war geendt
980 Und der dank nach gebür vollendt,
　Da fand die gselschaft sechs rollwegen
　Vor irer herberg gleich zugegen,
Darauf sie furen hin mit freuden,
Und taten sie vil herrn gelaiten
985　Meh dan auf treißig pferd hinaus,
　Auch stett- und ammaister voraus,
Und als sie bei die markbruck kamen,
Die herren da ir urlaub namen,
　Mit überraichung wein und brot
990　Welchs man in in die wegen bot.
Da ging die rechte letz erst an,
Jeder wolt sein zu gdenken lan,
　Und entdecken sein herzlich treu,
　Fürnemlich sagt die gselschaft frei,
995 Sie wolt bei treu der eidgenossen
Bewisen treu unbschuldt nicht loßen,
　Und forthin Straßburg Trausburg haißen,
　Und die trau bei nachkommen preisen;
Auch dise fanen, in gegeben,
1000 Zu gdechtnus solcher treu aufheben,
　Und die denkpfenning stets anhenken
　Kindskinden, Straßburg zu gedenken.

---

968 Jne, ihn. — 972 sinnen, im Sinn, der Erinnerung behalten. —
975 die letz, Abschiedsmahl. — 981 rollwagen, Wagen zum Reisen. —
986 voraus, besonders, vgl. 890; nicht vorauf. — 996 unbschuldt loßen,
unvergolten lassen. — 997 Trausburg, des Traus, Vertrauens Burg, eine
der von Fischart beliebten Spielereien.

Secht, was die treu hat für groß kraft,
Die ain stark freuntschaft sterker schafft.
    Deshalb sich teutscher treu gefliffen, 1005
    Um die stets warn die teutschen gprisen,
Und welcher aus der art will schlagen
Den soll kain teutschen sein man sagen.
    Als man sich nun het gnug geletzt
    Mit gsprech, wunsch, gruß und trunk ergetzt, 1010
Auch gwünscht, das sie zu land glück hetten,
Gleich wie sie zu schiff haben teten,
    Fur die geselschaft auf Bennfelden
    Da sie dieselbig nacht einstellten.

      (Sontag, den 24. Junij.)

Morgens tags als die sonn herschein, 1015
Kam die geselschaft überain,
    Mittags zu Schletstatt auszuspannen:
    Schickten deshalben vor von dannen
Ein soldner, welcher solchs bestellt,
Dann inen worden zugestellt 1020
    Zwen soldner von Straßburg der statt.
    Deren der ain den befelch hat
Das er solt der furirer sein,
Der ander solt biß Zürch hinein
    Zalen baides für roß und man, 1025
    Welchs da baid soldner han getan,
Doch teten von Schletstatt die herren
Der gselschaft da den wein vereren:
    Von dannen sie auf Kolmar raisten,
    Da in die herrn gut gselschaft laisten. 1030

      (Montag, den 25. Junij.)

Auf Montag sie auf Enßhaim zugen,
Und fortan ir nachtleger schlugen

1008 Accusativ mit Infinitiv, von dem soll man sagen, er sei kein Deutscher.
— 1014 einstellen, einkehrten. — 1032 furirer, Quartiermacher.

Bei den eidgenossen zu Mülhausen,
Die sie mit freuden da behausten,
1035   Lösten sie kostfrei von dem wirt
Und hieltens wie eidgnossen gbürt,
Dann sie zu Habsen zu mittag
Sie auch frei hielt folgenden tag,
Darum es wol Milthausen hieß
1040   Dieweil sie sich sehr milt erwies.

(Zinstag, den 26. Junij.)

Als folgends sie auf Basel kamen,
Die Basler sie sehr bald vernamen,
Und wie sie inen vor mit schiessen,
Als sie vorschifften ehr bewisen,
1045   Also bewisens sie nun auch
Und schoßen, das es gab ain rauch:
Es war von volk ain groß getreng
Als sie einfuren von der meng,
Sah die fanen mit lust voraus,
1050   Die sie steckten zun wegen aus:
Daselbs geschah in auch vil ehr
Mit ehrenwein und anders mehr.

(Mitwoch, den 27. Junij.)

Morgens frü schickt man hindersich
Die wegen, die in nachbarlich
1055   Die von Straßburg gaben bewerlich,
Und verletzten die furleut ehrlich.
Nachgehend auf die pferd sie saßen.
Und zu Mumpf gleich zu mittag aßen:
Zu Pruck den nachtimbiß sie namen,
1060   Da man in schenkt den wein allsamen,

1037 sie, die Stadt Mülhausen. — 1040 milt, freigebig. — Zinstag, Dienstag. — 1044 vorschifften, vorbeischifften. — 1045 bewisens, bewiesen es. — 1053 hindersich, zurück. — 1056 verletzen, zum Abschied bewirthen; ehrlich, ehrenvoll.

Daselbs sie überain all kamen,
Das sie auf morn den imbis namen
    Zu Altstetten, von Zürch nicht weit,
    Und folgend ieder sich berait
Im schützenhaus mit seinem fan,   1065
Und in die statt fortzieh als dann,

(Donnerstag, den 28. Junij.)

In welchem sie auch so fortfuren,
Und zogen ein fast um zwo uren
    Mit fenlein fünfzig vier, mit freuden,
    Samt den zwen soldnern die sie laiten,   1070
Die man vier tag hielt auf zur hand,
Biß man sie wol verletzt haim sant.
    Der einzug war lustig zu schauen,
    Baides von mannen und von frauen,
Und gleich wie hofnung sie ergetzt   1075
Vor, als das schiff sich hat gesetzt,
    Also freut sie itzund vil mehr
    Die vollbracht schiffart und ir ehr.
Sie sprachen: „Nun würd man am Rein
Der eidgnossen stets eingdenk sein,   1080
    Man würd dannoch von Zürchern sagen,
    Das sie zu land und schiff sich wagen,
Und das gwis Zürch müß sein glückselig
Und Straßburg gwis nicht unglückselig,
    Diweil die straß auf Straßburg ie   1085
    Ganz glückhaft sei, wie man spür hie,
In dem, das man zum zwaitenmol
So glücklich schiff zusamen wol.
    Hie sicht man warum gott die flüß
    Geschaffen hat, nur darum gwis,   1090
Damit man durch ir mittel weg
Nachbarschaft besuch, halt und pfleg:
    Wie man dann list, das ob den bronnen
    Und den bechlin sich hab angsponnen

1076 gelegt, verabschiedet.

1095   Der menschen erstlich nachbarschaft,
      Daraus kam sipschaft, schwagerschaft,
      Und folgends dörfer, flecken, stett,
      Wie es noch gibt die teglich red,
      Das man spricht, wir sind nachbarn nach,
1100   Wir schöpfen wasser aus aim bach.
        Drum wir die Aar und Limmat preisen,
        Die uns den Rein zum nachbarn weisen,
      Auch preisen wir euch Zürcherknaben,
      Die solche nachbarn gsuchet haben.
1105   Und gott geb, das die nachbarschaft
        So lang in freundschaft bleib verhaft,
      So lang die ström zusamen fließen,
      Und undr ainander sich begrüßen:
        Gott geb euch lieben eidgenossen,
1110   Die irs gewagt habt unvertrossen,
      Und nun glückhaft trett hie herein,
      Vil hails zu land, gleich wie zu Rein:
        Ir seit ja wol der fanen wert,
        Weil ir ersiegt, was ir begert,
1115   Und habt ain ehrlichs lob geschafft
      Dem vaterland der eidgnosschaft:
        Gott wöll auch ewig segnen die
        So die, in zu lieb ghabte müh
      Und nachbarliche freuntlichkeit,
1120   Haben erkant mit dankbarkeit,
        Gott wöll die statt Straßburg erhalten,
        Die vorlengst ward geehrt von alten
      Und die die jung welt nun auch ehret
      Das ir ehr und lob ewig weret;
1125   Das sie, gleich wie ir namen deit,
        Ain burg sei türes rats allzeit,
      Und Zürich von rum tür und rich,
      Und baid bei gott reich ewiglich."
        Solchs und dergleichen etlich redten,
1130   Etlich es haimlich wünschen teten,
      Biß das der abend herein trung,
      Das ieder frölich haim zu gung:

———

Nun, es will mir auch abend werden,
Mein stern naigt sich nun auch zur erden,
    Apollo der poeten freund   1135
    Will auch nit wider kommen heunt,
Mercurius, der redkunst hold,
Blinzelt, als ob er schlafen wolt,
    Derhalben will ich auch mein schreiben
    Zu gnaden lassen gahn und bleiben,   1140
Und nun zu letzt dem lieben schiff,
Welchs gschwinder, dan mein feder, lief,
    Und der·geselschaft, die vil mehr,
    Als ich kan schreiben, erlangt ehr,
Wünschen, das sie rumshalb empfangen,   1145
Was der held Jason tet erlangen
    Samt seinem schiff, Argo gehaißen,
    Nemlich, das man sie lang mög preisen;
Diweil sie unterstunden mehr,
Als des Jasons gselschaft zu mer,   1150
    Bedacht, das sie kain bhelf nicht hatten
    Von winden, die sie treiben taten,
Noch segeln, die sich treiben ließen,
Davon wie ain delphin zu schießen,
    Sonder durch kecken mut allain   1155
    Und übung starker arm und bain.
Furen sie als vom windsgewalt
Und als von segeln fortgeschalt.
    Auch sinds nach kainem gold geraist,
    (Wie solchs das gulden vellus haißt)   1160
Sonder nach rum und freundschaft ehrlich,
Das war ir gulden widder herlich:
    Und haben solchs fridlich ersiegt,
    Nit wie iene durch gwalt erkriegt
Drum hat meh rum die zürchisch freundschaft.   1165
Dann die jasonisch argisch gmainschaft
    So laß ich andre nun beschreiben,
    Die mörschiffart, die vil aufreiben,
Ich aber hab ain glückschiff bschriben,
Welchs das glück selber hat getriben,   1170

1135 heunt, diesen Abend, heut Nacht. — 1140 zu gnaden gahn, niedergehen, zum Ende neigen. — 1151 Bedacht, in Erwägung; vgl. Kinder= zucht 163.

Von dem man sagen würd, allweil
Straßburg von Zürch ligt treisig meil.
Hiemit schütz gott die eidgnossschaft
Und ire libe nachbarschaft.

Die Namen der Herren und

Freund des Glückhaften Schiffs
von Zürich.

Herren des rats waren: Caspar Thoman. Johan Escher. Johan Zigler. Sixt Vogel. Hainrich Wunderlich.

Herren der zwaihundert: Georg Ott. Felix Schneberger. Caspar Wüst. Georg Fiez. Heinrich Widerker. Johan Stampfer.

Burger: Georg Keller. Medicus: Jacob Bindschädler. Hans Conrad Escher. Hans Jacob Schmid. Wolf Diterich Hartman. Abraham Geßner. Conrad und Caspar Pluntschli. Christoff von Lär. Johan Schwitzer. Rodolf und Felix Schüchtzer. Diethelm Wis. Caspar Wüst der Jünger. Hainrich Asper. Andreas Kippenhan. Johan Hainrich Zigler. Rodolf Wegman. Jacob Locher. Johan Bartolme Keufeler. Johan Christen. Georg Straser. Hainrich, Jacob, Ludwig und Rodolf Waser. Adrian Zigler. Huldrich Schwiter. Johan Wunderlich. Hans Peter und Hans Huldrich Lochman. Jacob Weisling. Fridelin Wis. Johan Ringli. Thomas zur Linden. Felix Pantli. Johan Sturm. Trei Trommeter: Salomon und Hans Selbler, Thomas Eberhart. Zwen Trommenschlager: Hans Asper und Hans Ersam. Johan Mülli ain Pfeiffer.

(·)

1171 allweil, so lange als.

Schmachspruch aines Nei=

bigen Schänders, denen von Zürich,
vnd andern iren Eidgenossen auch dem
Ehrlichen Strasburgischen Haupt=
schiessen, zu verachtung
gedichtet.

Groß wunder muß ich sagen fry
Mit gunst zu melden von aim Bry,
Der droben in dem Schwizerland
Noch dan gekocht on Wiber hand,
Kestlich von Milach zugerüst, 5
Jns Elsaß chon ist diser frist,
Als zu Strasburg das Schiessen war,
Het schir gesagt: das Jubeljar!
Darnach gesänt hat mäniglich,
Auch jren vil vermessen sich, 10
Wanns nur so lang das leben han,
Das dis Schiessen möcht fangen an,
Vnd solch kurzweil beschähen all,
Alsdan so wöllends in dem fall,
Gar geren sterben: Ach der Narren, 15
Die nicht gesächen, noch erfaren,
Vermeynen schlecht, die gäucheri
Der gröst Triumpf uf Erden sy,
Vnd gaffens mit verwundern an
Hands Mul und Nasen offen stan. 20
Doch meyn ich, das dus wüstest, die
Jr lebtag witer kamen nie,
Dan biß an Rin vnd Ruprechtsou,

Der „Schmachspruch", vorher einzeln gedruckt erschienen, ist nach Fischart's
deutlicher Bezeichnung von einem katholischen, aber weltlichen Schreiber des
Bischofs von Straßburg in Zabern verfaßt, der dem Schießen beigewohnt hatte.
Er galt für eine böswillige Parteischrift, die Unfrieden zwischen Straßburg und
der Schweiz stiften sollte. — 5 Milach, Milch. — 6 chon, schweizerisches ch
statt k und synkopiertes „chon" statt: gekommen. — 9 gesänt, gesehnt. — 10 iren,
ihrer. — 11 Wanns, wenn sie. — 16 gesächen, gesehen. — 20 Hands,
Haben das.

Vnd wann jn nicht alsbald die Frou

25   Ein frisch Hemd hat geschickt hernach,
So hebt sich an ein grose schmach:
„Ich glaub, du loser Balg meynst fry,
Das ich ein schlimmer Schuster sy,
Wyl du mir nicht host nachgesend

30   Ein par söcklin und wyses Hemd.‟
Hienebn will ich dis wenden lan
Vnd minen Hirspry richten an.
Die Schwizer kamen hrab den Rin
Gefaren biß gen Straßburg yn

35   Zum schiessen fry; dieselben Chnaben
Den Pry so warm mit sich bracht haben
Von Zürch herab wol vierzig myl
Vf schneller Post, datum in yl,
Der ist in einer hitz gebachen,

40   Sind das nicht treflich selsam sachen?
Hör wunder vber wunder zu:
Ein Pry würd us dem Land zu Mu
So warm biß gen Straßburg gebracht.
Wer hets sin lebtag je gedacht,

45   Das ein Ku solt mehr schyen, dan
Ein Nachtigall? Nun witer dran!
Ein überscheyd sie machen lasen
Von holz, den Hafen drin zu fassen,
Der war mit Kutreck wol beschmirt;

50   Also nach Straßburg wurd gefürt,
Vnd brangen mit dem Hirsbry sehr,
Gleichsam es köstlich Heiltum wer,
Ward doch gekocht nicht wit vom See,
Da sind des Kutrecks man noch meh

55   Den man darunder hat gemengt;
Alsdan dazu auch Milch gesprengt,
Also von try gewychten sachen
Thät man dis schöne Heiltum machen,
Und ward von Predigern consecrirt,

60   Von aller sentenz approbirt;

---

24 Ruprechtsou bei Straßburg. — 42 Mu, dem Lande der Kühe, Spott-
name der Schweiz. — 45 sprichwörtlich; Wimpheling in der Defensio Germa-
niae führt unter andern Sprichwörtern an: Septem lusciniis plus cacat una
vacca. — 47 überscheid, Mantel, Kasten, um den Topf hinein zu stellen.

Als sie gen Strasburg kamen an,
Da war groß fräud by iderman,
Mit frolockung ein groß geschry,
Das ietz ankomen wer der Bry.
Wie nun ein schön Ovation   65
Vom Bry gehalten vnd gethon,
So habend sy jn presentiert
Dem Ammeister, wie sichs gebürt.
Doch weyß ich von dem Hafen nicht;
Drum gib ich deshalb keyn bericht,   70
Glaub aber, das dieselben Knaben
Den Hafen usgedinget haben;
Dan er soll syn, wie ich vermerk,
Ein stuck der siben Wunderwerk.
Meynst nit sie haben kunst getriben,   75
Das der Bry so lang warm sy bliben
Ein solchen ferren wäg vnd reyß?
Doch schin die Sonn sehr warm vnd heiß,
Das hat geholfen, das der Bry
So fein Küwarm beliben sy.   80
Wie werdents so manch ewig nacht
On allen schlaf han zugebracht,
Eh sie das wunderwerk erdacht.
Alsbald der Bry genomen an,
Ein großer Huf, Frauen vnd Man,   85
Den Bry beleitet in proceß
Vfs Herren Stuben zum gefräß.
Daselbst mit Reverenz so bald
Würd er getheilt us Jung vnd alt,
Vf alle Tisch gerings herum,   90
Damit es in gedächtnus kum,
Vnd darvon ässen jederman
Propter rei memoriam;
Das beid fremd vnd Heimisch allsamen
Erkennen des Monarchen Namen,   95
Der diß Schiessen het angfangen

---

72 usdingen, ausbedingen, sich vorbehalten. — 80 beliben, geblieben,
wie im Mittelhochdeutschen immer: beliben. — 85 Huf, Hauf, Haufen. —
86 proceß, Procession. — 87 Ufs Herren, Auch des Herrn Ammeisters. —
90 gerings, rings. — 95 monarch, der Ammeister.

Vnd bei weß Regiment ergangen,
Darnach man ghabt so groß verlangen.
Was von dem Bry da über bliben,
100   Damit hat man groß wunder triben,
Nämlich gar herlich Balsamirt,
Vf das es lang werd reserviert,
Zur dächtnus ewig diser sachen.
Wer wolt der Narren doch nit lachen?
105   Hand nun die Schwizer sollich schiessen,
Nit wol verehrt, so laßt michs wissen,
Mit einem nagel neuen Bry.
Mir nit, das ichs hieß melckery!
Jetz merk die statlich gschenk vnd gaben,
110   Damit verehrt sind dise Knaben,
Jn ward ein Kuflad höflich zwar
Zum Schauässen getragen dar
Jn jre Hütten oder Zelt,
Vf dem Schießrein in freyem Feld.
115   Jst das nicht grose leckery,
Ein Küdreck tuschen vm ein Bry?
Man solts jn zwar nit haben than,
Dan es was verbotten iederman
Vf allen Zünften mit Mandieren,
120   Man solt die Schweizer nit vexieren.
Dabi will ichs nun bliben lan,
Das Schiessen ongefatzet han,
Vnd in die sau ein stichschutz thun;
Wer mit will stechen, schick sich nun.

---

108 Mir nit, mir komme man damit nicht, Gott bewahre mich davor. —
114 schießrein, Schießbahn; schützrein, Brant, NS., 75, 3. — 122 onge=
fatzet, unverspottet. — 123 stichschutz (Stichschuß) in die sau, „Ausdruck
der Schützensprache im Armbrustschießen für den letzten Treffer", Uhland, Schr.,
5, 349, dazu verweist Meusebach auch W. Ferber's Beschreibung des Stahl=
schießens zu Dresden 1614.

Notwendiger Kehrab

Auf aines vngehöbelten Nei-
digen Schandtichters mutwilliges
vnd Ehrrüriges Spottgedicht, von der neu-
lich in verschinenem Sommer zu Stras-
burg bei jrem Hauptschiessen, gepflegter
Nachbarlicher Besuchung vnd kurz-
weil, Ehrvergessener, vnd
schmälicher weis aus-
gestraiet.

Sol man dann ainen wescher schweigen,
Und im nicht seinen pleuel zaigen?
  Sol man aim narren dann zu hören,
  Und in nicht wie ain narren bören?
Ja, sol man ainem schender schweigen,   5
Und in der schand nicht überzeugen?
  Nein: sonder man sol solchen plaudrern
  Den pleuel um den kopf wol schlaudern,
Und inen mit dem kolben lausen,
Damit sie sich so heftig strausen: 10
  Ja, den schendern sol man ir schenden
  Selbs in ir aignen busen wenden:
Und, wie uns leret Salomon,
Dem narren antworten zu hon
  Nach seiner narrheit, damit nit   15
  Er sich für klug halt nach seim sitt.
Derhalben kan ichs nicht erlassen,
Das ich nicht auch meß solcher masen
  Ainem nerrischen lumpenschwetzer
  Des lands und der stett ehrverletzer,   20

Kehrab, Abfertigung. — 1 wescher, Wäscher und Schwätzer. — 2 pleuel,
Bläuel, kurzes, breites, flaches Holz zum Ausklopfen der nassen Wäsche auf der
Waschbank, allgemeiner: ein Prügel. — 4 bören, prügeln. — 5 ainem
schweigen, vor einem den Mund halten. — 6 überzeugen, überführen. —
9 inen, ihn; mit kolben lausen, sprichwörtlich für schlagen. — 10 strau-
sen, widersetzen. — 17 erlassen, unterlassen.

Der neulich mit aim schandgedicht
Sich wider fromm leut hat gericht,
 Ja, selbs wider sein nachbarschaft,
 Die statt Straßburg und eidgenoßschaft,
25 Und wider vil fromm redlich schützen,
Durch sein unflat sie zu beschmitzen,
 Und hat also sein erbar leben
 Durch ein schandschrift an tag gegeben,
Und sein witz ausgschüt mit dem brei,
30 Das man ir itzund kent dabei.
 So tret du breimeul nun herfür,
 Hör wie man dir den brei nun rür:
Du bist fürwar ein sauber kund,
Dein brei hengt dir noch an dem mund,
35 Die hend sind dir damit noch bsudelt
 Und dein schreiben gar mit verhudelt;
Derhalb geh hin und wesch dich vor
Und komm darnach und spitz das or:
 Dann man wol waiß, das du dich hast
40 Mit deim brei drum vermummet fast,
Auf das man dich nicht kennen soll
Und dich laß laufen durch die roll.
 Drum wesch dich, eh du ieman schendst,
 Und wisch das gsicht, eh ainen blendst.
45 Nun, da er dannoch gweschen ist,
So sicht er etwas schreiberisch,
 Man muß in dannoch nicht vexiren,
 Er kan notiren und kopiren,
Wir möchten sonst uns grob vergessen,
50 Dann er kain haißen brei mag essen.
 Nun weicht, das man in sitzen laß!
 Mein Jackel, was hängt an der nas?
Wie sollen wir nun eren dich,
Das den brei rürst so seuberlich?
55 Gwis must deins breis ain maul voll haben
 Und dann zur schelmenzunft forttraben,

---

 22 fromm, tüchtige, wackere. — 29 witz, fem. — 36 verhudelt, ver=
dorben. — 43 roll, vgl. Flöhhatz 632. — 56 Schelmenzunft, den von
Murner in dem Gedichte dieses Namens aufgezählten Gattungen, von denen
Fischart einige auf den Gegner anwendet.

Da krönt dein nachbaur Murrnarr dich
Zum obersten treckrüttler gleich.
    Willkomm du schöner katverrürer,
    Du oberster mundbreiprobirer,   60
Man kent dich reimendichter wol:
Verzeih mir gleichwol izumol,
    Das ich dich dauz: Ich muß die sachen
    Auf gut schweizrisch mit dir ausmachen;
Jedoch kanst mirs nicht übel messen,   65
Dieweil ein schulsack hast gefressen,
    Darauf latinisch stund geschriben:
    Tu Asine, der noch bist bliben.
So dauz ich dich auf dein latein,
Welchs in deim schandspruch oft mengst ein,   70
    Doch auf gut schreiberisch verrüret
    Als: approbiret, reserviret,
Und, da du als ein treckordnirer
Rürst die zürchische conseerirer.
    Dein latein komt dich wolfail an,   75
    Weil es auch an deim brei muß stahn.
Aber du hasts villeicht fecieret,
Das kain grob Schweizer es sentieret,
    Oder du hast villeicht timicret,
    Das man nicht den katrütler spüret: 80
Diweil dich dann gibst selbst zu kennen,
Wöllen wir dir dein lob nicht nemmen:
    Sonder dich lan den rüttler bleiben
    Und von deim gdicht nur etwas schreiben,
Doch auf gut teutsch und kain latein,   85
Dann was teutsch anfängt, sol teutsch sein.
    Wir wöllen wirs aber anfangen,
    Das wir nicht ungonst hie erlangen,
Von unserm saubeten scribenten?
Ich wolt ich könnt nach Murrnarr senden,   90
    Dem würd er nicht für übel haben,
    Wenn er im sagt vom nassen knaben:

---

59 katverrürer, den Dreck rütteln, daß er stinkt. Schelmenzunft. —
63 dauz, du nenne. — 66 Schulsack fressen; Schelmenzunft. — 75 Latein,
Fischart verspottet in den nächsten Versen die Fremdwörtelei des Gegners. —
77 fecieret, von facere, gemacht, vielleicht mit Anspielung an faeces, Unrath.
— 78 sentieret, versteht. — 79 timieret, gefürchtet. — 92 Der nassen
knaben; Schelmenzunft.

Und rüfet im den wein wol aus,
Oder schickt im die seu zu haus:
95　　　Diweil er sein landsmannus ist,
Und zunftbruder zum faulen mist.
Aber weil wir in nicht ausgraben,
Muß er mit uns für gut wol haben:
So will ich nun gleich anfangs prangen,
100　　　Gleich wie er selbs hat angefangen.
Groß wunder muß ich sagen frei,
Mit gunst vom narren und seim brei,
Den er im hat im Elsaß kocht,
Das er damit die Schweizer pocht.
105　Dann da er sie sah hirsbrei essen,
Wolt er in zu laid küfat fressen,
Wolt eh zu ainer küprem werden,
Dann das er zaigt Schweizer geberden,
Und zog dazu kain hendschuch an,
110　Wie sonst gezimt aim schreiber dann,
Der zart hend hat, auf das er nicht
Besudelt sein schön narrengsicht.
Aber er hat geeilt so sehr,
Damit er zeitlich fertig wer,
115　　　Wann die Schweizer von Straßburg kemen,
Das sie sein torheit bald vernemen;
Das ainen an der Thur und Jll,
Also der giftig neid verfüll,
Das im die menschlich speis erlaid
120　　　Und sich wie ain gauchkapfer waid;
Oder das in der neid so blend,
Das er nicht kat für brei erkent.
Seh, das ist sich zu wundern mehr,
Als dis, des du dich wunderst sehr,
125　Nemlich, des ain mensch darf aus neid
Dem andern menschen nur zu laid
Aus menschen zum katkefer werden,
Wie man dann sicht an deinen gberden,

---

93 Wein ußrüfen; Schelmenzunft. — 94 Die sau kronen; ebendaf. — 97 in, ihn, Murner. — 98 für gut haben, vorlieb nehmen. — 104 pocht, trotzen, unartig begegnen. — 107 küprem, Kuhbremse. — 120 gauchkapfer, der andere Druck hat Gauchkäfer; gemeint ist ein Pferdekäfer, der 127 „katkefer‟ heißt.

Das dir das, so die menschen speisen,
Muß (o der schand!) ain tierkat haißen. 130
    Wie du es dann sehr oft vergleichst
    Und an dem kochen doch oft leugst.
Aber nach kat stinkt dir dein maul,
Drum mainstu aller brei sei faul.
    Wa hastu dein verstand da stecken, 135
    Der all ding wilt so gnau ausecken?
Soll dis ains erbarn mans witz sein,
Wie du wilt gsehen sein zum schein?
    Und machst die leut zu viech und stier?
    Warlich vor witz wirstu zum tier 140
Und ist ains katrüttlers vernunft,
Welche gehört in dschelmenzunft;
    Ja, ainer roßprem sie zusteht,
    Die in roßfeigen nur umgeht.
Ain schand ists von aim solchen man, 145
Der sich nimt für ain glerten an.
    Glerte han deiner sehr groß rum,
    Gleich wie des knoblochs aine blum.
Im roßstall magstu han gstubirt,
Daselbs man also kelberiert, 150
    Und nicht bei vernünftigen leuten
    Die diß nicht für vernünftig deuten.
Bistu so mechtig groß erfaren,
Das ganz lender schiltst unerfaren.
    Und waißt noch nit, was kurzweil ist. 155
    Wie man dieselb zur freud zurüst?
Und das man alsdann vil fürnimt,
Welchs sich zur ander zeit nicht zimt?
    Und das, wann man ain lad zur freud,
    Sich anders erzaigt als zu laid? 160
Oder bistu derselb fantast,
Dem dwitz tut so groß überlast,
    Das sie dich vor engstign anschlegen
    Nicht lachen laßt, noch freudig regen?

---

130 o ber, der andere Druck: pfu ber. — 136 ausecken, erörtern, nach
allen Ecken erforschen. — 138 als welcher du erscheinen willst. — 143 zusteht,
zukommt. — 146 annemen, ausgeben. — 148 knobloch, Knoblauch paßt des
widrigen Geruchs wegen nicht zu Blumen. — 150 kelberieren, ausgelassen
sein; vgl. Garg. 91, 32. — 154 Vgl. Schmachspruch 16. — 163 sie, die Witz;
engstig, Angst machend, ängstlich.

165 Man sicht wol nain an deim gedicht,
     Das du nicht hast so ernsthaft gsicht,
          Weil eh zu kükat machst den brei,
          Nur das du habst zu kelbern frei,
     Sonder aus angenommenem neid
170 Hasseft die kurzweil frommer leut,
          Und tust wie alle giftig spinnen
          Die das gut in gift keren künnen,
     Und nimmer inen gfallen laßen
     Was dise machen, die sie haßen.
175   Aber der gneidet bleibt zu laid
          Dem neider, das er drob abwaid.
     Ja, bistu also hoch erfaren,
     Das du vil völker heltst für narren,
          Und waißt nicht, oder wilt nicht wißen,
180   Warum angsehen sind die schießen,
     Und wie man gmainglich drauf erscheint,
     Nemlich als nachbarn und gut freund,
          Mit allerhand erfundner freud
          Zu bzeugen all gutwilligkeit.
185 Ja, bistu also glibert wol,
          Das du heltst iderman für toll,
          Und waißt nicht, das es nicht ist neu,
          Zu wetten auf ain haißen brei,
     Inen an weit ort warm zu liefern:
190 Dann solchs noch gmain ist vilen schiffern
          Unten am Rein und möranstößen,
          Wie ich wüst vil exempel dessen.
     Aber was darf mans vil beweren?
     Wie mancher bot kan dirs erkleren,
195   Das er auf wettung hat in eil
          Warm speis gebracht über vil meil?
     Ja, hetst nur ain alt weib gefragt,
     Es het dir vileicht auch gesagt,
          Das gleicher gstalt vor hundert jaren
200   Die von Zürch sind gen Straßburg gfaren,

---

165 nein, dein Gedicht zeigt es nicht, nein, so ist's nicht. — 168 kelbern
wie 151 kelberieren. — 175 gneidet, der Beneidete. — 176 abwaiden (ab=
nagen, verzehren), abmagern. — 185 gelibert, beschaffen. — 189 Inen, ihn.
— 190 gmain, gewöhnlich. — 191 meranstoß, Küstenland. — 200 vgl.
Schiff 288.

Und wiewol auch weis leut da waren
Und mehr als du nasweis erfaren,
 Waren sie doch nicht tadelsüchtig,
 Das sie gleich hielten für ganz nichtig,
Was zur übung, sterk, gschwindigkeit   205
Und nachbarlichem willen lait.
 Auch, wie sehr es dich nun vertrieß,
 Und ob der brei dirs herz abstieß,
So ist es dannoch wunderlich,
In kürz zu tun ein solchen strich,   210
 Nemlich, auf treißig teutscher meilen,
 In neunzehen stunden ereilen,
Fürnemlich durch solch gferlich flüß,
Wie Limmat und der Rein ist gwis.
 Dann was selten pflegt zu geschehen,   215
 Das ist auch wunderlich zu sehen;
So wol als diß, welchs vor nie gschah
Oder welchs mancher übersah.
 Trotz aber, bist so hoch erfaren,
 So wett ich mit dir auf den narren,   220
Wa mir ernennst an Ill und Thur,
Der desgleichen schiffart erfur,
 Und solchs zu tun hab unterstanden,
 Als hie die Zürchisch bundsverwanten.
Wann es dir dann ungwonlich war,   225
Was schiltst das dann so hönisch gar?
 Oder schmackt dir nichts als dein feigen?
 So wolt ich, das dus müst bezeugen.
Jedoch, weil die schiffart verachtst,
Denk ich, das du es drum verlachst,   230
 Dieweil du mit geschwinderm griff
 Furest ins Branden narrenschiff
In Narrngoni und Schlauraffen,
Da du dann allzeit hast zu schaffen,
 Und im hafen rürst den compaß,   235
 Davon dir voll ist mund und nas.
Vor solcher deiner narrenfart
Verstehst nicht, wa der weis hinfart.

---

227 feigen, vgl. 144. — 233 Brant, NS., 99 und 108. — 235 compaß,
Kohl, Brei.

Und nicht des minder, ob dir auch
240   Der neid zerreiſſen ſolt den bauch,
So muſt dein herzenlaid doch ſehen,
Das ſolche ſchiffart iſt geſchehen,
Und zur not, wa es gott tet ſchicken
Noch möcht einmal zum beſten glücken,
245   Und ie gſchwinder die ſchiffart iſt,
Je laider gſchicht dir auf deim miſt;
Und ie ſterker die Schweizer rudern,
Je meh muß dich der neid erſchudern:
Würd doch dein armer neid nit hindern,
250   Das nachbarn iren willen mindern,
Und freuntlich raiſen nicht zuſammen,
Welches kain friedſam leut verdammen,
Dann ſolch miſthummeln, wie du biſt,
Die ſtets unruig ſind im miſt,
255   Und gern haben, das der kat ſtink
Und alles in ein haufen ſink.
Ei lieber ſchöner guckinhafen,
Was mainſtu dann mit deinem ſtrafen?
Mainſt, das um dein breimaulitet
260   Gehalten werd darin für ſchnöd
Die gſellenſchiffart zu den zeiten
Bei vernünftig erfarnen leuten?
Nain, ſonder man wurd ſie mehr achten,
Je meh ſolch neidhund ſie verachten;
265   Dieweil weis leut der neid nicht blend,
Sonder ſehen auf das gut end,
Welchshalb die ſchiffart an war gſehen,
Als um freundſchaft, ſo nit zu ſchmehen.
Zu dem, allweil der Rein wurd reiſſen
270   Und die Limmat ir tück beweiſen,
Allweil wurd man die Schweizer loben,
Das ſie, ungeacht baider toben,
Baid flüß hant inen gfolgig gmacht
In eil, durch ſtreng arbaitſam macht,

---

248 erſchudern, erſchaudern, ſchütteln. — 257 Guckinhafen, Topf=
gucker. — 259 breimaulitet, eine bei Fiſchart ſehr beliebte Bildung: Alti=
quitet, Weihwablitet u. ſ. w.; vgl. 316. — 273 gefolgig, folgſam, ge=
horſam.

Durch handveſt unvertroſſenheit, 275
Wie dann gezimt eidgnoſſen leut.
Sintemal man nicht hat erfaren,
Das ob der Ill vor diſen jaren
Solch wagſtück leut begangen haben,
On die, wie dus nennſt, Schweizerknaben. 280
Du magſt ſie ſpotsweis knaben haißen,
Seh, ob ſie nicht den man beweiſen?
Doch haben ſie des worts kain ſchand,
Dann ir vorfarn warn alſo gnant
Von wegen irer jungen manſchaft, 285
Die ſie brauchten zu ſchutz der landſchaft.
Auch haben deines gleichen gſellen
Wol in verloffenen krigsſellen
Mit blutig köpfen oft erfaren,
Was die Schweizer für knaben waren: 290
Und ſolch manheit ſie noch erhalten,
Dieweil ſie folgen iren alten,
Und was dieſelben taten redlich,
Demſelbigen nachſetzen waidlich:
Wie ſie dann auch die ſchiffart han 295
Den lieben alten nachgetan,
Welche darum kain narren waren,
Wie du, narr, ſie ſchiltſt all für narren,
Dieweil kainer, der unerfaren,
Durch ſolche gſar würd ſicher faren. 300
Oder ſchiltſt nerriſch du all alten?
So ſeh, wie ſolches magſt erhalten,
Dahaim bei deiner prieſterſchaft,
Die nur am alten won ſtets haft.
Aber was darf ich erſt vil wort 305
Mit dir zerbrechen an dem ort?
Dann wann ich auf dein lumpengflick,
Welchs tauſend in das hundert ſtück,
Solt antworten von ſtück zu ſtück.
Wan würt ich fertig mit deim ſtrick? 310

---

293 redlich, kräftig. — 294 nachſetzen, nacheifern; waidlich, tüchig. — 302 erhalten, bewähren, beweiſen. — 304 won, Wahn. — 309 ſtück, ſtückt, ſtückelt; ein Stückwerk vom Hundertſten ins Tauſendſte. — 310 ſtrick, Strickerei.

		Man wurd mainen, ich tobt mit dir,
		Derhalben will ichs kürzen mir
	Und antworten auf etlich schmach,
	Die wol verdienten größer rach.
315		Du nennst nach deiner grabeseltet
		Das schießen zu Straßburg ganz schnöd
	Ain triumpf und ain jubeljar:
	Ei, wie trifft dus bei ainem har!
		Ja, mit der nasen in den mist:
320		Zwar mir nicht lieb um wenig bist,
	Deinthalben der dich Römisch nennst,
	Und andre religion sonst schendst,
		Das du das schießen rümst so sehr
		Und gibst im heilig Römisch ehr,
325	(Wa anderst aim zur ehr gereicht
	Do man mit solchem ain vergleicht)
		Ist dir Straßburg ietz worden Rom?
		Da ieder, wie man maint, würt fromm?
	Wie wilt dann deren widerstreben,
330	Die dir kan bösen ablaß geben?
		Waist nit, wann sich der frosch will streuffen
		Gen dem ochsen, muß er zerreißen?
	Ei, wie hast dich, du mein koppist,
	Der sonst im brei verbissen bist,
335		So grob verredt im jubeljar,
		Welchs dich noch bringen möcht in gfar?
	Wann dich zu red dein pfarrher stelt
	Warum Straßburg für Rom hast gzelt,
		Dieweil allain das heilig Rom
340		Hat macht zu ainem jubelkrom.
	Und du wolst ain neu irtum dichten
	Nach Straßburg die walfart zu richten?
		Oder warum dir hat ein schießen
		Ain jubeljar nun haißen müßen?

----

311 ich tobt mit dir, ich wäre so toll wie du. — 316 grabeseltet,
graw, grab=grau: Graueselei. — 329 deren, der, der Stadt Straßburg, die
auch 565 als Femininum steht. — 331 streuffen, auflehnen, aufblähen; die
Fabel vom Frosch und Ochsen, Phädr. 1, 24; Camerar. 188. — 332 zerreißen,
bersten. — 333 koppist, vgl. 46: schreiberisch. — 335 im, in, mit dem Worte:
Jubeljar, dem alle 100 (50, 25) Jahre wiederkehrenden Feste mit Sünden=
erlaß; im Jahre 1300 zuerst gefeiert und als einträglich dann in kürzeren
Fristen wiederholt: ein dem katholischen Kopisten heilig zu achtendes Kirchenfest.

Und also weltlich flaischlicheit 345
Vergleichst mit höchster gaistlicheit?
    Dann man möcht denken, wie auf schießen
    Man nach den blettern pflegt zu schießen
Also schieß man im jubeljar
Nach seckeln, biß sie werden klar: 350
    Welchs wer ain große ketzerei
    Dahin dich brecht der neidig brei:
Aber such in deim formular,
Da findst entschuldigung gleich par,
    Das, als es schribst, nit haim seist gwesen 355
    Und von sanct Urbans plag warst bfessen,
Welcher heilig dein nachbar ist
Und dir oft unders hütlin nist,
    Und fürnemlich dich heßlich ritt,
    Als deinen brei hast ausgeschütt, 360
Und also nicht wußst was du klafst,
Und wie dus mit der nasen trafst:
    Darum du wol ein buß verschuldst,
    Wa anders du es nur geduldst:
Derhalben, wan ich bapst solt sein 365
Im jubeljar, welchs du fürst ein,
    Legt ich dir auf kain ander buß,
    Als legt ain seustrick dir an fuß
Und hing ain küschwanz dir auf dbrust,
Und brent mit deim brei, deim unlust, 370
    Dir haiß ain zaichen in den backen,
    Da müst du gnug an dein brei schmacken,
Und rüren dein petrolium,
Und ziehen zum triumpf herum,
    Seh, werst nit auch wol eingeweiet? 375
    Solch wei kain bischof dir verleiet?
Und ist vil scherpfer, als die wei,
Die du zu gibst dem haißen brei
    Da du schreibst, das man in tet machen
    Aus hirs, kat, milch, trei geweiten sachen. 380

---

350 klar, leer. — 356 Urbans plag, Trunkenheit. — 357 unders hüt=
lin nisten, im Kopfe sitzen. — 361 klaffen, bellen, schwatzen. — 373 pe=
trolium, petroleum, Steinöl, hier wie oleum Petri gebraucht, Salböl,
Weihöl.

Pfui aus der schand! du erzunflat!
Solst du haißen geweicht den kat?
　　Heltst also dein religion,
　　So magstu zu dein seuen gon,
385　Da findstu gnug derselben wei,
So wont ain sau der andern bei.
　　Hie sicht man dein schön erbar leben
　　Und was auf dein wort ist zu geben.
Dann wann ain erlich aber hetst
390　Würdst schemen dich, das solches redst,
　　Gschweig das solchs schriftlich streiest aus
　　Und wilt dazu gerümt sein draus.
Darum würd man mir hie verzeihen,
Das ich so grob dich muß entweihen,
395　　Dann die laug muß sein wie der kopf,
　　Der keiel wie am ast der knopf,
Ich muß die mistflieg mistflieg nennen,
Damit man ler ir art erkennen;
　　Ich muß aim solchen grobian
400　　Die sach grob geben zu verstan:
Billich was ainer eingbrockt hat;
Das er sich dessen auch freß satt;
　　Wie ainer rüfet in den wald,
　　Das es im auch so widerhallt.
405　Jedoch wo dich des wolst beschweren,
Magst dich in kurzem des erkleren,
　　So wollen es verbessern wir
　　Um etlich stück zum besten dir.
Aber es daucht mich gnedig gnug,
410　Dieweil du so gar grob on fug,
　　Als der gröbst bauer, der nichts mag wissen,
　　Vergleichst dem jubeljar das schießen:
Was ist für gleicheit zwischen baiden?
In aim find sich kurzweil und freuden,
415　　Im andern der größt ernst sich find,
　　Da man bereuen soll die sünd,
Da mancher kratzt im kopf der buß,
Wann er so vil gelts opfern muß.

_____

396 keiel (im andern Druck: Keul), Keil; knopf, Knoten, Knorren. —
417 der buß, wegen der Buße.

In ain gaiſtlich übung bſtaht,
   Im andern krigiſch übung gaht;   420
In aim kurzweil man um ſein gelt,
   Im andern man ain buß drum ſtellt;
     In aim, wann ainer etwas gwinnt,
     Sein ſatzgelt wieder er verdint;
Im andern muß man gelt einbüßen   425
Und darfür brief und blei genießen;
     In aim gwinnts, der am beſten ſchießt,
     Wann er ſchon nicht vil gelts einbüßt;
Im andern wer am beſten zalt
Gewinnts, wie übel er ſich halt;   430
     In aim ſucht man nur guten willen,
     Im andern den geizſack zu füllen.
Sichſt alſo, liber jubelman,
Das dein gleichnus geht eben an,
     Gleich wie der brei zu deinem kot.   435
     Derhalben tet es ie wol not,
Wir hetten mit dir unſer jubel
Und zögen dir an aine gugel
     Und ſetzten auf ain eſel dich,
     Der gſpalten wer, ſein hinderſich,   440
Und geben dir in dhand ſein ſchwanz,
Krönten dich mit eim neſſelkranz,
     Schmierten mit deim brei dir den rüſſel,
     Zu lecken allzeit etlich biſſel,
Schickten dich auf ſanct Lienhart fort,   445
Der dir austrib dein läſterwort,
     Und den narren, der dich beſitzt
     Und alſo auf dem eſel plitzt:
Auf das du lerneſt baß erkennen,
Wie ain hauptſchießen ſei zu nennen,   450
     Nemlich aine nachbarliche freud,
     Und nicht ain Römiſch jubellaid.
Oder ſind ſchießen jubeljar,
So ſind ir warlich vil im jar

---

438 gugel, Narrenkappe. — 440 hinderſich, verkehrt, rückwärts. —
445 Sanct Lienhart, der heilige Leonhart als Kettenträger, legten dich in
Ketten. — 448 plitzen, blitzen, ſpringen.

455   Auch bei denen, die Römisch sind,
       Davon der bapst doch nichts gewinnt:
Dann die von Straßburg haben nit
Erst angefangen disen sitt;
       Er war, eh deines gleichen narren
460   Konten den brei im hafen scharren.
Aber den namen köntst baß geben
Den kirchweihen, darauf ir leben,
       Das sind die rechten jubeltag,
       Da recht regiert sanct Urbans plag;
465   Da geht es zu ganz ordenlich,
Wie etwan hab gesehen ich
       Auf dem schönen Zabern meßtag
       Und andern, die ich nun nicht sag,
Aber du merkst es on die schrift,
470   Nemlich die dein sanct Urban stift.
       Nun, diß sei gnug vom jubelfest,
       Davon du drum tribst so vil fest,
Dieweil nach deinem teufels neid,
Der uns auch stets vergont die freud,
475   Nicht sehen magst, das nachbarleut
       Freuntlich zusammen kommen heut,
Bsorgst das ander leut freuntlichkeit
Dir schadenfroh gereich zu laid:
       Oder meinst, das vileicht solch leut
480   Nicht wert sind, das sie han solch freud,
So würd des weher dir geschehen,
Das solche leut must frölich sehen.
       O wie froh sind wir arme leut,
       Das du nicht bapst bist worden heut,
485   Du hetst gebotten sonst beim bann,
Das die bauren kain schießen han,
       Und das sie auch nicht lachen solten,
       Dann wann sie dich anlachen wolten
Dich, nemlich mit deim brei beschmiert,
490   Der unter freud den neid gern rürt,

---

467 meßtag, vgl. Garg. 91, 31. — 472 fest, Lärm, Aufheben. „Warum
die heilige Kirch so groß fest von disen Decretalbriefen Clementis machet.“
Bienenkorb, 1586, Bl. 77b. „Da sie vil fests von macht.“ Ebendas. 176a. —
474 vergonnen, misgönnen.

Ja, das kein baur kurzum nicht huſt,
Wie ſehr auch rüttelſt deinen wuſt.
Wann du ain fürſt im Elſaß hießſt,
Gleich wie nur ain Calmeuſer biſt,
    So hetteſt du zerſtöret zwar   495
    Dieſes Straßburgiſch jubeljar,
Derhalben ſind ganz froh die ſchützen
Das du nichts kanſt, als federſpitzen,
    Und kat ſchlecken für dinten lecken,
    Welchs ſie dir gar wol laßen ſchmecken,   500
Und wollen dir zu dank bald ſchicken
Ain karch voll, tapfer dran zu ſchlicken.
    Ich wolt, wer freud vergont den freunden,
    Das er alls leid erfür von feinden;
Und wer nicht gern ſicht leut beiſamen,   505
Das er ganz ainſam müſt griesgramen;
    Und wer nieman mag frölich ſchauen,
    Das er im ſelber wer ain grauen.
Dann des iſt wert ſolch teufels art,
Das iren, was im, widerfart,   510
    Nemlich, das, weil ſie freut das laid,
    Sie ſitz in ſteter traurigkeit
Und muß ertauben und erblinden,
Ander leut freud nicht zu empfinden:
    Wie dich der neid dann hat geblent,   515
    Das du nicht haſt die ehr erkent,
Die ain ſtatt Straßburg hat bewiſen
Willig alln fremden auf dem ſchießen,
    Auch die, der dus unwürdig warſt,
    Wie du es ietzund offenbarſt.   520
Derhalben ſagt man recht vom neid,
Er ſteh auch in undankbarkeit,
    Und ſei wie ein ſtinkendes faß
    Welchs alls erſtenk, was man drein ſaß,
Das iſt, verkehr die gutthat auch   525
In böſes, nach der ſpinnen brauch:
    Ain ſolches ſtinkend faß du biſt,
    Gſchiſſen voll neid, des teufels miſt,

---

494 Calmeuſer, armer Schlucker, von calamus, Schreibfeder, abgeleitet,
etwa: Federfuchſer, wie Federſpitzen 498. — 510 iren, ihr, daß ihr wider-
fahre, was ihm widerfährt. — 519 dus, du deſſen.

Drum kanst nichts anders von dir speien
530 Als teufelskat, schand, maledeien.
 Dann ist das nicht ain teuflisch schender,
 Der schenden darf ganz stett und lender
Und aine hohe oberkeit,
Die ain glid ist des reichs gefreit?
535 Und er doch selbs will sein ain glid,
 Schend also selbs das Reich damit.
Dieweil aber du reichsverletzer
Bist ain koppist und gerichtsschwetzer,
 So soll dir billich sein bekant,
540 Was für straf gebürt auf solch schand,
Und denen, die schmachschriften dichten
Und schmehlich des reichs stend ausrichten,
 Nemlich, das man sie strafet gleich
 Wie die aufrürer in aim reich,
545 Dieweil sie durch ir zung und schreiben,
Wie iene durch gwalt, aufrur treiben
 Und unterstehn durch ir los schwetzen
 Die leut in ainander zu hetzen,
Und durch der stend verklainerung
550 Zu trennen der stend ainigung.
 Wie dann du lugentrüssel tust,
 In dem du ausschüttst deinen wust
Wider die ehrende ammaister
Von Straßburg, die du nennest keiser,
555 Ja, monarch, so herrschen allain,
 So doch allda herrscht die gemain:
Entweder nicht, du munaff, waißt,
Was recht das wort monarcha haißt,
 Bist also der gmalt schulsackesel,
560 Welcher kain kraut kent, als die nessel,
Oder du tust es nur zu schmach:
Verdinst deshalb wol ain scharf rach,
 Das dein monarch der henker wer,
 Und lert dich tadeln des reichs ehr:
565 Dann Straßburg ja ir freiheit hat
Von keisern, wie ander reichstat,

534: ein gefreites, freies, Glied, Stand, des Reichs. — 557 munaff, wie
gieraff, Maulaufsperrer, Dümmling. — 558 monarcha, Alleinherrscher.

Das sie ir oberkeit beseß,
Doch nit zu nachtail des reichs gseß.
Wie du neidhund fürst ein gebell,
Als ob sie die welt freſſen wöll,   570
   Sonder dem reich zu ehr und nuß
   Und irer untertanen schuß,
Darum sind ir die freiheit geben,
Deren sie, gott lob, noch geleben,
   Dir und deins gleichen zu aim dorn   575
   In augen und zu laid dem zorn:
Dann nieman haßt die oberkeit
Als der sich legt auf üppigkeit,
   Gleich wie kain vogel haßt das licht,
   Als der auf diebstal ist gericht.   580
Oder, du neidisch teufelsgfider,
Ist dir die die person so zuwider,
   Die damals hielt das regiment,
   Als man das schießen hat vollend:
So zaigst du wol dein neidig art,   585
Die sich an unschuld auch nicht spart,
   Und nur haßt, was nicht ist irs gleichen,
   Als die frommen und tugendreichen:
Dann was hat sie doch durchs ganz schießen
Getan, welchs ieman möcht verdrießen?   590
   Tat sie nicht freundlich sich erweisen
   Allen fremden, wie sies noch preisen?
Hat sie nicht selber mit geschoßen
Und gleiches vortails mit genoßen?
   Wo hat sie sich erzaigt beschwerlich?   595
   War sie nicht allen schützen ehrlich?
Also das sie sich hant gefreut
Ab seiner gegenwertigkeit.
   Was darfst du sein dann so vergessen,
   Der auf dem schießen selbs bist gwesen,   600
Und hast solch freundlichkeit gesehen,
Das dus ain monarchi darfst schmehen,
   (Dann ainem geben höhern namen
   Als aim gebürt, haißt ain beschamen)

---

586 sparen, schonen, die auch Unschuldige nicht verschont. — 598 Ab,
über; seiner, des Ammeisters.

605 Du neidhund waißt wol glegenheit,
    Was Straßburg hab für oberkeit,
        Und das kain monarchi da sei,
        Sonder die gmain regier da frei:
    Auch das nicht ain person allain,
610 Sunder die burgerlich gemain
        Dis ehrlich schießen an hab gsehen,
        Nach dem es etlich mal geschehen
    Das inen etlich stett und stend
    Han, wie breuchlich, krenz zugesend,
615   Auch neulich auf dem Wurmsisch schießen,
        Die sie dann nicht verwelken ließen,
    Sonder sie brachten an den tag,
    Wie ir außschreiben solchs vermag:
        Noch speit dein kel gift wie ein schlang,
620   Welche ersteken solt ein strang.
    Aber was soll ich ernst vil brauchen
    Mit narren, die man nur soll stauchen,
        Ich muß darfür deiner torheit lachen,
        Das du mainst, es kön sonst nit machen
625 Ein oberkeit ir ainen namen,
    On wann er dschützen rüf zusamen:
        Als ob nicht ander taten weren,
        Die dis hoch amt nun lengst sehr eren,
    Und Straßburg nit lengst het ain namen,
630   Eh ie die schießen noch aufkamen.
        Da sicht man dein nasgroße witz
        Wie du seist so erfaren spitz,
    Minder als Ruprechtsauer bauren,
    Die meh in irm schulthais erdauren,
635   Und du wilt, waiß nit wo, sein gwesen,
        Weit über Ruprechtsau gesessen
    Als in Narrwon und in Narrweden,
    Und kanst nicht baß von sachen reden,

---

    614 krenz, Kränze, vgl. Uhland, Schr., 5, 349. — 615 Das Armbrust=
schießen zu Worms hatte am 7. Aug. 1575 stattgefunden; vgl. Grundriß §. 144,
22, d. — 618 vermögen, enthalten, ausweisen. — 622 stauchen (wie in ver=
stauchen) stoßen. — 626 er, ein Mann der Obrigkeit. — 634 erdauern, er=
forschen, ergründen; die Bauern der Ruprechtsau finden in, bei ihrem Schult=
heißen mehr Verstand als du besißest. — 637 Narrwon, Narbon Brants,
NS., 108, 6. Fischart spielt hier mit der Formel „Wonn und Weide", und
macht daraus fingierte Oerter, die von Narren den Namen haben. Doch
braucht Fischart im Flöhhatz 3053 Nordweden für Norwegen oder Schweden.

Warum ain weise oberfeit
Solch furzweil anricht und berait, 640
Nemlich zu guter freundschaft pflenzung
Und nachbarlicher lieb ergenzung.
Haißst du dann nit ain schlimmer schuster
Und ains neidigen narrens muster?
Ich seh wol, du dörfst auch wol schließen, 645
Wann nun dein landfürst hielt ain schießen,
Das ers von wegen namens tet,
Auf das man von seim namen red,
Gleich wie kinder ir namen graben
In wend und glocken, in zu haben. 650
Ei, wie hast dus so fein getroffen!
Ei, das man zind dem herren schlofen!
Damit ein schleflin er drauf tu
Und laß der witz ain wenig ru.
Ich glaub, du mainst, aim ieden sei 655
Wie dir kathan, mit deinem brei,
Den du darum hast angericht,
Zu sagen von deim prediggdicht,
Wie man im Elsaß find ain schreiber,
Der maisterlich zerrür die kleiber, 660
Und welcher saursenf machen wöll,
Das er dasselb breimaul bestell,
Der könn im schaffen ainen namen,
In vergleichung der ding zusamen;
Den kat zum brei, triumpf zum schießen, 665
Und kurzum des haupts zu den füßen:
Der würd noch in die chronich kommen
Wie er die Zürcher nahr hab gnommen,
Und sein pro rei memoria,
Der ewig tor in moria. 670
Dann welcher nicht berümt mag werden
Durch ehrlich taten hie auf erden,
Der sucht durch uner ainen weg,
Auf das man von im sagen mög,

---

643 schuster, vgl. Schmachspruch 28. — 652 zünd, vgl. Schiff 205. —
660 kleiber, vgl. Flößhaz 3869. — 668 nahr nehmen, mitnehmen, durch-
hecheln. — 669 vgl. Schmachspruch 93. — 670 Moria, Anspielung auf das
Enkomion Morias, Lob der Narrheit von Erasmus.

675 Wie diser, der ain kirch verbrant,
Damit sein namen würd bekant:
Also hast du die leut geschent,
Auf das man dich schandvogel kent,
Und ain vorbild der schender würst
680 Die schand finden, darnach sie dürst,
Die man am schenden kennen kan
Das sie auch um mit schanden gahn.
Aber solch schender nicht meh krenkt
Als das ir falsch zung nichts verfengt,
685 Und hat an frommen minder kraft,
Als wann ain pfeil auf eisen haft,
Oder als waun ain wespe kummt
Und auf und ab lang umher brummt
Und sich zu letzt stoßt an die wand,
690 Und fellt herab on widerstand.
Also was hilfts dich hurnaus tum,
Das du lang humst und brumst herum
Mit schelten an standhaften leuten,
So es für bremenschnurren deiten:
695 Was schads ain marmolstainin bild,
Wanns ainer geiselt oder schilt?
Und was hat es dem mör geschad
Das es Xerxes gegeiselt hat?
Also was mag dein schmach verdunkeln
700 Bei hohen, die alles verfunkeln?
Was reibst dich an die oberkeit,
An deren man die köpf lauft breit.
Waißt nicht, wer über sich will hauen,
Dem fallen die spen in die augen?
705 Und, das man sich an hecken reißt
Und an den niederm gras bescheißt?
Solchs und dergleichen, schöner aff,
Soltst, eh du schriebst, han wol begaft,
Weil du so weit wilt gwandert haben
710 Auf deim handwerk der nassen knaben,
Das du mainst, andre nationen
Allzeit wie schnecken dahaim wonen:

So doch in die fürnemste land
Die Schweizer werden in krieg gsand,
   In die land nemlich, da du narr,   715
   Selbs achtst, das man mertails erfar:
Und ist solch erfarnus im krieg
Mehr, als wann müßig man umzüg
   Mit sicherheit in Venus haus,
   Und bring fremd sitten dann heraus,   720
Könn, wie ir kunden, prächtig schweten
Von narrenteding und von meten:
   Solches verderbt die alte sitten
   Welchs die Schweizer han stets vermitten,
Und darum noch mit alten breuchen   725
Iren vorfaren lob erraichen.
   Deshalb solt man ausleuten dir,
   Da du bringst hemd und socken für.
Dann wer waiß nit, das Schweizerland
Hart volk ziecht, wie auch ist das land?   730
   Aber nach deiner schreiberart,
   Die man ziecht auf dem küssen zart,
Wilt du von andern auch urtailen,
Gleich wie dein weib mit dir muß geilen,
   Und dir das hemd ins bett warm bringen,   735
   Und die nat rain an socken zwingen:
Drum leutet im nur all seuglocken,
Das man ausleut die schreibersocken,
   Dieweil er sorg tregt für die füß,
   Und für die hend nicht, die er bschiß,   740
Als er, wie er von sich selbs meldt,
Schob kükat, mit erlapp, an dzelt.
   Dis ist wol, wie schreibst, leckerei,
   Und aine schleckhaft schelkerei,
Welche die Schweizer sehr vexiert,   745
Dieweil in du hast angerürt:
   Dann welcher ist, den nicht verdrießt,
   Wann ainer kat zu laid aim frißt?
Du hetst noch wol ein andern possen
Können reissen den eidgenossen,   750

726 Iren, ihrer. — 728 vgl. Schmachspruch 25, 30. — 732 auf dem
küssen ziehen, verweichlichen. — 742 erlapp (erlaup im andern Druck),
Erlaubniß.

Wann du das maul hetst gnommen voll
Und an die zelt gespritzet wol:
O wie hetten sie gzörnt dazu,
Und dir vil gwünscht aus dem land mu:
755   Ich wolt zur gdechtnus auf den maien
Dich lan in küleim contrafaien
Und dein nas gar schön drein visiren,
Ja, dich gar damit balsamiren.
        Dann du bist mir nun nicht meh feil,
760   Weil du bist so bossirlich geil,
Gewis man dich zu brauchen hat
Für ain kurzweil und unflats rat,
        Sie hetten wol ains narren gmißt,
        Und hettens die von Straßburg gwißt,
765   Und dich damals behenkt mit schellen,
Dieweil du doch kanst reimen stellen:
        Nicht das ich dich vexieren tu,
        Dann du bist mir zu lieb darzu.
Jedoch darf ich dich wol vexieren,
770   Dann du laßst mir noch nicht mandieren
        Gleich, wie du sagst, das man mandiert
        Das man die fremde nicht vexiert,
Welches doch erst sehr billich wer,
Und anderswo ist breuchlich sehr,
775   Wo anders bist in fremde gwesen
        Wie du dich mechtig ausgibst dessen:
Dann man die freunde soll empfangen
Wie man von in will gonst erlangen:
        Und welchen brei selbs nit magst fressen,
780   Soltst auch aim andern nicht zumessen:
Wolan, ich halt lang auf dein lieb,
Dein brei würd schier vom rüren trüb,
        Bringt dir katrüttler schier den schnuppen
        Mein, wolst in ain klains übersuppen,
785   Weil der mundbreicredenzer bist,
Ob er brei oder kat nun ist.

---

754 Mu, vgl. Schmachspruch 42. — 755 auf den maien, im nächsten
Mai (wo der frischen Weide wegen der Kuhleim nicht theuer ist). — 757 Fischart
kommt auf die fremden Wörter des Schmachspruchs zurück, deren er sich spöttisch
bedient. — 784 übersuppen, vorkosten.

Gleichwol verzeih mir mein unglimpf
Das ich zu bekant mit dir schimpf,
Ich maint es gut, on scherzen frei,
Dich auszuweschen von deim brei, 790
 Dann mich gedauret hast gar fast,
 Das dich damit verwüstet hast
Und verglichen die menschenspeis
Zum viechfat, unfletiger weis.
 Auch das die schiffart, rümlich gschehen, 795
 Darfst ungegründter sachen schmehen,
Und tun wie der neid, so nur lacht
Wann ain schiff untergeht und kracht.
 Auch das schießen, bedacht auf freundschaft,
 Heffig deiten auf trotz und feindschaft. 800
Auch deine aigne nachbarschaft
Schenden aus neid ganz lugenhaft:
 Und beschmaisen mit neidig gift
 Ein oberkeit, vom reich gestift,
Ja allenthalb erzaigst dein neid, 805
Und dein lust zur unainigkeit.
 So must ich dem bellenden hund
 Ja stopfen mit seim brei den mund,
Und ine zalen mit der münz,
Mit der er andern zalt die zins. 810
 Hetst du gespart den atam dein,
 Damit dein brei zu blasen fein,
Und dein maul gestopft mit deim kat,
Het ich dir nicht tun dörfen rat
 Mit einem katgschmierten gebiß, 815
 Welchs dein zung hielt im zaum gewis:
Wiewol in manchem wort und stück
Sie wol verdienet ainen strick,
 Fürnemlich, da du treibst dein gspött
 Mit oberkeit der land und stett: 820
Und gern wolst die lieb eidgenossschaft
Verklainern bei der nachbarschaft.
 Waißt nit? wer wol redt, hört auch wol,
 Jeder wie er sait, maien soll,
Wann die hurnauß die binen plagt, 825
Würd sie von binen auch gejagt:

---

824 sait, maien, säet, mähen.

Wann du werest ain erbar man,
Nemest dich nicht des schendens an,
Nieman het dich ain narren gschetzt,
830   Wann nicht geredt hetst und geschwetzt,
Wann die butzscher aufreißt das maul
So sicht man erst, das sie stinkt faul.
Aber villeicht wolst eim hofiren
Mit deim brei rüren und kelbriren?
835   So hat dus mechtig gut gemacht,
Das man itz allenthalb dein lacht,
Das ain muck will ain seul umstoßen,
Die sie doch aufrecht stehn muß loßen,
Und will sein arm rachgier und neid
840   Beweisen in dem, welchs nichts deit,
Derhalben muß man dich bekrenzen
Mit tannzweigen und eselsschwenzen,
Und dich außstreichen und schön molen
Mit deinem brei, mit speck und kolen.
845   Ich hab die sau, darein du stichst,
Nicht können bscheren, wie du sichst,
Sonder im sauscheren und stechen
Wollen wir dich den maister rechen,
Du stichst weit hinein in aim jor,
850   Stech immer fort, sie lauft empor.
Aber die sau muß sengen ich,
Die schick ich dir ietz zu dem stich:
Und will hiemit geworfen han
Unter die hund, so bellen an,
855   Und welcher würd getroffen hie,
Der mag sich laßen hören frü,
Den wollen wir als dann aufs frisch
Empfangen auf grob schweizerisch.

Syr. XII.

Ein falsch neidisch herz ist wie ein lockvogel auf dem kloben,
und lauret was er schenden mög.   Dann was er guts sihet,
deutet er aufs ergst, und das best schendet er aufs höchst: Hüt
dich vor solchen buben, sie haben nichts guts im sinn.

---

831 butzscher, Lichtputze. — 848 rechen, rechnen, halten.

Fürtreffliches artliches Lob,

deß Landluſtes, Mayersmut und luſtigen Feldbaumans
leben, auß deß Horatij Epodo, Beatus ille, &c.
gezogen und verteuſchet.

D. J. F. G. M.

———————

Wol dem der von fremd gescheften weit
Und vom stattgmeinen neid und streit
    Auch von den innerlichen kriegen
    Entlegen tut sein feldgut pflügen
Lebet abgsöndert wie die alten,   5
Die für die redlichsten wir halten,
    Und auf seim landgut sich enthelt,
    Liget mit seinem feld zu feld.
Baut mit sein ochsen und sein rossen
Das gut, von eltern im verloßen: 10
    Sitzet nicht in dem wechselgaden,
    Ist mit dem wucher nicht beladen,
Darf andern nicht sein schweiß verzinsen,
Noch steigrung treiben mit den müntzen:
    Darf nicht halten ferr factoreien   15
    Und der Venedger auffschlag scheuen,
Noch wissen was in Indien steck
Und all ir specerei geschleck,
    Was zucker sei von Candia
    Und zucker von Canaria,   20
Noch aus Portugal der schiff warten,
Sonder gnügt sich an seim krautgarten.
    Wol dem, der im solch narung schaffet,
    Dem wechst sein gwinn, wann er schon schlafet;

---

1 Paraphrase der zweiten Epode des Horaz. — 7 sich enthalten, sich aufhalten, wohnen. — 10 verlassen, vererbt, paterna rura bobus exercet suis. Später zugesetzt: „Sammelt nicht in seim schweiß sein gut Aus ander leut schad, schweiß und blut." 1598. — 11 gaden, Laden, Haus. — 12 beladen, behaftet, hat mit dem Wucher nichts zu schaffen. — 13 darf, braucht. — 15 ferr factoreien, Handelshäuser in fernen Landen. — 16 auffschlag, Preissteigerung.

25   Erschrickt nicht vor den heerposaunen,
      Noch den tonnernden feldkartaunen,
          Wie der landsknecht, der tag und nacht
          Im feld das feld und land verwacht,
      Und gwinnt doch weder land noch feld,
30   Daraus er nerlich sich erhelt,
          Kan den meier, dem er tut plagen,
          Doch kein stuck felds am spieß hintragen.
      Ja wol im, dann im tut nicht grausen,
      Vor deß mörs trotzgen wellenbrausen,
35   Und darf dem zornigen Neptun
          Nicht flehen in der mörfortun,
      Gleich wie der kaufman, den sein glück
      Setzt auf ein brett, eins daumensdick,
          Und sorgt, wann er daheim schon bleibet,
40   Wie im der wind sein gut umtreibet;
      Sucht auch sein gut nicht mit eim liecht
      Im bergwerk, da man gar nichts sicht.
          Zu dem wird er beschleppet nicht
          Mit fremder hendel rat und gricht,
45   Spricht über keines andern blut,
      Urteilt nicht über ungwis gut:
          Ist in die ringmaur nicht gebannt,
          Macht im kein feindschaft mit seim stand:
      Darf nicht vil anhangs im erlangen,
50   Noch andrn um ir macht anhangen,
          Darf anderer leut gnad nicht geleben,
          Noch sich an gonst der reichen heben,
      Noch iedem stolzen burger flehen,
      Der von eim emptlin sich tut blehen,
55   Und im nachlaufen oft und lang,
          Und tun manchen vergebnen gang,
      Auch etlich stund vor iren türen
      Mit warten und stillstehn verlieren.
          Diß alls darf nicht der meiersman,
60   Er nimt sich keines prachts nicht an:

---

28 verwachen, hüten. — 42—43 Zugesetzt: „Da sich die stollen, geng un
schacht Verlieren plötzlich über nacht." — 43 beschleppen, behelligen, wird
nicht hineingezogen in fremde Rechtssachen. — 54 von ein, wegen eines. —
58—59 Zugesetzt: „Und als dann lang erst in den henden Sein hütlin trehen
und umwenden Und zittern einen brief darweisen, Als solt er einen löwen
speisen" (mit Speise versehen, füttern).

Tracht nicht, wie er komm hoch ans bret,
Und sorglich dienst zu hof ausbet,
    Auf das nicht, so ers hat erbeten,
    Andre im bald die schuch austreten:
Dann sein frommkeit laßt in nicht heuchlen,   65
Welchs doch zu hof ist das gmeinst breuchlen,
    Sonder er gnüget sich an kleinem,
    Und mert dasselb und schad doch keinem,
Ist schlecht, gerecht, aufrecht, einfaltig,
Was er verheißt, das leist er gwaltig,   70
    Haßt all spitzfündigkeit und list,
    Die nur zum zank ein ursach ist,
Und da mancher groß sorg im macht
Wie stattlich er ausfür sein pracht,
    Und seine geltzins verzer jerlich,   75
    Und in der frembde umreis gferlich,
So ziecht er auf sein gut darfür,
Sicht was im in die hand wechst schier,
    Wie im der segen über nacht
    Hab meh, dann er gesait, gebracht,   80
Wie die blümlin sich vor im schmucken,
Wie die beumlin sich vor im bucken,
    Und wie vor freud aufschnellt der ast
    Wann er im abnimmt was vom last.
Oder ziecht ein einglegte rebe   85
Auf ilmen, aspen, das sie klebe,
    Gibt also ehlich sein zusammen
    Die reben und der beume stammen,
Das sie die bein zusammen schrenken,
Und mit armn an einander henken.   90
    Oder braucht zum gmahlring die reb,
    Darmit er die beum zsammen geb,

---

62 ausbet, erbettle. — 64 andre verdrängen ihn bald. — 66 breucheln,
Iterativ von brauchen. — 66—67 Zusatz: „Allda ie größer ist die herschaft,
Je größer wird die höflich knechtschaft. Ist er bei minder herlichkeit, Ist er
bei minder gferlichkeit.“ — 72—73 Zusatz: „Er helt die grechtigkeit wol wert,
Doch mit rechtfertigung unbschwert, Weil er weiß, das die habersucht Ist ein
giftige natersucht.“ — 73 im, ihm, sich. — 80 gesait, gesäet. — 81 schmucken,
biegen, schmiegen. — 84 was, etwas. — 85 einglegte, eingeimpfte; vgl.
Feldbau 1579, 333. — 86 ilmen, aspen, Ulmen, Espen; kleben, festranken.
— gmahlring, Vermählungsring, indem die Rebe von einem Baume zum
andern gezogen wird.

Wann er sie oben zsammen leit,
Das eins die hand dem andern beut:
95   Oder schneid ab ungratne schößlin
      Und impft darein gerad re sprößlin!
Oder sicht wo ein baum schwer tregt
Das er ein stütz im untersteckt:
      Etwan richt er ein glendlin auf
100   Welchs beinah sinken wolt zu hauf,
Bricht etlich blumen darbei ab,
Das er ab irm geruch sich lab.

      Bißweil sicht er sein lust dargegen
      Dort in eim tal ferr abgelegen,
105   Wie das rot und weißwollcht viech
Zerstreit unten am berg herziech:
      Und hört, wie sein hirt fürt ein mütlein
      Auf der sackpfeif vom scheferliedlein,
Von seiner bulschaft, die im resch
110   Oft öpfel steckt in dhirtentesch.

      Hört, wie ein vieh dem andern rufe
      Im andern tal, welchs sich verlufe;
Oder geht zu sein imenkörben,
Sicht wie sie ernsthaft wesern, werben:
115   Bschneid ir wechsinen irrgang weißlich
      Das er den honig draus bring fleißlich.

Zu zeiten schlegt er auf eim becken
Zwen honigkönig zu erschrecken,
      Das sie sich um die weid vergleichen,
120   Welcher vom blumenerb müß weichen,

96—97 Zusatz: „Oder er fährt für lust ein furch In einem schmaln eckerlein
durch Und macht sich als dann aus den felden Spazieren unter grün gwelbtn
helten (Halden, Laubgänge), Darunder etwan sehr gebuckt Sein altvater am
stab herruckt, Wiewol er in der jugend vor Wie ein hirz drunder gsprungen
wor." — 99 gelendlin, Geländer, Verzäunung. — 106—7 Zusatz: „Und
dort hoch an eim berg sein geißen In eim gestreus die zweig abreißen." —
107—8 später: „Und hört, wie mit eim scheferliedlein Sein hirt dort füri
ein sackpfeifmütlein." — 114 wesern, sich hin und her bewegen, wandern,
kommen und gehen; werben, Geschäft verrichten. — 117 fg. becken u. s. w.
Wenn ein neuer Schwarm ausgeflogen, „so soltu ein lieblich getön mit einem
becken oder zerbrochnen irdinen hafen machen und sie also, doch nicht zu hell und
laut erschrecken" u. s. w. Feldbau 300, wo weiter ausgeführt wird, daß der
helle Ton den Schwarm höher in die Luft treibt, das stillere Klingeln ihn aber
niedriger erhält, sodaß er desto leichter eingefangen werden kann, wenn er sich
angehängt hat. Dort auch über die Behandlung der Bienen das Nähere.

Oder mant ſie mit etlich ſtreichen
Die hummeln und weſpen zu ſcheichen,
  Oder bildt im an inen für
  Königs und undertanens gbür.
Aber wie freut er ſich alsdann,   125
Wann der traubmeier und obsman,
  Der herbſt, im reicht ſein obs und trauben
  Das ers mit unzal mag abklauben?
Wann er manch frembde öpfelfrücht,
Die er ſelbs hat geimpft, abbricht,   130
  Oder ein traub abliſt villeicht,
  Der farb halb nit dem purpur weicht,
Und alsdann ſolche in ſeim gmach
Aufhenkt, das er ſie oft anlach.
  Es iſt kein ſtund noch augenblick,   135
  Das in nicht neue freud erquick,
Sie folgen auf einander ſtet,
Wie ein jarzeit auf b'ander geht,
  Und wie ein jungfrau teglich bricht
  Ein friſches röslin, dran ſie riecht.   140
Nun hat er luſt, das er ſich ſtreck
Unter eins ſchattgen baumes deck,
  Darnach in das tief gras dorthin,
  Welchs vom fürfließnden bach iſt grün.
Darbei manche heuſchrecken ſpringen,   145
Und da ir winterleid verſingen,
  Darbei die vöglin mit geſang
  Wünſchen den ſommer noch ſo lang:
Darbei manchs bechlin fellt und quillt,
Welchs das zu vil heiß lüftlin kült,   150
  Und rauſcht über die ſteinlin her,
  Darvon der ſchlaf nit ankomt ſchwer.
Und wann dann ſchon die werme weichet
Und der gro winter einher ſchleichet
  Mit dickem ſchnee, eis und vil regen,   155
  Mag er im doch ſein luſt nicht legen:

124—125 Zuſatz: „Oder er ſicht wie ſein jung füllen Sich faſt ergeilen aus
mutwillen, Oder wie in ein klaren flüßlein Hoch ſpringen in der werm die
fiſchlein." — 130—31 Zuſatz: „Und etwan ein ſchöns obs abnimt, Welchs ſein
voreltern oft han grümt" (gerühmt). — 131 traub, m.; vgl. Kunſt 23. —
148 noch, noch einmal, doppelt. — 156 buſch, Unterholz.

Dann alsdann sucht er seine lust
Mit hetzen im feld und im busch:
   Nun hetzt er an vil starke hund
160   Wider ein schwein, welchs vil verwundt.
Dann jagt er sonst ein wild ins garn:
Oder spürt wo fremd gwild umfarn:
   Oder bestellt ein vogelherd,
   Das im kein vogel nit entfert,
165 Etwa fengt er ein kranch mit list,
Welcher im land verirret ist,
   Und andre wintervögel mehr,
   Welche dieselb zeit gut sind sehr:
Oder hetzt hasen und die füchs,
170 Oder ziecht pirschen mit der büchs:
   Oder braucht bogen und armbrust,
   Und vogelror bisweil für lust:
Oder richt luder an den wölfen
Die im reubisch der schaf abhelfen.
175   Wer will dann nun bei gdachten stucken
     Dem winter sein unlust aufrucken
   Dieweil doch unser meiersman
   Den winter zum lust brauchen kan
     Und macht im aus der winterszeit
180   Ein meierslust und winterfreud?
Wann dann erst zu dem allem hin
Sein ernstlich weib, die meierin,
   Auch im daheim zuspringt im haus,
   Wie freut in nur das überaus?
185 Wann er villeicht heimkommet müd,
Und sie im gleich alls guts erbiet,
   Und macht im auf dem herd ein feur,
   Das er sich zu der werm fein steur:
Und wann sie die viehstell warm helt,
190 Und das vieh warm deckt für die kelt,

162—63 Zusatz: „Uebt also hiedurch sich zur sterk, Das er gsunder vollricht
sein werk." — 163 vogelherd, vgl. Feldbau 508. — 165 mit list, in Schlin-
gen, Horaz. — 173 luder, Köder, Lockfraß. Von der Wolfsjagd handelt das
ganze siebente Buch des Feldbaus, S. 613 fg. — 174 abhelfen, mit Dativ
der Person und Genitiv der Sache, gewöhnlich im Sinne des Heilens, hier des
Raubens. — 174—75 Zusatz: „Oder schnitzt werkzeug in das haus, Oder butzt
gschirr und werkzeug aus, Ordnet denselben hin und her, Wie im zeughaus
waffen und wer." — 176 aufrucken, vorhalten, übel auslegen. — 188 steuern,
helfen, sich (an den Herd) setzen. — 190 für die kelt, gegen die Kälte.

Und nimt den kübel dann geschwind,
Melkts vieh so bald, als ir gesind.
Desgleichen wann sie im auftregt
Sein fürnen wein, der im wolschmeckt,
Und setzt im etlich trachten dar,   195
Die er nit erst darf kaufen dar,
Sonder im gibt sein meierei
Und ist vom zoll und ungelt frei.
Es können eim zwar all mörschnecken,
Noch dornbutt, meurn so wol nit schmecken;   200
Es solt im einer nicht darfür
Wünschen den angelrochen dürr,
Noch im begeren vil der steuren,
Welche das gwürz nur muß verteuren,
Noch auch den brickenpfeffer teur,   205
Noch gwürzten butter, gplagt vom feur:
Darfür hat schunken er gereuchet
Und fleisch im salz und essig gweichet,
Isset ungwürzet seinen butter
Fein rein, wie er komt von der mutter,   210
Mischt auch kein zucker in sein kes,
Macht im sein kost mit salz gnug reß.
Aus schmalz, milch, honig, eiern frisch
Er im manch gute tracht zurüst.
Sein krautgarten ist sein gwürzgarten,   215
Ein kraut kan im sein speis auch arten.
Nach straußenhirn er auch nicht trachtet,
Ein frischen kalbskopf er mer achtet,

---

194 fürnen, alten, abgelagerten. — 198 ungelt, Abgabe, besonders vom
Wein. — 198—99 Zusatz: „Darum er gott dankt immerzu, Der im schafft solch
gmach, frid und ru.“ — 199 mörschnecken, Austern. — 200 dornbutt,
Steinbutt, Turbot; meuren, Muränen. „Die Auster des Lucrinus acht ich
dann fürwahr Nicht höher, Rhombus, Scarus nicht.“ Horaz. — 200—1 Zu-
satz: „Welche zu zeiten das wild mer Treibt, das sie zu uns reichen her.“ —
203 steuren, Störe? — 204 gewürz, die Zuthat, Sauce. — 204—5 Zusatz:
„Noch die schlangenleich, die lampreten, Die man in Malvasier muß töten.“
— 205 brickenpfeffer, Bricken, Pricken, Neunaugen, die eingemacht, im
Pfeffer, Brühe, verschickt werden; petromyzon fluviatilis L. — 206 but-
ter. m.; geplagt, gequält, um den natürlichen Geschmack gebracht.
— 211 reß, räs, scharf, schmackhaft. — 214—15 Zusatz: „Gleich wie er auch
schlecht rüst sein kleid Aus der seid, so sein schaf im treit (trägt). Er stellt
nicht nach dem haselhun, Solchs laßt er die müssigen tun.“ — 216 arten,
trans. bilden: „Die schrift recht zu arten und zu formieren“, Garg. 340, 25.

Oder ein lamm, im hornung gschlacht,
220 Und ein widder, dem wolf abgiacht.
Die eiterschleimige fasanen
Läßt er im gbürg bei den urhanen,
Sein gans er für ein trappgans welet,
Ein obs für pomeranzen zelet,
225 Für pfeffer welt er bibernell
Weckhalterberlin für canell,
Salbei, quendel und rosmarein,
Basilg und polei sein gwürz sein.
Jeder monat bringt im gewis
230 Neu frisch kochkreuter zu seim gmüs,
Als endivi, mangolt, milten, binetsch,
Petersilg, körfl, natterwurz, burretsch
Manch ruben, kern, bör, nuß und kesten,
Erbsen, linsen, bonen und gersten.
235 Zum winter salzt er kappes ein,
Dörrt hutzeln, raucht die zwiblen fein.
Wer ist, der hie ein mangel spüret?
Heißt das nicht wol profiantieret?
Halt nicht die natur und die erd
240 Unsern meier hierin ganz wert,
Das sie in nicht allein erquicket,
Sonder im aufenthalt auch schicket?
Wie muß er sein so wol getrost,
Wann er bei gdachter speis und kost
245 Sicht unterm essen alleweil,
Wie sein satt vieh dem stall zu eil
Und heimtregt volle utern schwer,
Welchs bald wolt, das man sie entler?

---

221 eiterschleimig, widerlich, weichlich. — 222 urhan, Auerhahn.
Horaz nennt Hühner aus Afrika und Waldhühner aus Jonien. — 225 biber-
nell, Pimpinelle. — 226 weckhalterberlin, Wachholderbeeren. — 227 fg.
Salbei, die Kräuter, nebst vielen andern zur Würze nennt Feldbau 413. —
228—29 Zusatz: „Auch alantwurz und maieron, Jsop, basilg und bilsam schon.
— 232—33 Zusatz: „Lattich, saurampfer, kreß und lauch, Rapunzel, wegrich,
spargen auch, Gensdisteln, kernklau, widen, til, Vermischt mit kümmel, fen-
chel vil.“ — 233 kesten, Kastanien. — 235 kappes, Kopfkohl. — 236 hutzeln,
getrocknetes Obst. — 236—37 Zusatz: „Und ist darbei doch gsünder baß, Dann
der, so, eh in hungert, aß.“ — 242 aufenthalt, Unterhalt, Nahrung. —
247 uter, Euter; ahd. ûtar. distenta siccat ubera. Horaz. — 248—49 Zu-
satz: „Sicht, wie sich hinderm schellenhammel Die herd der schaf gar eng ver-
sammel, Wie die stolz geiß dem widder schön Sein ehr vergönnt (misgönnt)
und vor will gon.“

Oder sicht, wie sein pferd von ferr
Ziehen mit lassem hals daher   250
    Den umgestörzten pflug zu haus
    Und schütteln gern das kummat aus.
Auch sicht sein gsind eins nach dem andern
Fein allgemächlich heimzu wandern
    Gleich wie ein müden imenschwarm,   255
    Welchem die sonn den tag macht warm.
Und alsdann, wann nun alls vollricht,
Sein gsind zu tisch sich setzen sicht
    Und beißen in das brot so frei,
    Das einer schmatzen möcht darbei,   260
Und mit dem mus den löffel laden,
Das er kaum mag in die schubladen,
    Und darauf tun ein starken trunk,
    Da man hört, wie im hals er klunk,
Und in den kes so dapfer schneiden,   265
Gleich wie sie morn wöllen arbeiten.
    Hie ißt man nit mit angst und sorgen
    Und schlaft auch nit mit angst auf morgen;
Die sorg verbittert in kein kost,
Der schlaf ist in ein arbeittrost   270
    Es treumt in nicht von iren feinden
    Und wie sie zanken mit den freunden.
O wie ein herlich, tröstlich leben,
Welchs dem menschen zu trost ist geben!
    O gott des fridens, du verschaffe,   275
    Das es betrüb kein krieges strafe!
Wöllest das land von krieg erretten,
Das man es gnieß auch in den stetten!
    Dann on das fridlich landgebeu
    Besteht nicht lang ein policei.   280

---

252 kummat, Kummet, Halsjoch der Zugthiere. — 257 vollrichten, vollbringen. — 262 schublade, Mund. — 266 morn, morgen. — 266—67 Zusatz: „Hie schmackt in milch, schwarzbrot mit kleien Baß, dann weißbrot von gift zu scheuen" (bei dem man fürchten muß, es sei vergiftet). — 270—71 Zusatz: „Das fröschgeschrei sie dran nicht hindert, Ein hart bett in den schlaf nicht mindert." — 272—73 Zusatz: „Ein haushund in die schiltwacht helt, Ein haus= han die früwacht bestellt." — 280 policei, Verfassung, Staat. — 280—81 Zusatz: „Dann wie on milch kein kind aufkomt, Also kein statt on feldbau fromt, Wo nicht die feldfrucht tut das best, Sterben die vögel in dem nest; Wo nicht ein land erbauet ist, Ziecht man daraus und läßt es wüst. Drum bhüt, das nicht u. s. w."

Verhüt, das nicht der gbaute boden
Ein wüste walstatt werd der toben
   Und werd für himmelstau begossen
   Mit blut, von menschen hergeflossen,
285 Welchs die frücht möcht abscheulich machen,
Weil auch die erd scheut ab den sachen!
   Bhüt uns vor fremder völker rauben,
   Das sie nicht gnießen unserer trauben!
Segne den schönen feldbaustand,
290 Welcher wird der unschuldigst gnant,
   Das sie in nicht mit schinden schenden
   Und dein segen durch geiz abwenden!
Wol inen, wann sie dem nachkomen,
Dann solch feldlust gonnt gott den frommen!

Nichts mit Zwang.

Man kan eben so wenig bringen
Von eim erdrich, das man wil zwingen:
   Als von tieren, die man will tringen,
   Wider ir art was zu vollbringen.
5 Dann wann ir sie schon mit gewalt
Zu euerm dienst treibt und anhalt,
   Kosten euch doch ir streich und wunden,
   Und wann sie werden krank befunden,
Vil mer, dann auch ir dienst ist nutz:
10 Dann stutz und trutz bringt nie nichts guts:
   Und wann ir nun meint sie sind bendig,
   Werden im augenblick sie wendig

---

283 für, anstatt das. — 288—89 Zusatz: „Und sprechen zu uns dann zum
bossen, «Ziecht ab, ir altn landsgenossen! Ziecht ab, ir habt uns vorgebauet!»
Ach, wer hett alsdann diß getrauet, Das der arm landmann muß da fliehen
Und mit eim geißlein kaum abziehen? O liebs traut land, trag du zu schand
Unkraut dem feind, der dich nie wand, Der doch zur letz (Abschied) nur auf
dein scheur Ein roten hauen steckt von feur. Bewar uns vor den wuchrern
auch, Vor der stulreuber argem brauch, Die durch untreu, mehrschatz, fürkauf
Ziehen des landmans güter auf Und werden wibeln und kornkefer, Judem
sie stellen sich kornkeufer.“ — 292 geiz, Gier, Habsucht. — 292—93 Zusatz:
„Verhüt, das nit der meierslust Werd leider zu eim meierswust.“ — 294 Durch
die Zusätze ist das Gedicht auf 390 Verse gebracht, also um 96 vermehrt.

Und ſchaden mer in einer ſtunden,
Als in eim jar ſie nutzen kunten:
 Dann was man erhelt mit eim zwang, 15
 Das iſt ſelten beſtendig lang.
Auch haben daher ſtets die alten
Diß ſprichwort bei in wert gehalten,
 Das ein rechter hausvater ſoll
 Vil mer dahin trachten wol 20
Was dient zu nutz und bſtendigkeit
Deß, was in unterton iſt bereit,
 Als das er nach ſeim nutz nur tracht
 Und darin ſuch ſein luſt und pracht,
Zu ſchaden dem, das im ſoll dinen, 25
Und ſeine narung im gewinnen.

Der ſiben planeten eigenſchaft.

Saturnus.

Ein alt kalt fauler wenddenſchimpf,
Unfletig, heßig, kan kein glimpf.
 Mein kind feindſelig, neidig herb,
 Metall, blei, eiſen mein gewerb. 5

Jupiter.

Vernünftig, glart, verſchwigen, grecht,
Alſo ſind all mein kind und knecht,
 Lang weren, treffnlich ding treib an,
 Mit kaufmanſchaft wol gwinnen kan. 10

Mars.

Ein naſſer knab, man kennt mich wol,
Pferd, harniſch, krieg ich brauchen ſoll,
 Sonſt geht zuruck als was ich treib,
 Mit unglück lacht mirs herz im leib. 15

---

2 wenddenſchimpf, Spielverderber. — 9 lang weren, währen, leben
lange. — 10 kaufmanſchaft, Handel. — 12 naſſer knab, Trinker, Böſe-
wicht. — 14 als, alles. — 15 Mit, bei.

Sonn.

Ein feurig hitzig creatur,
Mein kind höflich, edler natur,
  Was ich anfang, bſteht ſelten lang,
20 Mit großen herrn hantier und gang.

Venus.

Zu freud und lieb bin ich geſchwind
Und muſik, alſo auch mein kind,
  Helf heurat machen, kleid mich neu,
25 Spiel der liebe zeit one reu.

Mercurius.

Hurtig von leib und ſinnenreich,
Mit geſchwinden künſten mein kein gleich;
  Mein kind redſprechig, weiß und frei,
30 Subtil, wolglert und fromm darbei.

Mon.

Auf lang bleiben bin ich nit geſinnt.
Leiſt niemand ghorſam, auch mein kind,
  Han unſer eigen fadenrecht,
35 Obs ſchon den doppelt ſchaden brecht.

Sprichwort.

Welche frücht bald entſtehen,
Dieſelben auch bald vergehen,
  Und welche bald tun auffommen,
  Die ſind ſelten gar vollkommen;
Aber was lang mit müh aufgehet,
Daſſelb auch lang on mich beſtehet,
  Und was langſam hat zugenommen,
  Das iſt ſatter und meh vollkommen.

------

20 gang, gehe, verkehre ich. — 29 redſprechig, beredt. — 33 kind,
Kinder. — 34 fadenrecht, Weiſe, Gewohnheit. Garg. 470, 33. — 35 doppelt,
doppelten.

Lasarus von Schwendi.

(Lazarus von Schwendi, Heerführer Karl's V. und seiner Nachfolger [geb. 1525,
gest. 1584], scheint 1579, als dies Gedicht verfaßt wurde, einen Besuch in Straß=
burg gemacht zu haben. Die Verse stehen unter seinem Bildnisse [Exemplar in
Berlin]. Fischart's Name ist dabei nicht genannt; seine Verfasserschaft ist aber
unzweifelhaft.)

Wie komt euch doch an der unfall,
Ir chriſtlich nationen all,
    Das ir ſo unaufhörlich heut
    Wider einander ſelber ſtreitt?
Wie, haut ihr mit der linken hand   5
Euch ſelbs die recht ab? o der ſchand!
    Was iſt diß für ein kriegesſucht,
    Die wider ſich ſelbs krieg verſucht
Und chriſtenblut durch chriſtenblut
Dem feind zu luſt hinrichten tut?   10
    O, wie vil lands het man gewunnen
    Mit diſem blut, welchs unbeſunnen
Man nun ein lang zeit hat vergoſſen
Mit einheimiſchem krieg on moßen?
    Habt ir nicht fremde nationen,   15
    Die weder gotts, noch menſchen ſchonen
Und trotz bieten mit halben monen
Und gleich wol um euch her ſtark wonen,
    An welchen ir möcht üben heut
    Euer europiſch mannlichkeit?   20
An ſolchen erbfeind ſolt man ſetzen
Und in aus fremden lendern hetzen
    Und nicht mit innerlichem krieg
    Uns ſelber ſchwechen, im zum ſieg.
Derhalben billich wird gepriſen   25
Und zum exempel fürgeriſſen
    Hie dieſer held berümet weit
    In der Türkei und chriſtenheit,

---

15 n a t i o n e n, nicht allein die Türken ſind gemeint, ſondern auch die Fran-
zoſen.

Das er sein kriegserfarenheit
30   Zu nutz der christenheit anleit
          Und durch sein mannlich rat und tat
          Dem btrengten vatterland wol rat.
Gott geb im ferner rat und sterk,
Das er weiter vollbring diß werk
35   Ja der allmechtig gott bescher
          Der kriegserfarnen helden mer,
Die bei heutiger gferlichkeit
Dem vatterland mit mut und freud
Zu dienst seien allzeit bereit.

———————

Bündnus

zwischen

Straßburg, Zürich und Bern.

———

Kurze erklerung vorgesetzter figuren

von der Straßburgischen bündnüs mit den
beiden stetten Zürich und Bern.

Weiß lili ist ein lieblich blum,
Die under allen hat den rum,
    Daher wird ir verglichen auch
    Nach der voralten weisem prauch
Die freiheit, so auch lieblich ist,   5
Und iederman erfrischt und frist;
    Und wie die lilg ist weiß und rein,
    Also soll auch die freiheit sein,
Mit blutvergießen nicht besudelt,
Noch mit der dienstbarkeit verhudelt.   10
    Darum sichst an eim stengel da
    Drei lilien bei einander nah,
Welche drei freie stett bedeiten
Zürch, Bern und Straßburg nun zur zeiten,
    Die in ein bündnus sind getreten   15
    Ihr alte Freiheit stets zu retten.
Wie dann auch dieser drei stett schild
Am liljengarten seind angbildt.
    Das aber ein zaun gflochten ist
    Mit korneren und reblaub frisch,   20
Das weist Elsäßisch fruchtbarkeit
Von weinwachs und sonst fruchtgetreid.

Wann dann auf beiden seiten warten
Ein lew und ber am lilgengarten,
25　Zeigt der lew Zürch und Straßburg an
So lewen bei dem schild han stahn.
　　Der ber aber das Bern ausweist
　　Welchs on diß von dem beren heißt.
Das schwert umwunden mit ölzweigen
30　Tut krieg und friedenszeit anzeigen,
　　Nach welcher beider glegenheit
　　Die drei stett allzeit seind bereit,
Im krieg vor gwalt sich zu behüten,
Im friden fridsam sich zu bieten,
35　　Also das auch bei krieges zeit
　　Allzeit regier die miltigkeit.
Die wasser, so den garten gießen,
Seind die flüß, so die stett umfließen,
　　Von welcher bündnus man die handelt,
40　　Welcher freiheit nie ward gewandelt.
Und heißen die flüß Aar und Aa,
Die beid der Rhein aufnimmet da.
　　Das gebirg zeigt den Gotthart an,
　　In dem die flüß zusammen gahn.
45　Auf einem berg die fanen frei
Weisen ein ursprung aller drei,
　　Und das sie vest seien gegründt,
　　Gleich wie ein berg on scheuch der wind.
Die schrift, so umher steht allhie,
50　Heißt: freiheitblum ist die schönst blüh.
　　Gott lasse diese werte blum
　　Im Teutschland blühen um und um,
　　So wachst dan frid, freud, ru und rum.
　　　　　　J. Noha Transchiff von Trübuchen.

48 scheuch, Scheu, ohne Furcht vor den Winden. — 50 blüh, Blüte.

Erlustigung ob der geheimnus der zusamen

einigung der Gotthartischen, dreiströmigen Arl, vnd irer drei töchter.

Zu rümlicher erhebung der neulich im maien bestet-
tigten gottgefelligen und treugefelligen nachbarlichen verain, zwi-
schen den in Hoch Teutschland ansehlichsten, vnd berümtesten drei
Policeien, Zürich, Bern vnd Straßburg
angestelt.

Gleich wie der schöpfer diser welt
Sie drum mit gbirgen hat bestelt,
    Darmit ein vnderschied zu machen,
    Zwischen den völkern und den sprachen,
Welche on diß einander scheuen,   5
Das sie nit vil einander treuen,
    Also hat wider er hingegen,
    Der leutseligen nachbarn wegen,
Aus bergen, felsen und aus klüften,
Ja aus feucht düften und naß lüften   10
    Die ström und flüß in rinnen gleit
    Und inen ir canel bereit.
Darinnen sie durch manchs land rinnen,
Nicht drum allein, das sie nur dienen
    Zur feuchtigung und fruchtbarkeit,   15
    Und das der fisch drinn hab sein weid,
Sonder, damit hiedurch vorab
Der mensch ein fein anleitung hab,
    Sein nachbarn, so an einem bach,
    Ob oder vnden han ir gmach,   20
Zu besuchen in freundlichkeit
Und zu brauchen, in freud und leid;
    Und solchs entweder auf eim baum,
    Der ausgehölt im wasser schwam,
Oder in folgung dem gestad,   25
Wohin dasselbig leit und lad,

---

6 treuen, trauen. — 20 Ob, oben.

Fischart. I.   18

Diß ist der fürnemst nuß und frommen,
Der aus den flüssen her tut kommen.
Die flüß die nachbarschaft vereinen,
30   Welche an einem fluß anreinen.
Ein fluß macht, daß vil ferre lander
Erkennen in gutem einander.
Ein strom ist gleichsam wie ein straß,
Darbei sich bhülft mancher landsaß,
35   Ja ist wie ein gemeiner bronnen,
Daraus all schöpfen, die dran wonen,
Die bäch, die haben pagos gmacht.
Das man ein geu für ein statt acht.
Die ströme han gmacht, das man hat
40   Auf beid seit anglendt, ausgeladt.
Aus solchem lenden und abladen
Entstunden die stett an den gstaden;
Seind also die stett gleichsam gflößt
Auf die stett, da sie jeßt stehn gseßt.
45   Und wo vil flüß trafen zusamen,
Daselbst auch bald die stett aufkamen.
Daher dann die göttlich fürsehung,
Um schaffung mehr zusamen nehung
Der leut, so etwa ferr entlegen,
50   Hat er geordnet so gelegen,
Das vil flüß von ungleichen enden
In einen strom sich müssen lenden,
Auf das ir vil von ungleich flüssen
Hiedurch in kundschaft kommen müssen.
55   Derselbig nun, der diß vorsehen,
Dessen ret nieman aus kan spehen,
Der dise welt hat zubereit,
Dem menschen zur bekömmlichkeit,
Der hat gewißlich auch gewolt,
60   Das mit der zeit erwecken solt

30 anreinen, angrenzen. — 37 pagos, pagus, Dorf. Eine der fischart-
schen ernst gemeinten Etymologien, pag, bach; wie animal, ein Anhimalig
(anhimmlisch) Wesen, mensch von mens. Podagr. 1591, Lij a. — 41 lenden,
anlanden. — 43 geflößt, geflößt, nach elsässischer Vertauschung, wie schuß für
Schuß. — 48 zusammen nähung, Annäherung. — 52 lenden, lenken. —
55 vorsehen, vorgesehen. — 56 ausspähen, ergründen. — 58 bekömm-
lichkeit, Nutzen.

Der Rhein bald bei seim ursprung droben
Ein nachbarschaft, sehr hoch zu loben.
    Zwischen drei stetten durch drei flüß,
    Da ein fluß zwen flüß in sich schließ,
Und also werd aus wassern drei,   65
Ein drittes in gesamter treu
    Und werde aus den dreien stetten,
    So underschidene flüß sonst hetten,
Durch anlaß der flüß einigung,
Und durch der bündnus mittelung   70
    Ein einig vereinigt gemein,
    Die freundlich stimme überein
Und in einander sich tu schließen,
Wie die flüß in einander fließen.
    Welchs seind aber dieselben flüß,   75
    Durch deren freundlich wassergüß
Der Rhein ein nachbarschaft erwecket,
Die sich je mehr und mehr erstrecket?
    Das sind drob in dem Schweizerland,
    Die Lindmat und die Aar genant.   80
Ja die resch Aar und die still Lind,
Dieselb freundschaftmacherin sind.
    Dises sind die zwo schwestern treu,
    Welche der Rhein zeicht an sich frei
Und droben bei Waldshut empfengt   85
Und mit denselben fort sich schwenkt,
    Biß sie sich tun in das Teutsch meer,
    Weil sie vom teutschen gbirg sind her.
Woher komt aber solche freundschaft,
Disen drei flüssen in der landschaft?   90
    Daher komts, weil sie sind geboren
    An einem ort, vor unzal jaren
Vom alten Alpvatter, dem Gotthart,
Der noch von sündfluß besteht nothart
    Und ist daher ganz eisgrau worden,   95
    Das vom im eis trieft an all orten,
Der hat sie also angewisen,
Einander on ablaß zu grüßen,

---

81 resch, rasch, schnell fließend. — 84 zeicht, zeucht, zieht. — 94 not=
hart, fest, Stand haltend.

Also, das ob sie wol von haus
100   Ziehen durch ungleich port hinaus,
Die Limmat durch die hohe Merkt
Und die Aar durch den Grimmelberk,
       Sie nimmer doch vergessen söllen,
       Sich wider zsamen zu gesellen.

105 Daher er zu gedechtnus dessen,
Nie der verwandschaft zu vergessen,
       Hat zu den vorigen irn namen,
       Einen geben inen allsamen.
Und sie sein Arl samtlich genant,
110   Da jeder buchstab macht bekant
       Einen der nun gedachten flüß,
       Als Aar, der Rhein, die Lindmat ist.
Solchen nam Arl, von irem alten,
Hat die eltst tochter noch behalten,
115   Die aus dem Grimmelberg herrint
       Und sich lang wie ein angel windt
Und vil ein weitern umschweif nimt,
Als ire jüngste schwester Lind,
       Die zu dem bruder eilt geschwind,
120   Und drum vor lieb ein see durchschwimt.
Welchs seind die drei stett aber nun,
Die durch der drei flüß zsamentun
       Auch also kommen in ein freundschaft,
       Gleich wie die flüß sind in verwandschaft?
125 Das ist Zürich, Straßburg und Bern,
Ja, weil ich sie benem so gern,
       So nem ich euch die jetzund zwirig,
       Es ist das Bern, Straßburg und Zürich;
Ja Zürich, Bern und Straßburg sind,
130   Die stett, so Rhein und Aar und Lind
       Durch göttlich schickung zsamen fügen
       Zu irem sonderen genügen.
Der Rhein ist, der sie tut vereinen,
Das ein gemein sie itzund scheinen;

---

101 Merkt, die March in Schwyz. — 113 Arl, Arola, Aar; der alte Name
war also damals noch im Gebrauch. — 126 benem, bename, nenne. —
127 zwirig, zweimal.

Der Rhein schleußt die drei in ein treu,   135
  Das ein treu leisten nun all drei.
O Straßburg, es muß so sich schicken,
Das im gedritten dir muß glücken,
  Welchs ist ein zal der treu und eid,
  Und so die größt geheimnus deut.   140
Daher dir auch die alten namen,
Tribach und Triborg etwan kamen.
  Tribach von disen bechen drei,
  Die dich durchgehn trifach aus treu;
Treuborg von den drei burgen traut,   145
Daraus du Straßburg wardst gebaut
  Und daher etwan Trautburg hießst,
  Welchs mit dem Archentraut eins ist.
O Trautburg, du must lieblich sein,
Weil dich im auch vertraut der Rhein.   150
  Und dir auch Zürich und Bern vertraut,
  Die bei sein schwestern sind gebaut,
Und macht nun aus der nachbarschaft
Ein treu versippte bruderschaft.
  Secht, drum hat der, so berg und tal   155
  Erschuf, aus sonder treuer wal
Es also zwischen inen gfüget,
Das kein weit von der andern liget,
  Sonder in eim dreiangel ligen,
  Die in eim eck sich zsamen fügen.   160
Und hat die eck oben und unden
Durch die drei flüß zusamen bunden,
  Damit durch mittel der drei ström
  Eine zu steur der andern kem.
Dieweil es dann der treue gott   165
In diesem fall so bstellet hat,
  Wer will hieraus nicht nemen ab,
  Das es die natur selber gab,
Das die drei stett in bündnus kemen,
Seit einmal doch von gmelten strömen   170

---

139 treu, Treue und drei; man stickte, schrieb u. s. w. eine 3, um Treue
anzudeuten. „Dein Gretel hat dir gemacht ein Fazenetel, darauf da stat ein
treü geneit." Wickram, Loßbuch F⁴, vgl. Garg. Kap. 11. — 148 Archen-
traut, Argentoratum. — 164 steur, Unterstützung, Hülfe.

Inen werden gleichsam die hend
Zusamen gereicht und verpfendt;
Ja, wer geht also irr ab ban,
Der nicht hieraus erachten kan,
175   Was die vorfaren hat beweget,
Daß sie so oftmals han gepfleget
Zu brauchen die gelegenheit,
Die itzund erst ist angedeit,
Und zu vereinen sich mit disen,
180   Die doch werden vereint von flüßen.
Darum ir drei vil treue stett,
Billich in die fußstapfen trett
Euerer löblichen vorfaren,
Die sich einander han erfaren
185   In standhaftiger treulichkeit
Und treulicher standhaftigkeit
Und in beschützung irer freiheit,
Und in abwerung fremder neuheit.
Nutzlich ist, daß ir dem nachkommet,
190   Was die voreltern hat gefrommet.
Löblich ist, daß ihr dem ligt ob,
Dessen die alten hatten lob;
Lieblich ist, daß ihr diß hoch achten,
Was rümlichs die eltern vollbrachten.
195   Was achten ir den neid und haß,
Der mit der weil sich selbst aufraß?
Es seind gewont die eidgenossen,
Zu lachen des neids der machtlosen
Und zu demmen dieselbig macht,
200   Die andere neben ir veracht.
Mit hofgespött und hofgeschend
Ward nie kein macht noch schlacht getrennt.
Laßt die verlachen, dern man lacht,
Laßt neiden die, so han kein macht,
205   Durch freudige aufrichtigkeit
Wird vil solchs spottwerks nidergleit.

---

173 ab ban, von der Bahn, dem Wege, ab. — 185 fg. eine bei Fischart
sehr beliebte Figur. „treuherzige verschwiegenheit und verschwiegene Treuherzig=
keit“. Ehzuchtb. G 7ᵃ „vor angsthaftem fleiß und fleißiger angst.“ Garg. 39, 3.
„standhafte gedult und gedultige standhaftigkeit.“ Podagr. M 3ᵃ.

Der neidwurm wird nie baß getödt,
  Dann wann man redlich hindurch geht.
Wider das neidwerk, des hofs weidwerk,
Ist die tugend die best scheidsterck.   210
  Die tugend ist das recht scheidwasser,
  So das falsch scheidet von eim hasser.
Ir bundgenossen habt zum mehsten
Euch guts gewissens zu getrösten.
  In dem, das ir sucht gottes ehr,   215
  Damit dieselb gewinn kein kehr
Durch heuchelei und deutelei,
Sonder hab seinen fortgang frei.
  Deßgleichen, daß ir immerzu
  Trachten, wie man in frid und ru   220
Bei einander bestendig bleib
Und kein fridstörer solch vertreib.
  Und dann, das großen fleiß ir tut
  Wie ir das teur erarnet gut
Der freiheit euch nit laßt entzucken,   225
Wann freiheit laurer darnach rucken.
  Derhalben, o du herrlich Zürich,
  Welchs recht vom teur und reich heist Türich,
Deßgleichen auch du mächtig Bern,
Welchs sich biß aus durch manch böß herrn.   230
  Und du vest wolbesteltes Straßburg,
  Der bösen Trotzburg, frommer Trostburg;
Billich habt ir euch zu erfreuen,
Daß ir nun wider diß erneuen,
  Welchs oft gewünscht han die vorfaren,   235
  Das ir darinnen selt verharren
Und in die alte tugend traben
Und dieselb stets vor augen haben.
  Gott geb, das dieser bund bleib wirig,
  So lang die Lindmat lauft für Zürich;   240
Geb, das er allen neid brech durch,
Inmassen der Rhein durch Straßburg!

---

216 kehr, Umwenden, damit die nicht von euch weiche. — 224 erarnet,
erworben. — 230 ausbiß durch, hindurchkämpfte, befreite von. — 239 wirig,
dauerhaft, lange während. „Das nimmer ein lang wiriger mensch uns uß im
wirt." Gr. Wickgram, Kunst zu trinken y b.

      Gott geb, das er hab glück und stern,
      So lang die Aar lauft vor bei Bern;
245 Als lang die drei flüß zsamen fließen,
      Das die drei stet stets frids genießen!
        Und gleich, wie man schwur die verbündnus
        Zur wolbestendigen verstendnus
      Zu Straßburg auf Servatii,
250 Zu Zürich auf tag Constantii,
      Sie also auch constant bestand,
      Und werd seruiert mit mund und hand.
      Ja, gott erhalt sie mechtiglich
      Durch seinen geist eintrechtiglich,
255   Zu schirmen seines namens ehr,
        Das sein reich bei uns immer mehr.
      Und zu schützen ir undertonen,
      In frid und freiheit stets zu wonen.
        Darzu er inen rat und sterk
260   Verleih, zu fürdern dises werk
      Diß wünscht dem Straßburg, Zürch und Bern.
      Der, so im wünscht kein andre herrn,
        Besser die neh, dann in die fern,
        Die fern stellt nach der freiheit gern,
265 Der uns gott nimmer laß entbern,
      Sonst wir nit mehr frei Teutschen wern.

      I. Nota Trauschiff von Trübuchen.

---

249 Servatius, 13. Mai — 267 Nota ist Druckfehler des Originals für Noha;
in I Noha steckt Fischart's Vorname Johann; Trauschif ist Umkehrung von
Fischa(u)rt. Trübuchen ist Straßburg.

Ermanung an die Bund Bäpstler.

(Am 1. August 1589 war Heinrich III. von Frankreich durch den Dominikaner Jacques Clément tödlich verwundet worden und am folgenden Tage dem Mord= stoß erlegen. Das in der Sprache derbe Gedicht ist, so viel wir bis jetzt wissen, Fischart's letztes; er hat den König kein Jahr überlebt.)

————————

Also fart fort ir Romanisten,
Zeigt recht, das ir seid antichristen,
   Welche die höchste maiesteten,
   Die oberkeit, mit füßen treten,
Ja eine solche oberkeit,   5
Die mit euch glaubt ein heiligkeit.
   Man hat nun lange zeit her eben
   Den Hugonoten oft schuld geben,
Als das sie iren königen
Wöllen die kron vom haupt tringen;   10
   Wo hat man aber je vernommen,
   Oder ist etwas je fürkommen,
Das mer oder ein Hugonot
Sich so vergessen het an got,
   Das er nur het villeicht gedacht   15
   (Vil weniger es dann vollbracht)
Auf ein dergleichen schelmstuck,
Wie hie ein mönch erzeigt ein duck?
   Der seinen natürlichen könig
   Ersticht, durch rat des volks abtrinnig?   20
Ir Papisten habts lang getrieben
Und wider sie sehr viel geschrieben,
   Wie sie nit solln sein widerspennig
   Eim gewissenzwingenden könig:
Euch aber ist es heiligtum   25
Wann ir pringt einen könig um,
   Der euch euer gewissen lasset,
   Ja der mit euch ein glaub hat gfasset,
Und nur sein zeitliches regiren
Nach seiner meinung will vollfüren,   30

---

6 Die mit euch dieselbe Religion hat.

Und fein rebellifch undertanen
Will wider zum gehorfam manen?
Aber diß macht, ir habt zu Rom
Einen, der macht euch wider fromm,
35   Welcher die könig fetzet ab,
Und fchenkt die reich, die er nie gab.
Gleichwol erfcheint hieraus nun klerlich
In welcher meinung ihr helt ehrlich
Die oberkeit, nemlich alsdan,
40   Wann fie tun alls, was euch ftebt an:
Aber wo fie nicht zwingt die gewiffen,
Und will kein chriftenblut vergieffen,
Da ftebt fie euch gar nicht mer an,
Der bapft muß fie gleich tun in bann;
45   Alsdann ift mönchen und den pfaffen
Erlaubt, diefelben hinzufchaffen:
Ja alsdann mögen ungefchmecht
Wider ir eigen geiftlich recht
Die geiftlich hend erfudeln fich
50   Im fürftenblut vermeffenlich:
Alsdann gilt meffer, büchs und gift,
Nur das man abfchafft, was gott ftift:
Alsdann mag eim beichtvatter glingen
Auch in der beicht ein umzubringen:
55   Alsdann mag auch ein klofterbruder
Legen im facrament ein luder
Und in der ofti auch vergeben
Eim keifer, wann er nicht gleich eben
Zu allem difem flugs fpricht amen,
60   Was zu Rom brut der fchlangenfamen.
Heißt diß geehrt die oberkeit?
Welches kaum tet ein frommer heid:
Aber man weiß wol allbereit
Woher bei euch Papiften heut
65   Entfpringt der oberkeit verachtung,
Die vor der zeit war mer in achtung;
Das macht, das die neu heuchlerfect,
Das jefuitifch bapftgeheck

---

38 helt, Conj. von halten? wie mecht von machen. — 56 luder legen,
Hinterlift gebrauchen, Falle ftellen. Die Verfe beziehen fich auf die Vergiftung
Heinrich's VII. durch eine Hoftie.

Anfangt und päbstlich hölligkeit
Nennet die höchste oberkeit: 70
    (So mit dem titul doch allein
    Keiser und könig genennet sein)
Und macht die weltlich oberkeit
Veracht mit dem wort weltlichkeit:
    Darum wird in der welt kein ru   75
    Allweil man diesem gift sicht zu:
Wie komts aber, das predigerorden
So gern sich praucht zu solchem morden:
    Ursach, weil im ist zugefallen
    Das ketzermeister ampt vor allen,   80
Drum er vor anderm ottergzücht
Bluteifriger muß erzeigen sich,
    Gleich wie das Widerjesu gsind
    Auf verretrei bestellet sind:
Ist aber nicht die geistlich herd   85
Von den Papisten wol geehrt?
    Das sie die brauchen zu verretern,
    Zu vergiftern und mordtetern?
Dankhabt der ehren, das man weiß
Wofür man halten soll diß gschmeiß: 90
    Drum hatt bapst Pius recht gesagt,
    Das kein teufel was ein mönch wagt:
Wolan fart fort ir Romanisten,
Erweist euch gnug die antichristen,
    Die gotts und menschlich maiesteten   95
    Durch wort und mord mit füßen treten,
So wird deß ehe eur maß erfüllt,
Das man euch doppel dran vergilt
Gleich wie ir andern habt gespielt.

---

69 hölligkeit, st. Heiligkeit. — 79 Ursach, weil, der Grund is: der.

Ende.

Wörterverzeichniß.

Druck von F. A. Brockhaus in Leipzig.